"十二五"国家重点图书出版规划项目

中国社会科学院创新工程学术出版资助项目

列国志

GUIDE TO
THE WORLD
NATIONS 新版

韩玉平

编著

VANUATU

瓦努阿图

社会科学文献出版社
SOCIAL SCIENCES ACADEMIC PRESS (CHINA)

瓦努阿图国旗

瓦努阿图国徽

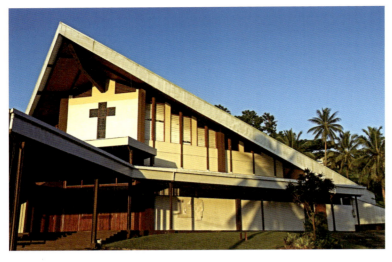

维拉港的天主教大教堂

维拉港国际机场（梁意华 摄）

水下邮局（瓦努阿图旅游局 供图）

盛装的瓦努阿图妇女和儿童
（瓦努阿图旅游局 供图）

编织草垫（瓦努阿图旅游局 供图）

上帝燃放的礼花：伊苏尔火山
（瓦努阿图旅游局 供图）

维拉港的居民区（梁意华 摄）

维拉港蔬菜市场（梁意华 摄）

出版说明

　　《列国志》编撰出版工作自1999年正式启动，截至目前，已出版144卷，涵盖世界五大洲163个国家和国际组织，成为中国出版史上第一套百科全书式的大型国际知识参考书。该套丛书自出版以来，受到社会各界的广泛好评，被誉为"21世纪的《海国图志》"，中国人了解外部世界的全景式"窗口"。

　　这项凝聚着近千学人、出版人心血与期盼的工程，前后历时十多年，作为此项工作的组织实施者，我们为这皇皇144卷《列国志》的出版深感欣慰。与此同时，我们也深刻认识到当今国际形势风云变幻，国家发展日新月异，人们了解世界各国最新动态的需要也更为迫切。鉴于此，为使《列国志》丛书能够不断补充最新资料，更好地服务于社会各界，我们决定启动新版《列国志》编撰出版工作。

　　与已出版的144卷《列国志》相比，新版《列国志》无论是形式还是内容都有新的调整。国际组织卷次将单独作为一个系列编撰出版，原来合并出版的国家将独立成书，而之前尚未出版的国家都将增补齐全。新版《列国志》的封面设计、版面设计更加新颖，力求带给读者更好的阅读享受。内容上的调整主要体现在数据的更新、最新情况的增补以及章节设置的变化等方面，目的在于进一步加强该套丛书将基础研究和应用对策研究相结合，将基础研究成果应用于实践的特色。例如，增加了各国有关资源开发、环境治理的内容；特设"社会"一章，介绍各国的国民生活情况、社会管理经验以及存在的社会问题，等等；增设"大事纪年"，方便读者在短时间内熟悉各国的发展线索；增设"索引"，便于读者根据人名、地名、关键词查找所需相关信息。

顺应时代发展的要求，新版《列国志》将以纸质书为基础，全面整合国别国际问题研究资源，构建列国志数据库。这是《列国志》在新时期发展的一个重大突破，由此形成的国别国际问题研究资讯平台，必将更好地服务于中央和地方政府部门应对日益繁杂的国际事务的决策需要，促进国别国际问题研究领域的学术交流，拓宽中国民众的国际视野。

新版《列国志》的编撰出版工作得到了各方的支持：国家主管部门高度重视，将其列入"'十二五'国家重点图书出版规划项目"；中国社会科学院将其列为创新工程学术出版资助项目，王伟光院长亲自担任编辑委员会主任，指导相关工作的开展；国内各高校和研究机构鼎力相助，国别国际问题研究领域的知名学者相继加入编辑委员会，提供优质的学术咨询与指导。相信在各方的通力合作之下，新版《列国志》必将更上一层楼，以崭新的面貌呈现给读者，在中国改革开放的新征程中更好地发挥其作为"知识向导"、"资政参考"和"文化桥梁"的作用！

新版《列国志》编辑委员会

2013 年 9 月

前　言

　　自 1840 年前后中国被迫开关、步入世界以来，对外国舆地政情的了解即应时而起。还在第一次鸦片战争期间，受林则徐之托，1842 年魏源编辑刊刻了近代中国首部介绍当时世界主要国家舆地政情的大型志书《海国图志》。林、魏之目的是为长期生活在闭关锁国之中、对外部世界知之甚少的国人"睁眼看世界"，提供一部基本的参考资料，尤其是让当时中国的各级统治者知道"天朝上国"之外的天地，学习西方的科学技术，"师夷长技以制夷"。这部著作，在当时乃至其后相当长一段时间内，产生过巨大影响，对国人了解外部世界起到了积极的作用。

　　自那时起中国认识世界、融入世界的步伐就再也没有停止过。中华人民共和国成立以后，尤其是 1978 年改革开放以来，中国更以主动的自信自强的积极姿态，加速融入世界的步伐。与之相适应，不同时期先后出版过相当数量的不同层次的有关国际问题、列国政情、异域风俗等方面的著作，数量之多，可谓汗牛充栋。它们对时人了解外部世界起到了积极的作用。

　　当今世界，资本与现代科技正以前所未有的速度与广度在国际间流动和传播，"全球化"浪潮席卷世界各地，极大地影响着世界历史进程，对中国的发展也产生极其深刻的影响。面临不同以往的"大变局"，中国已经并将继续以更开放的姿态、更快的步伐全面步入世界，迎接时代的挑战。不同的是，我们所

面临的已不是林则徐、魏源时代要不要"睁眼看世界"、要不要"开放"的问题,而是在新的历史条件下,在新的世界发展大势下,如何更好地步入世界,如何在融入世界的进程中更好地维护民族国家的主权与独立,积极参与国际事务,为维护世界和平、促进世界与人类共同发展做出贡献。这就要求我们对外部世界有比以往更深切、全面的了解,我们只有更全面、更深入地了解世界,才能在更高的层次上融入世界,也才能在融入世界的进程中不迷失方向,保持自我。

与此时代要求相比,已有的种种有关介绍、论述各国史地政情的著述,无论就规模还是内容来看,已远远不能适应我们了解外部世界的要求。人们期盼有更新、更系统、更权威的著作问世。

中国社会科学院作为国家哲学社会科学的最高研究机构和国际问题综合研究中心,有 11 个专门研究国际问题和外国问题的研究所,学科门类齐全,研究力量雄厚,有能力也有责任担当这一重任。早在 20 世纪 90 年代初,中国社会科学院的领导和中国社会科学出版社就提出编撰"简明国际百科全书"的设想。1993 年 3 月 11 日,时任中国社会科学院院长胡绳先生在科研局的一份报告上批示:"我想,国际片各所可考虑出一套列国志,体例类似几年前出的《简明中国百科全书》,以一国(美、日、英、法等)或几个国家(北欧各国、印支各国)为一册,请考虑可行否。"

中国社会科学院科研局根据胡绳院长的批示,在调查研究的基础上,于 1994 年 2 月 28 日发出《关于编纂〈简明国际百科全书〉和〈列国志〉立项的通报》。《列国志》和《简明国际百科全书》一起被列为中国社会科学院重点项目。按照当时的计划，首先编写《简明国际百科全书》，待这一项目完成后，再着手编写《列国志》。

1998 年，率先完成《简明国际百科全书》有关卷编写任务的研究所开始了《列国志》的编写工作。随后，其他研究所也陆续启动这一项目。为了保证《列国志》这套大型丛书的高质量，科研局和社会科学文献出版社于 1999 年 1 月 27 日召开国际学科片各研究所及世界历史研究所负责人会议，讨论了这套大型丛书的编写大纲及基本要求。根据会议精神，科研局随后印发了《关于〈列国志〉编写工作有关事项的通知》，陆续为启动项目拨付研究经费。

为了加强对《列国志》项目编撰出版工作的组织协调，根据时任中国社会科学院院长李铁映同志的提议，2002 年 8 月，成立了由分管国际学科片的陈佳贵副院长为主任的《列国志》编辑委员会。编委会成员包括国际片各研究所、科研局、研究生院及社会科学文献出版社等部门的主要领导及有关同志。科研局和社会科学文献出版社组成《列国志》项目工作组，社会科学文献出版社成立了《列国志》工作室。同年，《列国志》项目被批准为中国社会科学院重大课题，新闻出版总署将《列国志》项目列入国家重点图书出版计划。

在《列国志》编辑委员会的领导下，《列国志》各承担单位尤其是各位学者加快了编撰进度。作为一项大型研究项目和大型丛书，编委会对《列国志》提出的基本要求是：资料翔实、准确、最新，文笔流畅，学术性和可读性兼备。《列国志》之所以强调学术性，是因为这套丛书不是一般的"手册""概览"，而是在尽可能吸收前人成果的基础上，体现专家学者们的研究所得和个人见解。正因为如此，《列国志》在强调基本要求的同

时，本着文责自负的原则，没有对各卷的具体内容及学术观点强行统一。应当指出，参加这一浩繁工程的，除了中国社会科学院的专业科研人员以外，还有院外的一些在该领域颇有研究的专家学者。

现在凝聚着数百位专家学者心血，共计 141 卷，涵盖了当今世界 151 个国家和地区以及数十个主要国际组织的《列国志》丛书，将陆续出版与广大读者见面。我们希望这样一套大型丛书，能为各级干部了解、认识当代世界各国及主要国际组织的情况，了解世界发展趋势，把握时代发展脉络，提供有益的帮助；希望它能成为我国外交外事工作者、国际经贸企业及日渐增多的广大出国公民和旅游者走向世界的忠实"向导"，引领其步入更广阔的世界；希望它在帮助中国人民认识世界的同时，也能够架起世界各国人民认识中国的一座"桥梁"，一座中国走向世界、世界走向中国的"桥梁"。

《列国志》编辑委员会

2003 年 6 月

序

于洪君[*]

　　太平洋岛国地处太平洋深处，主要指分布在大洋洲除澳大利亚和新西兰以外的20余个国家和地区。太平洋岛国历史悠久，早在公元前8000年前就有人类居住。在近代西方入侵之前，太平洋岛国大多处于原始社会时期。随着西方殖民者不断入侵，太平洋岛国相继沦为殖民地。二战结束后，这一区域主要实行托管制，非殖民化运动在各国随即展开。从1962年萨摩亚独立至今，该地区已有14个国家获得独立，分别是萨摩亚、库克群岛、瑙鲁、汤加、斐济、纽埃、巴布亚新几内亚、所罗门群岛、图瓦卢、基里巴斯、瓦努阿图、马绍尔群岛、密克罗尼西亚联邦和帕劳。

　　太平洋岛国所在区域战略位置重要。西北与东南亚相邻，西连澳大利亚，东靠美洲，向南越过新西兰与南极大陆相望。该区域还连接着太平洋和印度洋，扼守美洲至亚洲的太平洋运输线，占据北半球通往南半球乃至南极的国际海运航线，是东西、南北两大战略通道的交会处。不仅如此，太平洋岛国和地区还拥有2000多万平方公里的海洋专属区，海洋资源与矿产资源丰富，盛产铜、镍、金、铝矾土、铬等金属和稀土，海底蕴藏着丰富的天然气和石油。近年来，该区域已成为世界各大国和新兴国家战略博弈的竞技场。

　　太平洋岛国也是21世纪海上丝绸之路的自然延伸和亚太一体化的重要组成部分。中国同太平洋岛国的传统友谊和文化交往源远流长，早在19世纪中期就有华人远涉重洋移居太平洋岛国，参与了这一地区的开发。

---

[*]　原中国驻乌兹别克斯坦大使、原中共中央对外联络部副部长、全国政协外事委员会委员、中国人民争取和平与裁军协会副会长、聊城大学太平洋岛国研究中心名誉主任。

近年来，中国与太平洋岛国的合作日渐加强，在政治、经济、文化、教育等领域都取得丰硕成果。目前，中国在南太平洋地区拥有最大规模的外交使团。同时，中国在经济上也成为该地区继澳大利亚和美国之后的第三大援助国，并设立了"中国－太平洋岛国论坛"、"中国－太平洋岛国经济发展合作论坛"等对话沟通平台。2014年11月，中国国家主席习近平在斐济与太平洋建交岛国领导人举行集体会晤，与会领导人一致决定构建相互尊重、共同发展的战略合作伙伴关系，携手共筑命运共同体，为中国与太平洋岛国关系掀开历史新篇章。

由于太平洋岛国地小人稀，且长期远离国际冲突热点，处于世界事务的边缘，因而在相当长一段时期被视为"太平洋最偏僻的地区"。中国的地区国别研究长时期以来主要聚焦于近邻国家，加之资料有限，人才不足，信息沟通偏弱，对太平洋岛国关注度较低，因此国内学界对此区域总体上了解不多，研究成果比较匮乏。而美、英、澳、新等西方学者因涉足较早，涉猎较广，且有充足的资金与先进的手段作支撑，取得了不菲的成果，但这些成果多出于西方国家的全球战略及本国利益的需要，其立场与观点均带有浓厚的西方色彩，难以完全为我所用。

近年来，随着中国融入世界的步伐不断加快，国际地位显著提高，中国在全球的利益分布日趋广泛。与越来越多的国家和地区进行友好交往并扩大互利合作，是日渐崛起的中国进一步参与全球化进程，开展中国特色大国外交的客观要求，也是包括太平洋岛国在内的国际社会对中国的殷切期待。更全面更深入的地区研究，必将为中国进一步发挥国际影响力，大步走向世界舞台中心提供强有力的支持。2011年11月，教育部向各高校下发《关于培育区域和国别以及国际教育研究基地的通知》和《高等学校哲学社会科学"走出去"计划》，希望建设一批既具有专业优势又能产生重要影响的智囊团和思想库。中共中央政治局委员、国务院副总理刘延东也多次提及国别研究立项和"民间智库"问题，鼓励有条件的大学新设国别研究机构。

在这种形势下，聊城大学审时度势，结合国家战略急需、区域经济社会发展需求及自身条件，在历史文化与旅游学院"南太平洋岛国研究所"

的基础上，整合世界史、外国语、国际政治等全校相关学科资源，于2012年9月成立了"聊城大学太平洋岛国研究中心"。中心聘请中国现代国际关系研究院副院长、中央电视台国际问题顾问、博士生导师李绍先研究员等为兼职教授。著名世界史学家、国家级教学名师王玮教授担任中心首席专家。密克罗尼西亚联邦驻华大使苏赛亚等多位太平洋岛国驻华外交官被聘为中心荣誉学术顾问。在有关各方的大力支持下，中心以太平洋岛国历史与社会形态、对外关系、政情政制、经贸旅游等为研究重点，致力于打造太平洋岛国研究领域具有专业优势和重要影响的国家智库，力图为加强国家和地方与太平洋岛国进行政治、经济、社会、文化等领域的交流与合作，为增进中国和太平洋岛国人民之间的了解和友谊提供智力支撑和学术支持，为国内的太平洋岛国研究提供学术交流与互动的平台。

中心建立以来，已取得一系列可喜成绩。目前中心已建成国内最齐全、数量达3000余册的太平洋岛国研究资料中心和数据库，并创建国内首个以太平洋岛国研究为主题的学术网站及微信公众号；定期编印《太平洋岛国研究通讯》，并向国家有关部门提交研究报告；在研省部级以上课题8项。2014年，中心成功举办了国内首届"太平洋岛国研究高层论坛"，该论坛被评为"山东社科论坛十佳研讨会"，与会学者提交的20余篇优秀论文被辑为《太平洋岛国的历史与现实》，由山东大学出版社于2014年12月正式出版。《太平洋学报》2014年第11期刊载了中心研究人员的12篇学术论文，澳大利亚《太平洋历史杂志》（*The Journal of Pacific History*）对中心学者及其研究成果进行了介绍。这表明，太平洋岛国研究中心的研究开始引起国内外学术界的关注。

中心成立伊始，负责人陈德正教授就提出了编撰太平洋岛国丛书的设想，并组织了编撰队伍，由吕桂霞教授拟定了编撰体例，李增洪教授、王作成博士等也做了不少编务工作。在丛书编撰过程中，适逢社会科学文献出版社承担的中国社会科学院创新工程学术出版资助项目、"十二五"国家重点图书出版规划项目——新版《列国志》编撰出版工作启动。考虑到《列国志》丛书所拥有的品牌影响力和社会美誉度，研究中心积极申请参与新版《列国志》编撰出版工作。在社会科学文献出版社谢寿光社

长、人文分社宋月华社长的大力支持下，中心人员编撰的太平洋岛国诸卷得以列入新版《列国志》丛书，这给中心以极大的鼓舞和激励。为了使中心人员编撰的太平洋岛国诸卷更加符合新版《列国志》的编撰要求，人文分社总编辑张晓莉女士在编撰体例调整方面给予了诸多帮助。在此一并致谢。

因其特殊的地缘特征，太平洋岛国战略价值的重要性毋庸置疑，同时，在中国建设 21 世纪海上丝绸之路的过程中，作为中国大周边外交格局一分子的太平洋岛国的重要性也不言而喻。新版《列国志》太平洋岛国诸卷的出版，不仅可填补国内在太平洋岛国研究领域的空白，同时也为我国涉外机构、高等院校、科研机构及出境旅行人员提供一套学术性、知识性、实用性、普及性兼顾的有关太平洋岛国的图书。一书在手，即可明了对国人而言充满神秘色彩的太平洋诸岛国的历史、民族、宗教、政治、经济以及外交等基本情况。聊城大学太平洋岛国研究中心也将以新版《列国志》太平洋岛国诸卷的出版为契机，将太平洋岛国研究逐步推向深入。

CONTENTS
目 录

CONTENTS

目　录

CONTENTS

目 录

CONTENTS

目 录

CONTENTS
目 录

CONTENTS
目 录

第一章

概　览

第一节　国土与人口

一　国土面积

瓦努阿图共和国（The Republic of Vanuatu）由 83 个岛屿组成，呈 Y 形分布，水域面积约为 84.8 万平方公里，国土面积约为 12190 平方公里，大部分国土分布在群岛的 9 个岛屿上。83 个岛屿中，68 个岛屿有人居住，14 个岛屿面积超过 100 平方公里，最大的岛屿为圣埃斯皮里图岛（Espiritu Santo，简称 Santo，汉译为桑托岛），面积约为 3955.5 平方公里。其他较大的岛屿包括埃法特岛（Efate）、马勒库拉岛（Malakula）、马洛岛（Malo）、彭特科斯特岛（Pentecost Island）和坦纳岛（Tanna）等。

二　地理位置

瓦努阿图位于南太平洋西部，属美拉尼西亚群岛，位于南纬 13 度至 23 度、东经 166 度至 172 度之间，南北距离约 850 公里，地处澳大利亚布里斯班以东 1900 公里、斐济以西 800 公里、法国海外领地新喀里多尼亚以北 230 公里、所罗门群岛以南 170 公里。

三　地形与气候

1. 地形

瓦努阿图多数岛屿有高山分布，许多岛屿有火山。桑托岛和坦纳岛上

有肥沃的平原，其他岛屿多为山地。在瓦努阿图较大的岛屿上，多数海拔较高的土地为火山岩或火山岩覆盖的珊瑚礁石。

作为太平洋岛国中最具特色的旅游胜地，瓦努阿图有"火山岛国"之称，现在依然有9座活火山，其中2座在海底，7座在坦纳岛和其他小岛屿上。最著名的是坦纳岛上的伊苏尔火山（Yasur），每天岛上的活火山都会有炽热的岩浆喷出，流入大海，引起海水沸腾，产生奇特的隆起现象。生活在活火山岛上的居民对此现象已习以为常，每天伴随着火山的喷发，照样安居乐业。此外，群岛上还有无数的活火山喷气孔和温泉，附近的居民用温泉水煮食物。

2. 气候

瓦努阿图北部属潮湿的热带气候，南部属亚热带气候，北部为比南部气候更为湿润的热带雨林气候。瓦努阿图每年只有雨季和旱季两个季节，年平均温度25.3摄氏度，气温很少超过32摄氏度或低于17摄氏度。每年的5月至10月为旱季，也称凉季，夜间凉爽，是旅游旺季，但是也经常下雨。从11月到第二年的4月为雨季，也称龙卷风季节。每年的12月、1月和2月，东部和北部的岛屿经常遭遇热带风暴的袭击。尽管这些热带风暴带来的飓风速度很少会超过每小时160公里，但经常会带来暴雨，从而引起洪灾。从历史记录来看，每隔15~20年就会有一场大的龙卷风席卷瓦努阿图。

瓦努阿图尽管地处热带和亚热带，但相对于其他热带和亚热带地区，其陆地植物和动物的种类和数量都有限。瓦努阿图群岛有11种蝙蝠（其中3种为瓦努阿图独有）、61种陆地鸟和水鸟，没有大型的哺乳动物，也没有毒蛇和毒蜘蛛。包括花斑蛇在内的19种两栖动物为当地独有，但这些动物只生活在该国的埃法特岛上。

瓦努阿图大部分国土有自然植被覆盖，有些未被开发过的地方美如人间仙境。森林中的花卉、树木等各种植物多达1500种，最主要的树木是榕树，有的榕树的树冠直径达70米。

瓦努阿图海洋生物丰富，有4000多种海洋软体类生物，其中鸡心螺和石鱼含有剧毒，可致命。近年来，外来物种对瓦努阿图的生物圈造成了很大影响，例如巨大的东非蜗牛于 20 世纪 70 年代来到瓦努阿图后，已经从维拉港地区繁衍到了卢甘维尔。

由于瓦努阿图境内活火山众多，火山造地运动还在进行，许多地方的陆地以每年 0.5 毫米的速度从海平面上升，因此瓦努阿图最严重的自然灾害是地震。联合国发布的 2012 年度"世界风险报告"，按照自然灾害的危害度、灾难易发性、现有的监测管控和应对能力等指标综合评估了全球173 个国家，瓦努阿图继 2011 年"荣登"报告榜首之后，再度被评为全球最易受自然灾害影响的国家，汤加、菲律宾、危地马拉和孟加拉国紧随其后。[①]

四　行政区划

自 1994 年以来，瓦努阿图共和国被划分为 6 个省份，[②] 省份的英语名称由构成该省的各个岛屿英语名称的首字母组成。这六个省由南往北依次为：塔非阿省（Tafea）、谢法省（Shefa）、马朗帕省（Malampa）、彭纳马省（Penama）、桑马省（Sanma）和托尔巴省（Torba）。

塔非阿省：人口 3 万多，经济落后，旅游胜地有坦纳岛的伊苏尔火山。坦纳岛是瓦努阿图主要政党之一约翰·弗洛姆运动（John Frum Movement）的基地和总部。

谢法省：人口近 8 万，为瓦努阿图人口最多的省份。瓦努阿图首都维拉港就在该省的埃法特岛上。该省风景优美，有优美的海滩、岩洞和保留完好的村庄，也是潜水的好地方。

马朗帕省：人口近 4 万，95% 的人口居住在沿岸，主要岛屿有马勒库拉岛等。马勒库拉岛是瓦努阿图第二大岛，面积 2069 平方公里。1965 年的一场地震使该岛北部的一些地方上升了 40 厘米。该岛沿岸长满红树，东岸盛产大鲨鱼；内陆盛产可可，有 20 种兰花，岛上生存着许多太平洋蟒蛇。

彭纳马省：主要岛屿有彭特科斯特岛，面积 500 多平方公里，人口 3

---

① http://www.nature.org/ourscience/ourscientists/world-risk-report-2012-pdf.pdf.
② 参见美国中央情报局的相关资料，http://geography.about.com/library/cia/blcvanuatu.htm。

万多，盛产卡瓦（当地一种特产，见本章第二节"宗教与民俗"第三部分"民俗5：卡瓦"）。该岛有世界闻名的一种传统仪式，即瓦努阿图特有的"陆地跳"（Land Diving）（详见本章第二节"宗教与民俗"第三部分"民俗4：传统仪式"），现在已发展成一种体育运动。

桑马省：人口约4.6万，主要岛屿有瓦努阿图第一大岛桑托岛。桑托岛是桑马省省会卢甘维尔市所在地。第二次世界大战期间，美军大量驻扎桑托岛，1942年有10万人，1945年达50多万人，曾停靠100多艘军舰。美军为桑托岛的道路和卢甘维尔市的市政建设打下了基础。椰干、养牛业和渔业是主要收入来源，矿藏有金、银和铜，具体储量尚待系统勘探。

托尔巴省：由邦克斯群岛和托里斯群岛组成，是瓦努阿图面积最小的省，人口9000多。

瓦努阿图各省简况见表1-1。

表1-1　瓦努阿图各省简况

省份	省会	主要构成岛屿	面积（平方公里）	人口*（人）
马朗帕省	拉卡托罗（Lakatoro）	安姆布里姆岛、马勒库拉岛、帕玛岛（Paama）	2779	36727
彭纳马省	隆阿纳（Longana）	彭特科斯特岛、安巴岛（Ambae）、马伊沃岛（Maéwo）	1198	30819
桑马省	卢甘维尔	桑托岛、马洛岛	4248	45855
谢法省	维拉港（Port Vila）	埃法特岛、谢泼德群岛（Shepherd Islands）	1455	78723
塔非阿省	伊桑埃尔（Isangel）	坦纳岛、阿尼瓦岛（Aniwa）、福图纳岛（Futuna）、埃罗芒奥岛（Erromango）、安纳托姆岛（Anatom）	1628	32540
托尔巴省	索拉（Sola）	邦克斯和托里斯群岛（Banks and Torres Islands）	882	9359

＊此列数据为2009年的统计数据。

资料来源：http：//en. wikipedia. org/wiki/Provinces_ of_ Vanuatu/2012－11－23。

4

五 人口与语言

1. 人口

截至 2015 年 4 月，瓦努阿图人口约为 27.79 万，[①] 大约 95% 的人口为土著民族，即美拉尼西亚人。其他的人口由不同国籍的外国人及其后裔组成，如澳大利亚人、新西兰人，太平洋其他岛国的人，以及欧洲人、亚洲人。20% 以上的人口居住在首都维拉港和第二大城市卢甘维尔，首都维拉港人口超过 4.4 万。[②]

2. 语言

瓦努阿图官方语言为英语、法语和比斯拉马语，通用比斯拉马语，但是有 113 种不同的语言以及数不胜数的方言，这也使得瓦努阿图成为地球上最具文化多元性的国家之一。由于岛屿之间、村落之间常年进行贸易往来，很多瓦努阿图人会讲多种语言。

在欧洲人登陆瓦努阿图之前，各岛上的岛民都说各自岛屿或部落的语言。随着欧洲人的登陆，瓦努阿图当地人与欧洲人交往日益增多，一种统一的语言渐渐形成，那就是比斯拉马语（Bislama），据说其创始人是来瓦努阿图经商的商人。这种语言由英语的发音系统和简单的英语语法组成，但其中夹杂西班牙语、法语和当地土著语。瓦努阿图现在的比斯拉马语与所罗门群岛和巴布亚新几内亚的皮钦语十分相似，是皮钦语的一种，但有其独特之处。

比斯拉马语以英语发音为基本发音，语法较为简单，一切事物在比斯拉马语中都被用作阳性。作为一种简单的语言，在表达复杂的观点或新的概念时，比斯拉马语必须采取功能描述的方式才能表达清楚，因此用较短的英语就可以表述的事情，要用很长的一段比斯拉马语来表达。

书面的比斯拉马语相对来讲比较易懂。一般来说，如果讲话者语速较

---

① http：//www. vnso. gov. vu/，April 28，2015.

② Vanuatu National Statistics Office，*The 2009 Vanuatu National Population and Housing Census*，Government of Vanuatu，Port Vila，2009.

慢，听懂比斯拉马语也不是一件难事。但如果操此语言的人带有浓重的口音，且讲话速度快，就难以听懂。

六 国家象征

同其他国家一样，瓦努阿图的国旗、国徽、国歌、国花和货币都是国家的象征，同时体现了该国独特的文化。

1. 国旗

瓦努阿图的国旗呈长方形，长与宽之比为18∶11，由红、绿、黑、黄四色构成。带有黑边的黄色横置"Y"字将旗面分成三块，靠旗杆一侧为黑色等腰三角形，内有双环猪牙和纳米丽叶图案；右侧为上红下绿两个相等的直角梯形。横置的"Y"字型表示该国岛屿的分布形状；黄色象征阳光普照全国；黑色代表人民的肤色；红色象征鲜血；绿色象征肥沃土地上生长的繁茂植物。猪牙图案一头粗，一头尖，细长弯曲成一圈，有些像号角。瓦努阿图人养猪很普遍，猪肉是当地人日常生活中的重要食品，猪牙是财富的象征，国旗、国徽上绘上猪牙，象征"财富和繁荣属于瓦努阿图人民"；纳米丽叶是当地人民信奉的一种神圣之树的叶子，象征神圣、吉祥。

国旗的设计者是马龙·卡隆塔斯（Malon Kalontas）。他在上学期间就学过瓦努阿图群岛呈 Y 形分布的知识，他非常了解哪种颜色对他的祖国有特殊的象征意义，所以在设计国旗时，使用了 Y 字图案，并在 Y 字图案的周围添上了不同的颜色。同时，作为土生土长的瓦努阿图人，他了解猪牙和纳米丽叶在当地人传统文化和生活中的重要性，于是在图案上加上了这两种元素。

2. 国徽

瓦努阿图的国徽以瓦努阿图的标志——猪牙和纳米丽叶为背景，一位美拉尼西亚勇士身穿当地传统服装，手执武器站立在该国最高峰——塔布韦马萨纳峰（Mount Tabwemasana）上，勇士背后是猪牙和纳米丽叶图案，底端的绶带上用瓦努阿图的官方语言比斯拉马语写着"信上帝而自立"（Long God yumi Stanap）。从整个图案的设计可以看出，国徽的主题是时刻准备为捍卫瓦努阿图的独立和自由而献身。

3. 国歌

瓦努阿图的国歌是《我们，我们，我们》（Yumi, Yumi, Yumi）。音乐和歌词是弗朗索瓦·文森特·艾萨夫（Francois Vencent Ayssav）所作，1980年正式使用。歌词用比斯拉马语写成，歌词大意是：

我们！我们！我们！我们的国家是瓦努阿图！上帝赐予我们这片国土，我们对此要大肆庆祝。强盛和自由都在这片国土，我们都亲如手足。

我们！我们！我们！我们的国家是瓦努阿图！我们！我们！我们！我们的国家是瓦努阿图！我们有许多传统，我们也在探索新路。现在我们该不分种族，该永远团结共处。

我们！我们！我们！我们的国家是瓦努阿图！我们！我们！我们！我们的国家是瓦努阿图！我们知道在我们整个国度，面对着许多的任务，祈求上帝，我们的教父给我们帮助！

我们！我们！我们！我们的国家是瓦努阿图！

4. 国花

瓦努阿图的国花是鸡蛋花（frangopani），别名缅栀子、蛋黄花，夹竹桃科、鸡蛋花属。原产美洲，属落叶灌木或小乔木。小枝肥厚多肉，叶大，厚纸质，多聚生于枝顶，叶脉在近叶缘处连成一边脉。花数朵聚生于枝顶，花冠筒状，直径5~6厘米，5裂，外面乳白色，中心鲜黄色，极芳香。花期5~10月。鸡蛋花夏季开花，清香优雅；落叶后，光秃的树干弯曲自然，其状甚美。适合于庭院、草地中栽植，也可盆栽，可入药。

5. 货币

瓦努阿图的传统货币和其他国家不一样，不是金质、银质或其他金属质地，而是猪牙。

在瓦努阿图的历次移民大潮中，移民一般会随身带着两种东西：农作物种子和猪。猪在瓦努阿图的生活中占有非常重要的地位，它不仅给人们提供肉食，而且还代表着财富和力量。在早期的瓦努阿图，人们有把猪和

狗的獠牙当钱使用的传统。瓦努阿图的公猪长相奇特，有两只大牙如象牙一般从嘴唇两边长出口外，呈螺旋形向后卷曲过去。在瓦努阿图，狗牙相当于"硬币"，一枚狗牙可以换50个菠萝或者100个椰子；而猪牙则相当于"整钞"，一枚猪牙可以换几枚甚至十几枚狗牙。瓦努阿图人对猪牙品质的评判标准是猪牙越大，盘旋的圈数越多，价值就越高。一枚弯成至少一圈的完整猪牙价值可高达4万瓦图（约400美元），弯曲盘旋好几圈的，就简直价值连城了。瓦努阿图的国旗、国徽上就有弯成圆形的猪牙的图案。20世纪70年代英国女王访问瓦努阿图时，瓦努阿图人送给她的国礼就是一个用猪牙做成的手镯。

这里的猪为什么会长出这么漂亮的牙呢？其实这里的猪如果任其自生自灭，它们的獠牙当然也会和别处的猪一样，长得又长又尖。但当地人把小猪慢养到一岁大时，就拔掉它的上犬齿，这样它的下犬齿就会自然而然长成弯曲的形状，如果运气好，甚至可以弯成三圈。几百年来，瓦努阿图人就用"猪牙大钞"购买他们的一切生活所需。由于气候适宜，物产丰富，而猪牙需要10~15年的时间才能长成珍贵的物品，所以猪牙货币信用良好，很少发生通货膨胀的非常事件，一个普通家庭一年的开销，20枚左右的猪牙就绰绰有余。

瓦努阿图1980年独立后，越来越多的外国人来到这个新兴国家投资、贸易、旅游观光，继续使用猪牙货币显然很不方便。于是政府颁布法律，宣布自1981年1月1日起用一种正规货币"瓦图"（Vatu，货币符号为VUV）取代猪牙，成为该国的法定通货。不过，现在许多瓦努阿图人私下还是习惯于用猪牙，娶媳妇的彩礼仍是猪牙。该国政府郑重其事地宣布，猪牙为瓦努阿图的"国宝"。

瓦努阿图独立前被称作新赫布里底，是英、法两国的共同托管地，当时流通使用新赫布里底法郎。1981年1月1日，瓦努阿图的中央银行——瓦努阿图储备银行发行了自己的货币瓦图，并按照汇率回收新赫布里底法郎。由于新赫布里底法郎与法国法郎挂钩，且1新赫布里底法郎兑换0.061875法国法郎，这样瓦图的官方汇率便定为1美元兑换74.41瓦图。同时，瓦努阿图规定澳大利亚元仍可以继续在境内流通。

1981 年 9 月 10 日，瓦图汇率不再紧盯法国法郎，改为与特别提款权挂钩，并规定 1 个特别提款权等于 106.20 瓦图，并实行管理浮动制的有效汇率。到 1983 年 4 月 1 日止，新赫布里底法郎及澳大利亚元不再作为法偿货币。

1982 年 3 月 22 日，瓦努阿图中央银行发行纸币瓦图，面额分别为 100 瓦图、500 瓦图和 1000 瓦图。1988 年，面额为 100 瓦图的纸币不再流通，取而代之的是面额 100 瓦图的硬币。1989 年，瓦努阿图发行面额为 5000 瓦图的纸币。现行流通的有 500 瓦图、1000 瓦图、5000 瓦图等面额的纸币，另有 1 瓦图、2 瓦图、5 瓦图、10 瓦图、20 瓦图、50 瓦图、100 瓦图、200 瓦图的硬币。

1993 年，瓦努阿图储备银行接管纸币发行业务，发行新版面额为 500 瓦图与 1000 瓦图的纸币。1995 年首次发行面额为 200 瓦图的纸币，以减少面额 100 瓦图硬币的流通量。2011 年，瓦努阿图发行高分子材质的面额为 5000 瓦图的纸币。2010 年 7 月 28 日，瓦努阿图发行面额为 10000 瓦图的高分子材质纪念钞，但 2013 年已不再流通。

第二节 宗教与民俗

一 宗教

19 世纪末以来，基督教成为瓦努阿图的主要宗教，基督教的神父、牧师、执事等神职人员主持每周的宗教仪式，以及婚礼、葬礼。从宗教派别看，基督教的长老会是势力最大的基督教教派，其教众人数约占总人口的 1/3；其次是罗马天主教和圣公会，教徒约各占总人口的 15%；其他教派包括基督复临安息日会等，巴哈伊教和摩门教也吸引了一些当地的信徒。

有一部分瓦努阿图人不信仰基督教，而保持原有的传统宗教信仰，还有一些人的信仰是将基督教教义与当地传统宗教信仰糅合在一起的宗教。

瓦努阿图各岛屿还有一些类似于宗教的货物崇拜（cargo cults）。这种宗教形式主要出现在一些与世隔绝的土著人之中，当他们看到一些外来的、之前从未见过的高科技物品时，因为不能解释其来源，便将这些物品当作神祇崇拜。第二次世界大战期间，美国军队来到了瓦努阿图群岛，带来了许多土著人没有见过的物品，导致当地出现了一些货物崇拜。随着现代文明的不断进入，许多货物崇拜现在已经消失，但坦纳岛上的约翰·弗洛姆崇拜（也称约翰·弗洛姆运动或约翰·弗洛姆教）甚至发展成为瓦努阿图的一个重要政党，在议会中也有它的信徒。

1941 年底，日本偷袭珍珠港，太平洋战争开始，盟军在当时的新赫布里底首都维拉港，以及桑托岛和坦纳岛建立了军事基地。坦纳岛岛民第一次见到"大铁船"（军舰）与"大铁鸟"（飞机）运来美军官兵和许多物资，修筑许多道路、桥梁、码头、飞机跑道，晚上电灯更是把天空照得犹如白日，他们对这些感到非常惊讶。美军还带来了坦克、武器、医药、卡车、电冰箱、罐头食品等，并把部分物资分给岛民。于是坦纳岛岛民把美军视为神，集体称呼他们为约翰·弗洛姆（John Frum），这一称呼可能源自"John from America"的谐音，因为"John"是美国人很普遍的名字，很多美国大兵叫"John"。第二次世界大战结束后，美军撤离，繁荣消失，一切回归往昔。美军留下了一些军服及货物，岛民认为这些货物具有神奇力量。许多人崇奉约翰·弗洛姆为神，相信美军会再度回来，带来巨大财富，并把他们从英法两国殖民中拯救出来。虽然美军没有回来，但是货物崇拜反而更加蓬勃发展，并演变为宗教信仰。1957 年 2 月 15 日，坦纳岛举行首届约翰·弗洛姆运动年度庆典，岛民穿上自制的美军制服，升起美国国旗，端起竹制步枪行军，并以竹笛吹奏美国国歌。他们在丛林里开辟飞机跑道，修造木制飞机，希望迅速招来美国的货船，给他们带来种种货物。

在坦纳岛上还流行着一种有趣的、特别的货物崇拜——菲利普亲王运动（Prince Philip Movement）。他们尊崇英国女王伊丽莎白二世的丈夫菲利普亲王，因为坦纳岛上的邀南嫩部落（Yaohnanen tribe）一直流传有一个古老的传说：伊苏尔火山的山神有一个白皮肤的儿子，他穿过大海，不畏艰险，寻找到一位权力极大的女人，并娶她为妻。英国的菲利普亲王与他的妻子英国女王伊丽莎白二世在 1974 年访问过该岛，菲利普亲王是白皮肤，在土著人心目中，英国女王伊丽莎白二世权力又极大，他们夫妻又是从遥远的海外归来，这些与传说中的情节相似，因此菲利普亲王备受坦纳岛岛民的尊重，甚至被当作山神的儿子。1974 年，伊丽莎白二世同菲利普亲王到访新赫布里底时，受到了当地民众的极大欢迎。直到现在，邀南嫩部落的岛民仍然把菲利普亲王奉为神明，每年举行盛大的仪式庆祝菲利普亲王的生日。[①]

除了信仰基督教与货物崇拜，瓦努阿图有些岛屿还盛行巫术。当地人认为，有些人是先知，能够占卜；还有些人被认为有控制降雨、刮风、地震、海啸等自然现象的神奇魔力。当然，也有许多瓦努阿图人对巫师持怀疑的态度。

二 节日

瓦努阿图的法定节日共 14 个（见表 1 - 2），可分为三类：宗教意义的节日；民族传统节日；与国家独立、团结有关的节日。

表 1 - 2 瓦努阿图的 14 个法定节日

序号	节日名称	日期
1	元旦	1 月 1 日
2	"独立之父"纪念日	2 月 21 日
3	酋长日	3 月 5 日
4	耶稣受难日	复活节前的周五
5	复活节	每年春分月圆之后第一个星期日（大致在 3 月 22 日至 4 月 25 日之间）
6	劳动节	5 月 1 日
7	耶稣升天日	复活节后第四十天
8	儿童节	7 月 24 日
9	独立日	7 月 30 日
10	圣母升天日	8 月 15 日
11	宪法日	10 月 5 日
12	团结日	11 月 29 日
13	圣诞节	12 月 25 日
14	家庭节	12 月 26 日

① http：//news. bbc. co. uk/2/hi/6734469. stm，August 17，2013.

作为一个基督教徒占多数的国家，瓦努阿图的多数法定节假日为基督教节日，例如圣诞节等。每年年末，居住在城市的瓦努阿图人会回到故乡的岛上，人们以村落为单位组成合唱队，到邻近的村落演唱各类歌曲，庆祝元旦的到来。

瓦努阿图人也很重视庆祝民族传统节日。在瓦努阿图的许多地方，人们每年都要庆祝粮食和水果的丰收，最壮观的是彭特科斯特岛南部地区用来庆祝丰收的陆地跳（Land Jump）。传统仪式还包括男子成年仪式与等级评选仪式。伴随这些仪式的有舞蹈与盛宴，在盛宴上还要举行宰猪、交换卡瓦饮料等活动。

除了这些具有宗教意义的节日和民族的传统节日外，瓦努阿图人还庆祝与国家独立、团结相关的节日，如"独立之父"纪念日、酋长日、独立日、团结日等。

"独立之父"纪念日 这是为纪念瓦努阿图第一任总理沃尔特·利尼（Walter Lini，1943－1999）而设立的纪念日。沃尔特·利尼曾经做过英国圣公会的牧师，1980 年瓦努阿图独立后成为该国第一任总理，被称为瓦努阿图的"独立之父"。他在任期间，瓦努阿图与法国、美国等几个大国的关系紧张。他强烈反对法国在太平洋地区进行核弹实验，支持法属殖民地新喀里多尼亚的独立。他要求美国在太平洋地区减少驻军，反对外国在瓦努阿图投资。在与利比亚、古巴和越南建交后，他推动瓦努阿图实行"美拉尼西亚社会主义"，这是一种基于美拉尼西亚传统的思想，认为一个民族的土地归该民族集体所有。利尼 1991 年离开总理的位置，1999 年去世。

尽管有些瓦努阿图人非常不满利尼的统治方式，但是 2 月 21 日仍然被定为瓦努阿图的"独立之父"纪念日。为纪念瓦努阿图独立 25 周年，2005 年的"独立之父"纪念日举行了专门的纪念活动，在塔加贝（Tagabe）圣公会教堂举行了专门的追思会，时任总统卡尔科特·玛塔斯·凯莱凯莱（Kalkot Matas Kelekele）和总理汉姆·利尼（Ham Lini，即沃尔特·利尼的弟弟）参加了追思会，并为这位前总理和前牧师敬献了花环。

酋长日 是向酋长表示敬意的日子。瓦努阿图的 83 个岛屿中有很多岛屿的岛民不受欧洲人的影响，仍按照传统的方式生活。尽管各岛上的风俗习惯不尽相同，但乡村生活、自给自足的农业和酋长的领导这些特点都是相同的。为了维持传统的生活方式，托管地政府于 1977 年成立了全国酋长委员会。每年的 3 月 5 日人们向酋长表示敬意，从而使 3 月 5 日成为公众假期，其间举行各种各样的庆祝活动，如体育活动、狂欢节、农业商品交易会和艺术节等。

独立日 独立日是瓦努阿图最重要的国家节日，纪念英法两国对新赫布里底殖民统治的结束以及 1980 年 7 月 30 日瓦努阿图共和国的成立。每年的独立日，在首都维拉港都有大型的庆祝活动，同时也有一些体育活动，如在维拉港港口举行独木舟或帆船比赛。在独立公园举行阅兵式，瓦努阿图各地都有歌舞或杂技表演，同时举行弦乐队的比赛。

团结日 1977 年 11 月 29 日，在英法共同托管下的新赫布里底群岛发生了骚乱，导致了许多人死亡。瓦努阿图人不想看到类似内部冲突再次发生，因此把这一天定为团结日。每年的团结日，瓦努阿图各个部族的代表聚集到首都维拉港，各岛屿的主要酋长也组织各种庆祝活动。团结日当天，当地人身穿传统服装跳舞、游行，同时举办音乐会和体育活动，也通常会举行野餐或露营。2004 年，总统卡尔科特·玛塔斯·凯莱凯莱要求教堂的牧师在团结日那一天为国家的团结祈祷 1 ~ 2 小时。

三 民 俗

瓦努阿图目前社会文化和风俗习惯的主要来源有两个：一个是传统文化，另一个是西方文化。英、法殖民者 100 多年的统治产生了深远影响，城市居民基本上过着现代文明的生活。但是在瓦努阿图的所有地区，尤其是首都维拉港之外的农村，传统文化在很大程度上影响着人们的生活，几乎所有的瓦努阿图人仍保持着同农村的联系，他们的根还在农村。许多在城市就业的瓦努阿图人仍居住在农村，过着传统生活。有些人在城市里工作、生活，但是在周末会回到自己的村子，从事部分田园生产活动。由于政府内阁成员都是从议员中产生的，同选举区联系密切，所以一些内阁成员兼顾田园生产。

1. 村庄生活与社交礼节

瓦努阿图 80% 的人口居住在农村，多以部落为基础，形成村庄。一般每个村庄是一个家族，也是一个部落，人口不超过 50 人，每个村庄都有一个酋长。酋长能够代表整个村庄，他的命令可以代表法律。多数村庄有一座传统的房子或茅草屋（也称男人屋，在有些地方只是卡瓦吧），作为男人们交流、处理村务、饮用卡瓦饮料的地方。男人屋一般有两个房间：一个房间用于男人们在每天工作后聚会；另一个房间用于陈列本部落祖先的遗物，经常陈列着该村庄部落祖先的头骨或其他圣物。如果没有得到当地人的邀请，来访者严禁进入男人屋。在严守传统风俗的地区，男人屋对女性来说属于禁忌之地。

每个部落都有其与祖先和其他灵魂相关的圣地，这些圣地可能在山顶或离岸的海礁上，也可能是一块暗礁。人们把这些地方当作圣地，对这些地方充满敬意，并刻意避开这些地方。来访者接近这些圣地时，也必须要表现出极大的敬意。

在参观访问瓦努阿图时，应当注意以下社交礼节：①遵守当地的习俗，避免触犯当地人的禁忌，如有疑问应首先询问导游或当地的村民；②要进入或穿过村庄时，在走近村庄前需要站在路边，先征得村民的许可，等待能给你领路的人，如果直接去敲住家的门会被视为不礼貌的行为；③大多数土地是村民所有，如果离开道路走上丛林中的小径，要征得你遇到的第一个村民的同意；④根据习惯法，在路边生长的蔬菜、水果等植物通常属于个人私有，因此不要随便采摘；⑤到村庄中参观的人应当穿戴整齐，在村庄中泳衣、短裤和暴露的服装是不合适的；⑥瓦努阿图没有收取小费的习惯，收小费和乞讨都被认为是不文明的行为；⑦拍照时（尤其在村子里）最好先征得村民许可。

2. 男子成年仪式

按照瓦努阿图传统，男子的成年仪式标志着男孩直接变成男人。10~12 岁的男孩通常被带到丛林中或偏僻的地方待上几周，其间接受割礼。当伤口愈合后，家人举行盛宴欢迎他们回家。在马勒库拉岛南部，人们制作特殊的木偶和面具来记录每个男孩走向成熟的过程。

一旦完成成年仪式，男孩就被认为具有了男人的地位，应当承担男人的义务，就不能再受母亲的责罚，因为他的地位开始高于自己的母亲。他可以穿上传统的草裙，搬到父亲的房子或者村里专为年轻男人建的房子去住，并学习成年人的职责和家族传统。一旦拥有了几头猪，就可以开始参加等级评选活动。

男子在结婚前必须建造一所房子，同时还要向准岳母支付一定的彩礼。在过去，有些地方的彩礼价值甚至高达 100 头猪。但是，现在瓦努阿图酋长委员会规定，彩礼的最高额为 8 万瓦图，有些地区彩礼的数额比这个最高额少得多。除了彩礼以外，新郎还要付给准岳母最高可达 2 万瓦图的现金，用来作为岳母家里失去一个劳动力的补偿。

在一些地区，尤其在马勒库拉岛的内陆地区，女孩也要举行成年仪式。在成年仪式上，她的一颗门牙要按照一定的仪式被拔掉，这个痛苦的过程会持续几个小时。

3. 等级评选制度

在瓦努阿图，男人通过等级评选制度在家族中获得地位和权力，每增加一个等级，就意味着他向酋长的地位靠近了一步。从当地人迷信的角度来看，一个男人获得的等级越高，他在世时抵抗巫术的能力就越强，死后他的灵魂的力量也越强大。

为了获得等级，男人需要举办宰猪的盛宴即等级评选仪式（grade-taking ceremonies），有时甚至要宰杀几十头猪来款待村民，向祖先献上贡品，以便得到祖先灵魂的护佑。在村民面前，举办宴会的人走过待宰的猪群，猛击他选中的猪的头部，并触摸猪群中其他猪的头，表示尽管这些猪也是很好的美食，但是需要以后再宰杀。在宰猪以后，他要拿出足够的木薯、芋头和一些草垫来举办盛大的宴会。由于村民享用了他的食物，所以必须要对他表示尊敬和忠诚，他也就从其他村民那里获得了更多的尊敬，等级自然也就提高了一级。举办几次等级评选仪式的男人能够在村庄里获得权威。在村庄中获得高等级的男人死后，村民仍然会对他的灵魂表示敬意。

男性一般到 20 岁才有资格参加等级评选。参加等级评选前，他需要

借 5~10 头猪来支付他的结婚彩礼，之后他可以买一些母猪，通过养殖母猪繁殖小猪，然后把猪崽卖掉，偿还债务。由于用猪崽和母猪来偿还债务，母猪成为他获取财富和地位的来源。还清债务的这个过程通常需要几年的时间。一旦还清债务，他就会专门举办一个以木薯为主食的宴会来进行庆祝。在随后的两年，他可以准备等级评选仪式。

一个人要获得的等级越高，他宰杀的猪的数量就越多，价值也越高。马勒库拉岛西南部地区的男人最多可以获得三十五个等级，而在安巴岛上只有四个等级。在瓦努阿图，等级评选制度并不只局限于男性。马勒库拉岛中南部的小套部落的女性也可以获得等级，但是她们的等级数量远远没有男性多。

4. 传统仪式

在传统文化占主导地位的地区，传统的仪式和活动仍是村落生活中的重要组成部分。瓦努阿图村落首领在结盟、举行结婚仪式或部落内部有其他重要事件时，需要举行隆重的内口维阿（Nekowiar）仪式。这是一项为期三天的仪式，通常需要一年的时间来准备，每隔两三年在年末举行一次。仪式上一个重要的内容就是跳舞，随着一段段舞蹈，现场的气氛逐渐活跃。第二天上午开始跳托卡（Toka）舞，并在当天晚上达到高潮。第三天上午在大多数舞蹈结束后，会举行盛大的宰猪仪式，这样的宰猪仪式被认为是洗涤掉以前的罪恶（尤其是仪式第二天夜里男女追求性放纵的罪恶），同时人们会饮用大量的卡瓦饮料，吃大量的"拉普拉普"（Laplap，一种被誉为瓦努阿图国菜的食品，见本节"6. 饮食"）。但是举行内口维阿仪式的日期并不固定，在举行前几天才会对外公布日期。因此希望观看内口维阿仪式的游客至少要在瓦努阿图待上两周，才有可能赶上一场这样的仪式。

居住在瓦努阿图彭特科斯特岛上的居民，每年都要在四五月份举办一次"陆地跳"活动，这起源于一种成年仪式。正如非洲的马塞男人必须杀死一头狮子才算成年，而几百年前的瓦努阿图男人必须经受住悬空跳下的考验，才能算是进入了成年。

举办一次这种活动，小伙子们先得花 5 周的时间用树枝和树干搭建一个高约 30 多米的"跳塔",并在跳塔的不同高度铺设木板作为跳台,供竞跳者选择不同的高度起跳。为防止搭跳台的木头被太阳晒干,人们还在木头上面覆盖了宽大的树叶。跳塔建成后,准备参加竞跳的小伙子们就开始到附近的密林中寻找合适的藤条。藤条要符合两个条件:一是藤条要足够结实,以保证在竞跳时不会崩断;二是藤条的长短要合适,以保证竞跳者在下落到最低点时头部不会触及地面。

进行"陆地跳"时,竞跳者先要根据自己的胆量和能力选择不同高度的跳台。然后站在自己选好的平台上,双脚各拴上一根藤条,这些藤条的另一端被拴在跳塔最顶端的木架上。竞跳者首先向观众挥手致敬,然后双臂向上高高举起,随着一声长啸,双脚一跃,便头朝下扎向地面。整个过程仅仅几秒钟。看着发梢扫地、倒挂悬空的竞跳者"掉"到人们面前,人群中爆发出热烈的欢呼,那些早就等在跳塔下的小伙子们一拥而上,将竞跳者高高托起,帮他解下拴在双脚上的两根藤条。然后全村男女老少围着他载歌载舞,庆祝他成功通过了成年的考验。这项活动后来传到英国,发扬光大于新西兰,渐渐演变成了现在的"蹦极"运动。

说到瓦努阿图人举行"陆地跳"的来历,还有一个颇具传奇色彩的故事。据说 1500 年前,一位妇女为了躲避自己极为凶暴的丈夫,躲藏在一棵大树顶上。但她丈夫还是发现了她,并打算上树捉她。看到这种情形,她机智地在脚腕上拴上了一根藤条。当她丈夫快爬到树顶时,她毫不犹豫地从树上一跃而下。这时,她的丈夫还没来得及搞清楚是怎么回事,就紧随其后也从树上跳了下来。结果这个勇敢的妇女安然无恙,而她那个凶暴的丈夫却一命归西,再也不能折磨她了。从那时起,这个岛上的瓦努阿图人每年都要举行一次"陆地跳",叫作"N'GOL",以此来考验小伙子们是否勇敢,并成为一种男子成年仪式。

参加"陆地跳"的小伙子都要冒着死亡的危险,因为除了脚腕上的藤条,再没有什么其他的安全措施,但竞跳者摔死的却很少。1974 年英国女王到访时,曾有一位竞跳者摔死。从那时到现在,"陆地跳"活动中没有再发生过类似事故。

5. 卡瓦 （Kava）

提到瓦努阿图的传统，就不得不提到卡瓦了。卡瓦是一种农作物，拉丁语名称为"piper methysticum"，又称"令人幸福的根"（root of happiness），是瓦努阿图社会文化中的一个重要组成部分。许多人（多为男人）认为，如果哪一天不饮用卡瓦制作的饮料，这一天过得就不完整。按照瓦努阿图的传统，在欢迎客人、开酋长会议、庆祝出生、纪念死亡、结婚等重要活动中必须要饮用卡瓦饮料。

准备、交换和饮用卡瓦饮料是瓦努阿图所有重要仪式上不可或缺的环节。卡瓦饮料是一种用卡瓦胡椒的块根制成的温和型饮料，看似泥浆，喝起来有淡淡的花椒水味和苦涩味，喝后舌头发麻。一般人喝了，会觉得身心放松，心情愉悦，疲劳顿消。对卡瓦成分敏感者，一会儿便会双眼发沉，昏昏欲睡，进入一种冥想状态。

卡瓦饮料的传统制作工艺相当独特，由村里男性集体完成。先用弯刀将卡瓦根切成小块，再用力咀嚼卡瓦根块，或用珊瑚石杵将卡瓦根块捣碎。将嚼碎或捣碎的卡瓦放入由植物（椰子）纤维制成的过滤器中，然后向过滤器一边倒水一边挤压，通过过滤器注入椰碗的灰褐色汁液就是味道独特的卡瓦饮料。目前，瓦努阿图已能机械消毒、加工制作卡瓦粉，再用卡瓦粉兑制卡瓦饮料。但传统工艺制成的卡瓦饮料仍以纯度高、质量佳、口感好著称。

瓦努阿图卡瓦饮料的饮用有严格的程序，首先饮用的是酋长，然后是尊贵的客人，其他的人只有在客人饮用后才能按照长幼次序饮用。按照传统，通常是在安静的环境中饮用卡瓦饮料，每一杯卡瓦饮料都要一口喝完，剩下的部分倒在地上。在饮用完卡瓦后，通常人们会接着吃一顿热饭或者饮用热茶，这样卡瓦的成分会很快被吸收。

在部分海岛上，男人和妇女在辛勤劳作之后，都会通过饮用卡瓦饮料放松身心。在谢泼德岛、邦克斯群岛和彭特科斯特岛中部的一些地方，当地人也十分欢迎女性来客饮用卡瓦饮料。在瓦努阿图的村庄里，不管男性还是女性，如果有人请你喝卡瓦饮料，那就表示他们正式邀请你。但是在坦纳岛上，喝卡瓦饮料是男人专属的特权，当男人们享用卡瓦饮料时，女人们不敢靠近卡瓦吧，唯恐因目睹男人喝卡瓦饮料的情景而惨遭殴打。

除了仪式和社交的用处外，卡瓦还被当地人用作草药。卡瓦胡椒是一种高纤维、低热量植物，有镇定、抗菌、止疼、利尿之功效。其药理作用的活性物质叫卡瓦酮，存在于卡瓦根部，并可溶于水。咀嚼卡瓦根或饮用卡瓦饮料，能让卡瓦酮最大限度地被身体吸收，起到放松肌肉、麻痹疼痛神经、催眠和降血压的作用，对治疗焦虑症和抑郁症也很有效。但正如中国人所说的"是药三分毒"，卡瓦饮料也有副作用，过量或反复饮用卡瓦饮料，会使人产生皮肤干燥、脱皮等过敏反应，甚至会对肝脏产生毒副作用。①

（1）卡瓦吧。

每一个村落里面都有"Nakamal"，这一词的原意为男人屋。男人在结束一天的劳作后，会在这种茅草屋里聚会、讨论村务、饮用卡瓦饮料。随着社会经济的发展，现在一些地方的"Nakamal"成为卡瓦吧。瓦努阿图的卡瓦吧非常普遍，仅首都维拉港就有150多家。第一家卡瓦吧开于1979年，不久便风靡全国。卡瓦吧非一般意义上的酒吧，而是只售卡瓦饮料。外国人常去的卡瓦吧，偶尔也出售啤酒。若马路边的卡瓦吧亮着红灯、绿灯或蓝灯，就表明正在营业。

卡瓦吧多建在通风透气、景色秀美的地方，用树枝和蕉叶搭建，一角设小小的柜台，出售用椰壳或塑料碗装盛的卡瓦，分大、小两种，大碗售价100瓦图，小碗减半。卡瓦吧内外设桌椅数张，客人随兴而坐，或轻声细语，或沉思冥想，饮者需要走到僻静处一饮而尽，若受不了麻味，可用清水漱口。考究的卡瓦吧，还有身着鲜艳民族服装的妇女，出售国菜"拉普拉普"和各种时令蔬果。她们手持蕉叶，慢悠悠地赶走各种飞虫，乃当地一景。

卡瓦吧是瓦努阿图人休闲、交友、议事的场所。因卡瓦有镇静作

① Center for Food Safety and Applied Nutrition of United States Food and Drug Administration, "Kava – Containing Dietary Supplements May Be Associated with Severe Liver Injury," 2002.

用，所以这里不似普通酒吧那样喧闹，而是给人静谧的感觉。瓦努阿图议会对面的卡瓦吧，经常有政要小聚，商议国事。若想打探政坛动向，或者与平时想见而见不到的大人物不期而遇，此地可是好去处。卡瓦吧一般禁止妇女入内，但在城市商业区和旅游区，妇女也可以进去小酌。

乡村的卡瓦吧更具原始气息，傍晚时分，村里的男人们便聚到露天空地或用树枝搭建的凉棚里，或躺或坐，分享卡瓦。他们光着身子，只用树叶挡住私处。此时此刻，是村里长者教导年轻人如何待人接物，分配布置第二天工作的神圣时间。饮完卡瓦，一天的工作便告结束。此后，村里便一片寂静，不会再有喧哗。

（2）卡瓦根。

瓦努阿图栽种卡瓦已有2000多年的历史，是世界最大的卡瓦产地之一，有80多个品种，是名副其实的卡瓦之乡。在瓦努阿图的农贸市场，到处可见卡瓦根出售；在超市，也可以买到姜黄色的卡瓦粉。

卡瓦胡椒长于瓦努阿图北部岛屿山的高处，而彭特科斯特岛是瓦努阿图最大的卡瓦胡椒种植基地。商用卡瓦胡椒生长期为2～5年，主根和茎直径最大可达8厘米，深褐色，气辛辣，味略酸，卡瓦酮含量为12%～13%，质量和效力远远超过其他太平洋岛国出产的卡瓦。

瓦努阿图人对卡瓦充满敬意，将其视为最尊贵的礼物，是瓦努阿图的"国礼"和"国饮料"。卡瓦仪式是一种高规格仪式，部族结盟、仇人和解、勇士出征、婚丧嫁娶等民间活动，驻瓦使节递交国书、节日庆典、迎送贵宾等官方活动，签署协议、签订合同等商业活动，都少不了它。瓦努阿图人相信，卡瓦是引导人们进入"梦幻般神圣殿堂"的使者，是承载瓦努阿图悠久历史文化的圣根。

在乡下，酋长还通过饮用卡瓦，带领村民与先祖对话。在这一神秘仪式中，酋长率先端起第一碗卡瓦，在空地上走一圈，然后转向森林深处，很快将其喝下，并将最后一口大声喷出，与林中先祖对话后，再回到人群。之后，其他人依次喝卡瓦，并与祖先对话。人们慢慢地就会感受到卡瓦的效力，聆听到先祖的回声。

（3）卡瓦在瓦努阿图经济中的作用。

卡瓦除了用于仪式和社交场合外，还是瓦努阿图出口赚汇的主要产品，与椰干、可可一样，由当地土著人专营。2008 年，瓦努阿图出口卡瓦 355 吨，价值 4.866 亿瓦图，其中对斐济出口 2.03 亿瓦图。2009 年，瓦努阿图北部托尔巴省邦克斯群岛的嘎哇（Gaua）岛上的卡瓦种植者成立首个卡瓦种植者协会——嘎哇卡瓦种植者联合会（The Gaua Kava Farmer Association），以维护卡瓦种植者利益，促进卡瓦出口。

卡瓦出口始于 20 世纪 70 年代，90 年代达到顶峰，主要销往德国、法国和美国等国的制药厂。法国用卡瓦制成的一种药片，可为泌尿系统感染者放松肌肉，减轻痛苦。但从 20 世纪末开始，卡瓦的副作用逐渐为人所关注，甚至造成恐慌。2001 年以后，澳大利亚、英国和加拿大等国纷纷限制或禁止卡瓦进口，导致瓦努阿图出口市场疲软，数百个种植园被弃。

近年来，随着对卡瓦研究的深入和加工提取方法的改进，卡瓦再次引起世人关注，出口前景看好。2009 年，瓦努阿图一家公司宣布，该公司研制出一种通过水提取的卡瓦粉，可放入牛奶、可乐、果汁等饮料中，强度由放入卡瓦粉多少决定，口感良好，性能稳定，且无反胃、腹胀等副作用。2009 年 10 月，瓦努阿图饮料公司研发的添加卡瓦成分的可乐——拉瓦可乐，即瓦努阿图卡瓦可乐（Lava Cola – Vanuatu Kava Cola）下线，此举将为卡瓦种植者带来新商机。[①]

6. 饮食

瓦努阿图人口基数小，自然条件优越，土地相对富余，植物生长茂盛，到处都可采摘木瓜、芒果等热带水果充饥，因此瓦努阿图人不存在挨饿的问题。在与西方接触之前，当地人的传统食品是山药、芋头、甘蔗、椰子、热带坚果等。传统肉食则是猪肉和鸡肉。在与西方文化接触之后，瓦努阿图人的饮食中增加了其他的热带农作物（如木薯、木瓜、芒果和可以当蔬菜烹饪食用的香蕉）和其他的温带作物（如卷心菜、豆类、玉

---

① http：//www. vanuatukavastore. com/Kava – Cola. htm，December 20，2012.

米、辣椒、胡萝卜和南瓜等）。因此，瓦努阿图人的饮食文化可以看作传统的南太平洋饮食文化和西方外来饮食文化的有机结合。

农村居民的饮食一般自给自足，也可从村落商店里购买被认为是奢侈品的大米和鱼罐头等。城市居民的饮食包括大米、面包、鱼罐头和其他一些当地农产品。在首都维拉港市和卢甘维尔市，餐馆大多为旅游者和外国人提供服务。

在瓦努阿图的传统仪式上，除了盛宴之外，还有交换食品的环节，如芋头、山药、卡瓦、各种家禽和猪肉等。但这些食品都不是所有传统仪式上的必需，只有一道菜在所有仪式上都不可缺少，那就是瓦努阿图的国菜"拉普拉普"。这种食物是用磨碎的芋头、木薯等根茎或香蕉等揉成面团，加入椰奶，与蔬菜、肉混合在一起，用树叶包起来，放到传统的土炉中，烤制几个小时而制成的一种类似布丁类的食品。在农村，人们每周的日常食品非常简单，就是把根茎粮食和蔬菜煮熟食用，只有在周末时，才制作"拉普拉普"，并把它作为周末的晚餐和星期日的大餐。

谈到瓦努阿图的饮食，就要提到瓦努阿图人独特的食物储藏方式了。与中国以五谷杂粮为主食的农耕文化不同，瓦努阿图无种植农作物的传统，主食是木薯和香蕉。将硕大的香蕉去皮，在表面粗糙的椰壳碗上反复研磨，香蕉即变成黏稠的糊状，用芭蕉叶将香蕉糊包起，盛于棕榈叶编织的篮中，挂在树枝上晾晒。时间一长，香蕉糊里的水分顺着蕉叶流出，自然风干成固态的香蕉干。待香蕉风干后，挖半米深的土坑（坑的直径根据储藏量决定），底部和四周以野姜花的树叶铺垫，将包裹着的香蕉干取下，置于坑内，上压大石覆盖，再以土填埋。酋长介绍说，用这种方式储藏的食物，可保质长达一年时间，如能及时更换野姜花的树叶，甚至可保存长达两到三年。

每年雨季的 1 到 3 月份，瓦努阿图都要面临飓风的威胁。飓风来临时，最大风速可达每小时数百公里，破坏力极强。飓风过后，瓦努阿图境内一般房顶被掀翻、枝残叶落，食物锐减。正是在与飓风斗争的长期实践中，智慧的瓦努阿图人民研究出了类似上述储藏食物的好方法，使他们能在飓风季节前储存大量食物，避免了因自然灾害造成的饥荒。

这种储存香蕉干的方法体现了瓦努阿图人的智慧。需要动用储备食品的时候，勤劳的主妇们就从土坑中取出香蕉干，先把它放在海水中浸泡，再放入椰汁中浸润，等海水和椰油渗入差不多之后，再取出放在火上烤。温度上升，海水蒸发，海盐和椰汁的精华却浸入香蕉干，相当美味。

7. 婚娶

与中国封建社会一样，瓦努阿图古代社会以及现代瓦努阿图的一些偏远岛屿，包办婚姻仍占主导地位。部落里的男子到了适婚年龄，父母就开始为其物色妻子的人选，"富"是重要条件之一，如果能娶到酋长的女儿，就能分享酋长的土地。娶妻如此，嫁人也不例外。女方的父母当然希望女儿嫁个富贵人家，吃穿不愁，娘家也能多拿些彩礼。不过，在瓦努阿图的部落里，衡量贫富的标准不是房子和车子，也不是票子，而是所养獠牙猪的数量。

几千年来，猪在瓦努阿图的传统习俗中一直是财富的象征。有些公猪能长出很长的獠牙，这种獠牙公猪的两颗大牙从嘴唇两边长出口外，有的会呈螺旋形向后卷曲，有的可盘旋数圈。能长出獠牙的公猪，生长期一般在 10～15 年，它们生前都得到最好的"待遇"，被宰杀前，酋长将召集部落里有威望的老人，一起品评其獠牙，确定其价值。在部落里，贫富差距是公开和公示的。拥有的猪越多，尤其是獠牙猪越多，就代表着越富有。外人可通过当地居民头顶上插的野鸡毛来判断他的贫富。头戴野鸡毛，表示家中有猪，鸡毛毛色代表猪的肤色，鸡毛长度代表猪牙长度。每逢大型庆典活动，部落里的青年男子都十分注意插好自己的野鸡毛，以期能获得美貌女子及其家长的青睐。

如果男方看中哪家的女子，就会上门提亲，并与女方父母商量彩礼多少，实际上就是多少头獠牙猪。如女方是家中独女，需要的猪就较多，如女方家中有很多女儿，需要的猪就较少。双方谈妥之后，接着就是订婚。现在生活在城市里的瓦努阿图人，多通过送戒指的形式履行订婚手续。但在瓦努阿图的一些部落以及一些偏远的岛屿，人们仍坚持着传统的订婚仪式。在南方一些岛屿，通过给接受订婚的女子纹上本部落的图腾向外界昭示：该女已是我们部落的准媳妇，他人不得染指。在瓦努阿图北部一些岛

屿，订婚仪式则显得血腥和野蛮，仪式在酋长屋隆重举行，男方在仪式中用石块敲掉女子两颗上门牙，代表订婚完成。在北部一些岛屿，如果有女子冲你笑，门牙部位露出两个黑洞，你就知道该女已"名花有主"了。

8. 丧葬

瓦努阿图主要有两种传统丧葬方式：海葬和土葬。在沿海地区比较流行海葬，部落里有人去世时，瓦努阿图人在海边举行仪式，将死者遗体投入海中；在远离海边的中部地区，流行土葬，埋葬的方式十分特别，是将死者头上脚下竖立着埋在事先挖好的地洞中，将头部露在外面。当地酋长解释说，这一方面是因瓦努阿图土地奇缺，如此埋葬可以节省土地，另一方面是基于人口统计的需要，便于清点死亡人数。在部落战争时期，为表彰一些英勇阵亡的勇士，不仅采用竖埋的方式，还将其头骨取走，做一个特制的雕像来代替头骨，以供后代纪念和瞻仰。西方传教士进入后，瓦努阿图逐渐改变了这种土葬方式，逝者终于可以平躺安息了。如今，如果你经过瓦努阿图的一些集体墓葬群，会看到一片片白色的十字架，显示着基督教的传入对其丧葬方式的影响。

第三节　特色资源

一　主要岛屿

瓦努阿图主要岛屿有：埃法特岛、桑托岛、马勒库拉岛、马洛岛、埃罗芒奥岛、坦纳岛、托里斯群岛和邦克斯群岛等。

埃法特岛　埃法特岛是一个火山岛，是瓦努阿图最重要的岛屿之一，岛上覆盖着热带雨林。陆地面积约占 915 平方公里，人口约 2 万人，首府为位于岛之西南侧的维拉港。北部的哈瓦那是良港。东部的福雷里产有锰矿。该岛主要种植椰子、咖啡、可可等热带作物。2007 年 10 月 31 日，考古学家在该岛发现 3000 多年前的丧葬遗址。

桑托岛　桑托岛属于桑马省，长 122 公里，最宽的地方达到 72 公里，面积约 3900 平方公里，海岸线长达 320 公里，是瓦努阿图最大的岛屿。

岛上多山，森林覆盖率很高，最高峰为塔布韦马萨纳峰，海拔 1879 米。岛上东部和中部有无数条小溪，但溪水的深度只够小型木筏通行。岛上的山谷土地肥沃，灌溉条件良好，几乎所有的热带农作物都可以在这里种植，特别适合农业发展。

1606 年，葡萄牙探险家佩德罗·费尔南迪斯·切罗斯（Pedro Fernández de Quirós）发现了该岛，在桑托岛北部的比格湾（Big Bay）建立了一个定居点。在英法共管期间，英国的地区行政管理处位于该岛东北部的豪格港（Hog Harbor），法国的地区行政管理处位于该岛东南卢甘维尔附近的塞贡德（Segond）。

桑托岛当地人多从事旅游业，或者种植椰子、可可、卡瓦和花生等经济作物，也有些人过着自给自足的渔牧生活。

马勒库拉岛 马勒库拉岛是瓦努阿图第二大岛，属于马朗帕省。马朗帕省的省会隆阿纳位于该岛的东部，是该岛最大的人口聚集地。马勒库拉岛最高峰为里阿姆贝利峰（Mt. Liambele），海拔 879 米。

马勒库拉岛上有近 30 种不同的语言。岛上主要有两个部落：北部的大套部落（Big Nambas）和中南部的小套部落（Small Nambas）。部落的名称来源于当地男性穿的由香蕉叶或露兜树叶编织成的用来包裹生殖器的草套。这是一种当地男人独有的穿着，将紫色露兜树的纤维系于腰间，包裹住生殖器。根据草套的长度，这些部落分别被命名为大套部落和小套部落。这里的居民十分友善、热情，主动安排原著文化参访活动，且不收任何费用，游客可以自由乐捐。在码头的集合处有专人导游，带领游客走访当地土著村落，欣赏歌舞表演并了解其传统生活方式。

马勒库拉岛多山地，山路崎岖，但多被丛林覆盖，非常方便观察鸟类活动。在丛林里和马勒库拉岛北部隐藏着一些古老的食人族遗迹，但许多遗骨和头颅已经被移走或埋葬。该岛的东海岸地区有美丽的沙滩和珊瑚礁，适合用通气管潜泳和潜水。

马勒库拉岛上有把婴儿的头绑起来改变其头形的传统。在当地岛民看来，锥形的头骨是社会地位高的象征。

马洛岛 位于桑托岛以南 3 公里，周长 55 公里，面积 180 平方公里。

与瓦努阿图多数岛屿一样，马洛岛也是由火山爆发形成的。该岛最高峰为马洛峰，海拔 326 米。

1979 年马洛岛的人口为 2312 人，1999 年为 3532 人。2009 年马洛岛人口为 4237 人。[①] 该岛的主要农产品为椰干和可可。

埃罗芒奥岛 面积 888 平方公里，是瓦努阿图最南省份塔非阿省的最大岛屿，人口约 2000 人。[②] 最高峰为海拔 886 米的三托普峰，最大的村落为纳尔温港（Port Narvin）和迪伦湾（Dillons Bay）。

19 世纪，来此传教的长老会教会称此岛为"殉道者之岛"（the Martyr Isle），因为当时来此岛布道具有极大的风险。1839 年，伦敦教会的约翰·威廉姆斯（John Williams）和另外一名牧师在此岛传教时，被当地人在迪伦湾杀死并吃掉。英属哥伦比亚大学人类学博物馆、教会和瓦努阿图文化团体的领导人经过漫长的谈判和长时间的合作以后，2009 年 12 月，威廉姆斯的后代来到埃罗芒奥岛，举行了一个和解仪式，接受了当时杀害威廉姆斯的土著人后代的道歉。为了纪念这一事件，迪伦湾被改名为威廉姆斯湾。

坦纳岛 坦纳岛也是一个火山岛，长 40 公里，宽 19 公里，面积约 549 平方公里，最高点图考斯梅拉峰（Mount Tukosmera），海拔 1084 米。该岛是热带气候，水源充沛，森林茂密，土壤肥沃。主要出口椰干和牛。坦纳岛距离首都维拉港约 1 小时的航程，是外国游客最常去的岛屿之一，以伊苏尔火山和约翰·弗洛姆运动的起源地而闻名。

坦纳岛居民的穿着和生活仍然以传统方式为主。岛上没有公路，猪、牛等家畜在岛上四处游荡，非常自在。岛民居住的是茅草屋，因此到该岛参观旅游的人会感觉时光倒退了一百年。

坦纳岛是内口维阿活动的发源地。这个活动是一种交换礼物的仪式，每次活动一般持续三天时间，参与者有时达 2000 人。活动参与者一般通过慷慨赠送礼物、举行盛大的舞蹈活动和装饰华丽的脸谱来超越别人。

---

① http：//en. wikipedia. org/wiki/Malo_ Island/2013 – 02 – 12.
② http：//erromango. org/about/2015 – 07 – 10.

　　托里斯群岛　位于托尔巴省，是瓦努阿图最北的岛屿。该群岛是瓦努阿图美拉尼西亚文化和邻国所罗门群岛波利尼西亚文化的分界线。群岛的北边是所罗门群岛共和国的特莫图省（Temotu Province），南边是瓦努阿图最大的岛屿桑托岛，东南是邦克斯群岛。托里斯群岛西部的托里斯海沟是澳大利亚和太平洋板块之间的消减带①。

　　托里斯群岛由 7 个岛屿组成，其中 6 个岛屿有人居住。群岛全长 42 公里，最高地方的海拔只有 200 米。与瓦努阿图南部各岛屿相比，托里斯群岛地势比较平坦，海岸线多为珊瑚岩，沙滩较少。2004 年托里斯群岛人口约为 950 人②，分布在大约 10 个大小不同的靠近海岸的居住地。

　　邦克斯群岛　位于瓦努阿图北部，与托里斯群岛一起构成瓦努阿图最北部的省份托尔巴省。该群岛面积为 780 平方公里，2009 年人口约为 8533 人。③ 邦克斯群岛的主要经济是自给自足的农业经济，同时也种植椰子、咖啡和可可等经济作物供出口。有些岛屿设有机场，飞机可以到达。近年来，随着瓦努阿图旅游业的发展，现代旅游业也成为邦克斯群岛越来越重要的一项产业。

二　主要城市

　　瓦努阿图只有两个城市：维拉港和卢甘维尔。

1. 维拉港（Port Vila）

　　维拉港是瓦努阿图首都，位于谢法省风景如画的埃法特岛上，人口约为 4.4 万（2009 年）人。④ 地处澳大利亚悉尼以东 2445 公里，斐济首都苏瓦以西 1074 公里，新喀里多尼亚以北 555 公里，时区为东十一区，比北京时间早三小时。维拉港夏季中午平均气温为 29 摄氏度，冬季为 25 摄氏度，年降雨量约为 2360 毫米。

---

① 按照板块构造说，大洋板块在俯冲带进入地幔，到了一定深度时，即由地幔熔融，以至消失，所以称之为"消减带"。
② http：//en. wikipedia. org/wiki/Torres_ Island/2013－02－12.
③ http：//en. wikipedia. org/wiki/Banks_ Island/2013－02－12.
④ http：//www. pvmc. gov. vu/en/home，July 10，2015.

维拉港是瓦努阿图的最大城市和门户城市，是全国政治中心、文化中心、商业中心，集中了政府部门，金融、商业、教育、卫生和旅游设施。维拉港同时也是国际、国内海运及航运中心，有国际深水码头，可停泊万吨轮船；定期航班从维拉港国际机场飞往澳大利亚的悉尼、墨尔本、布里斯班和新西兰的奥克兰等城市。市内交通通信便捷，建有现代化的酒店及商场，都市人过着现代时尚的生活。但是在这里，人们看不到摩天大楼，也很少会有熙熙攘攘的人群。其主要街道是库姆尔大街（Kumul Highway），那里有一些免税商店、画廊和餐馆。

多元文化的交融，使维拉港近年来快速发展成为南太平洋地区的美食中心，市内餐馆和路边咖啡馆林立，游客可以在这里品尝到法国、越南、中国、日本、意大利、墨西哥、泰国、地中海以及美拉尼西亚式的风味美食。

2. 卢甘维尔（Luganville）

卢甘维尔位于桑马省桑托岛的东南岸，是桑马省的省会，也是瓦努阿图第二大人口聚集地，人口超过1.3万人①。卢甘维尔市目前的人口构成非常复杂，占人口多数的是瓦努阿图土著居民，还有少部分的欧洲人后裔和中国人后裔。此外，居住在该市的瓦努阿图居民并不都是桑托岛当地的岛民，许多居民来自其他岛屿。

卢甘维尔港是瓦努阿图北部经济中心和运输中心，也是瓦努阿图最繁忙的港口之一，主要用于运输椰干和可可。第二次世界大战期间，卢甘维尔为美军的重要军事基地，当时驻扎在此地的美军约有4万人，并在此修建了机场，撤退时在此遗弃了大量军用物资。

卢甘维尔市有一条宽度足以使四辆卡车并行的主街，大街的一头是港口，另一头是市场和市政府议会大楼。卢甘维尔的主要商业活动都在这条大街上进行，其旁边窄小的街道上有居民区。大街的中心区主要有两种商店：一种是旅游纪念品商店，另一种是类似于超市与五金店结合体的杂货店。

---

① http：//www. state. gov/r/pa/ei/bgn/2815. htm#people/2013 - 05 - 05.

三　主要旅游资源

1. 瓦努阿图文化中心

瓦努阿图文化中心坐落在首都维拉港国家议会大厦前面的萨拉拉纳公园（Saralana Park），附近是瓦努阿图国家图书馆和瓦努阿图国家酋长委员会。瓦努阿图文化中心同时也是瓦努阿图国家博物馆和瓦努阿图国家档案馆所在地。该中心是瓦努阿图保留和传承本土文化的重要场所，博物馆陈列了大量来自各岛屿的手工艺品，档案馆里有瓦努阿图自 19 世纪后期以来的重要文件资料，是了解瓦努阿图历史、文化的好去处。

2. 水下邮局

在首都维拉港沙滩海德威（Hideaway）附近的海底，有一座奇特的邮局——水下邮局（Underwater Post Office）。这所世界上唯一的水下邮局离海岸有三四十米远，建在海面以下 3 米深的地方。水下邮局 2003 年 5 月底开始正式营业，从外观看，它很像一个巨大的罐头，高 3 米，直径只有 2 米，瓦努阿图邮政有限公司总部的 4 名员工在这所水下邮局工作。一般来说，水下邮局每天至少营业一小时。每当水下邮局开始营业时，水上就飘起挂有旗子的浮标，当员工们在水下邮局收取邮件和盖销邮票时，五彩斑斓、温顺的热带鱼就会在他们周围游来游去。

水下邮局还配有邮政信箱，潜水游客需戴上呼吸器或套上潜水衣下到 3 米深处投递防水明信片，营业员给他们的明信片盖戳。当然，他们不是采用传统的用墨汁盖销邮票的方式，而是使用带有凹凸花纹的邮戳，印出特殊的凹凸纹迹，表示明信片已经寄出，然后邮局的人会在上面加盖特殊的封印。

寄信的人要想去水下邮局寄信，除了潜水没有其他途径。邮寄用的明信片是专门设计的防水明信片，目前有两个品种（瓦努阿图邮政有限公司正在计划开发更多的品种），可以去附近商店购买，每张价格约合人民币 15 元。如果人们不想直接游到水下邮局办理业务，也可以在岸边用一种特殊的笔，在明信片上写信，邮政员工再把明信片投到水下邮箱，或干脆把它送到邮件处理中心。

令水下邮局的 4 名员工最为骄傲的是，他们都拥有海洋自由潜水证。带上潜水证，他们可以在世界上任何地方潜水。他们说，潜水是他们的第二天性。在瓦努阿图，大海就是他们的生存资源，因此，瓦努阿图人对潜水都很有经验，就像儿童做游戏一样。

这个旅游项目刚开始时，并没有多少人对在水下邮局邮寄信件感兴趣。但随着广告宣传攻势加大，这项业务现在已经很受欢迎。此外，瓦努阿图邮局每天还会收到约 30 封想要了解更多有关水下邮局情况的电子邮件。目前，水下邮局平均每天收寄明信片 30 多张，大多数寄往澳大利亚、日本和欧洲。随着知名度的提高，水下邮局的经营状况越来越好，游客多的时候每天可收寄 100 张明信片。

3. 维拉港工艺品市场

该市场位于维拉港市中心海边，为传统美拉尼西亚式建筑风格的露天集市，出售各种手工艺品、纪念品及民族服饰，特别而精致，价格不是很高。其中最有当地特色的手工艺品为圆木雕刻图腾柱，两三个头叠加在一起，不遗余力地夸张眼部，浑圆凸出，成为整张脸的焦点。此外，充满传奇色彩的白色猪牙，有着吉祥如意寓意的壁虎壁挂，五花八门的贝壳和海胆针雕刻项链，色彩鲜明的脸谱木雕，手编的露兜树叶编织袋、布包和钱包，古雅的民族乐器，小巧的独木舟模型等也是不错的选择。穿着民族服装的当地妇女静坐一旁，并不热衷与你讨价还价。她们棉制的大花裙上衬着的缎带，袖子和前襟上缀着的蝴蝶结，与所卖工艺品一样绚丽夺目。

4. 维拉港果蔬市场

该市场位于维拉港市中心海边，周一至周五 24 小时营业，周六营业半天。集市管理部门将集市使用权按日分配给附近村庄，保证各村都有平等机会到此出售农产品。物品公开标价，不砍价，也不收小费。

这里终日人潮涌动，热闹非凡，是游客了解瓦努阿图民情的好去处。绿油油的木瓜、黄澄澄的菠萝、金灿灿的橘子、毛糙糙的椰子、滑溜溜的芒果随处可见，一篮篮的红薯、一筐筐的芋头、一把把的水芹菜、一捆捆的空心菜、一串串的生菜整齐摆放。这里的海鲜也很有特色，奇大无比的椰子蟹、被五花大绑的普通蟹、被串起来的小毛蟹等被随意放在蔬菜和水果中间。市场中最亮丽的是鲜花：成束的野姜花、海里康、栀子花、鱼尾菊和大丁草花香气扑鼻，圣诞百合（宫灯百合）和孤挺花艳压群芳。这里还出售当地传统美食"拉普拉普"，生意十分兴隆。

5. 土著人文化村

土著人文化村位于维拉港市郊的原始热带雨林，以文化村的形式展示美拉尼西亚传统文化、瓦努阿图人祖先原始生活方式和奇特风俗。

游客一抵村口，就有下身着草裙、上身赤裸、脸上涂泥彩的壮汉冲出来大喊大叫，像是要把敌人赶回老家。这是村民欢迎远道而来尊贵客人的古老方式。其后身着民族盛装的酋长率几名男子出现在村口，将放在村口的纳米丽叶移走，邀请游客进村。接下来，村民代表向游客介绍如何识别草药、保存食物、打猎、下海抓龙虾、编织草席、制作传统食品等。最后，村民乐队用自制的土乐器演奏乐曲，游客还可欣赏到传统的舞蹈表演。

6. 口口相传的世界文化遗产——洛伊·玛塔酋长领地

2008 年 7 月 8 日，在加拿大魁北克城举行的第 32 届世界遗产大会上，瓦努阿图洛伊·玛塔酋长领地（Chief Roi Mata's Domain）入选联合国教科文组织的《世界遗产名录》，成为南太平洋地区首个世界文化遗产。

玛塔酋长是 17 世纪初瓦努阿图中部地区最后一位至高无上的酋长，他在任时结束了部族纷争，实现了地区和平，但不幸被害身亡，葬于阿尔托克岛（俗称帽子岛）。酋长领地由居住地、死亡地和墓葬区组成，其中墓葬区为太平洋地区最大的活人陪葬区。墓葬区除酋长墓穴外，还有 50 个（其中 20 余个为妻妾）活人陪葬墓穴。由于当地的传统禁忌，任何人不得登岛，遗址得以完整保留下来。

玛塔酋长领地遗址是由法国考古学家 Jose Garranger 于 1967 年发现的。他被有关玛塔酋长的美丽传说所吸引，前往帽子岛考察，果真发现了酋长墓地。之后他又考察了酋长生活区和死亡地，所见之物都与传说一一对应。如陪葬遗骨，他们的衣服和猪牙、贝壳等装饰品，都和传说无异，有的人连名字都可对上。由于玛塔酋长领地遗址体现了口头传说与考古学的融会，见证了玛塔酋长解决冲突并进行社会改革的历程，体现了玛塔酋

长道德力量及其改革措施在当地的延续，对瓦努阿图具有重大文化价值和历史价值，瓦努阿图决定将其申遗，终获 21 国支持，成为世界文化遗产。

2008 年 12 月 12 日，玛塔酋长领地举行隆重传统仪式，庆祝世界遗产正式挂牌。

7. 桑托岛

桑托岛是瓦努阿图著名的旅游目的地。1942 年，一艘由豪华游轮改装的运兵船载着 5500 名美军在桑托岛附近触上了美军自己的封港水雷，不久便在近岸的珊瑚礁上沉没。此游轮距海岸仅百米之遥，而船首和船尾离水面分别只有 20 米和 70 米深，是潜水爱好者和探险者的乐园。附近还有一处叫作"百万美元角"（Million Dollar Corner）的地方，也是潜水的好去处。第二次世界大战结束时，美军不想带走重型装备，于是将装备全部倾倒进海里。当人们戴上潜水镜浮在海面上向下望时，那些轧路机、推土机、铁轨、吊车和大炮等虽已被海藻覆盖、被珊瑚遮掩，但其轮廓仍依稀可辨。香槟沙滩以其粉色的沙滩和清澈的海水吸引着众多游客，而桑托岛的西海岸有众多的岩洞等待游客探险，游轮则经常停靠在卢甘维尔。

8. 伊苏尔火山

伊苏尔火山位于坦纳岛，因为常年喷发而被飞行员和海员当作太平洋上指路的"灯塔"。这座火山虽高达 1084 米，喷出的熔岩却多是直起直落，很少斜向逸出，一般不会伤及游人，因此被誉为世界上"最亲近的活火山"，人们常把能一睹这"上帝燃放的礼花"作为一生之幸。

第二章

历　史

瓦努阿图的历史，最早可以上溯到 3000 年前的拉皮塔（Lapita）时代。但是，从拉皮塔时代到葡萄牙探险家佩德罗·费尔南迪斯·切罗斯（Pedro Fernández de Quirós）1606 年发现瓦努阿图群岛中的第一个岛屿——圣埃斯皮里图岛（简称桑托岛）之间的 1000 多年中，瓦努阿图没有历史记载。

第一节　原始部落时期

2004 年 7 月，考古学家在瓦努·阿图首都维拉港附近的特欧码（Teouma）地区考古时，发掘出了 3000 多年前拉皮塔人的陶器、9 具拉皮塔人的遗骸和一些鸡和猪的遗骸，这间接证明了人类在大约 3000 年前已经在这里居住。作为瓦努阿图的最早居民，拉皮塔人穿越海洋从所罗门群岛来到这里定居下来，并在此种植粮食、养殖家畜。

后来，大量的美拉尼西亚迁移者从巴布亚新几内亚移居到瓦努阿图，他们可能是现代瓦努阿图的第一批居民。美拉尼西亚祖先的迁移之路是漫长且充满危险的，他们乘着独木舟开始漫漫旅途，独木舟上还载着他们赖以生存的动物和植物（如芋头、木薯、甘薯等）。移民者花了很长时间才找到适宜的地点并定居下来。现在，各个岛屿的居民都形成了特有的语言、独特的风俗习惯以及传统文化。

瓦努阿图的原始部落时代起于公元前 16 世纪，到 19 世纪中期随着殖民者的到来而结束。在这个时代，有血缘关系的家庭形成氏族，血缘相近

的氏族形成部落，每个部落都有自己的酋长，可以说，瓦努阿图社会的主要构成单位是部落。

第二节　欧洲人在新赫布里底群岛的早期扩张
（17 世纪中期至 1887 年）

一　佩德罗·费尔南迪斯·切罗斯发现圣埃斯皮里图岛

1606 年 5 月，葡萄牙探险家佩德罗·费尔南迪斯·切罗斯发现了瓦努阿图群岛中的第一个岛屿——圣埃斯皮里图岛。当时他认为这是地球南部的一个洲，因此他将这个岛命名为"圣埃斯皮里图的澳大利亚大陆"（Terra Australia del Espiritu Santo），圣埃斯皮里图岛的名称也就一直沿用至今。但是，那时的当地土著民并没有与其他国家，特别是西方殖民国家进行密切交往，所以当切罗斯离开后，这些岛屿很快就被人遗忘了。

1768 年，法国人路易·安东尼·保甘恩维尔（Louis Antoine de Bougainville）也发现了瓦努阿图群岛。此后欧洲人陆续来到这些岛上，并将这些岛屿命名为马伊沃岛、彭特科斯特岛、马勒库拉岛、马洛岛、安巴岛等。

二　詹姆斯·库克命名新赫布里底群岛

1774 年 7 月 16 日，英国著名的航海家詹姆斯·库克（James Cook）驾驶"决议"号（Resolution）第二次穿越太平洋时，也发现了这些岛屿，他把这些岛屿命名为"新赫布里底群岛"（New Hebrides），这个名称一直沿用到瓦努阿图独立。但是詹姆斯·库克在此停留的时间并不长，只有 46 天。

三　商人与航海探险家时代

在詹姆斯·库克之后，一些航海家和捕鲸人相继到访新赫布里底群岛。1825 年，第一批欧洲人开始定居新赫布里底群岛。

1825 年，爱尔兰人彼得·迪伦（Peter Dillon）在瓦努阿图南部的埃罗芒奥岛上发现了檀香木，从此开始在当地与中国之间进行檀香木交易。之后，其他一些商人相继在埃法特岛、安内特亚姆岛（Aneityum）、坦纳岛和桑托岛上也发现了少量的檀香木。

檀香木的发现，引起了一些问题。起初，檀香木商人向岛民象征性地支付一些费用来购买檀香木。后来，檀香木逐渐被砍伐殆尽，当地居民要求用枪支、弹药和烟草来交换檀香木。有时他们会要求商人拿敌对村庄的男人来进行交换，于是在商人和当地土著居民之间产生了许多矛盾。

四 传教士时代

1839 年，伦敦教会的牧师约翰·威廉姆斯（John Williams）和詹姆斯·哈里斯（James Harris）试图登陆新赫布里底的埃罗芒奥岛。当时欧洲的檀香木商人和当地土著人之间的冲突造成了岛上的大屠杀，当地土著人开始仇恨欧洲人，所以两人的传教活动在岛上没有造成大的影响。1840 年，伦敦教会的 T. 海斯（T. Heath）带领几名萨摩亚牧师从萨摩亚来到新赫布里底群岛，并在坦纳岛、安尼塔岛和埃罗芒奥岛各留下两名牧师。1841 年，教会往福图纳岛（Futuna）和安内特亚姆岛也各派两名牧师，同年又派遣乔治·特纳（George Turner）和 H. 尼斯贝特（H. Nisbet）到达坦纳岛。但这些早期的传教士都没有取得成功，到 1845 年，只有安内特亚姆岛上的两名萨摩亚牧师还在那里坚持传教。

1848 年，加拿大新斯科舍（Nova Scotia）的长老会派遣约翰·杰迪（John Geddie）来到安内特亚姆岛。1852 年，又一名长老会牧师约翰·英格利斯（John Inglis）也来到安内特亚姆岛。到 1856 年，安内特亚姆岛上的 3000～4000 名土著居民中大约只有 200 人没有皈依基督教。在随后的几年中，安内特亚姆岛成为教会的基地，其影响甚至北达桑托岛。

与此同时，英格兰教会也通过新西兰进入新赫布里底群岛，其大主教乔治·奥古斯特斯·塞尔文（George Augustus Selwyn）访问了新赫布里底北部岛屿。在经历了一系列挫折之后，塞尔文主教终于在邦克斯群岛的莫塔岛（Mota）建立了美拉尼西亚教会的总部。塞尔文的同事约翰·柯勒律治·帕蒂森（John Colerige Patteson）精简了莫塔岛当地的语言，使之成为教会的通用语，并用这种语言作为培养当地本土牧师的媒介语言。[①]

外来人口的增多给当地人的生活带来了巨大影响。一些当地人因为对外来的病菌没有抵抗力而染病死去。这些外来疾病除了麻疹、痢疾，还有天花、流感、肺气肿、猩红热、腮腺炎和百日咳。由于传统草药对这些新型疾病没有作用，甚至普通的感冒也成了致命的疾病。1860年，新赫布里底南部岛屿发生了麻疹疫情，导致当地上千人死亡。疫情的幸存者们认为是传教士们带来了疫情，因此有些人将基督教视为邪教，起来反对教会。坦纳岛上的两名传教士受到袭击，埃罗芒奥岛上两名欧洲传教士被杀，教会被迫暂时放弃了在这两个岛上的传教活动。

19世纪60年代出现黑人奴隶买卖活动（Blackbirding）以后，更多的天主教传教士和新教传教士来到新赫布里底群岛。1863年，教会重返坦纳岛和埃罗芒奥岛，重新开始传教活动。此外，教会往埃法特岛、福图纳岛和阿尼瓦岛也派遣了传教士。传教士义无反顾地来到瓦努阿图进行传教活动，最终对美拉尼西亚社会文化产生了巨大影响。

五　黑人奴隶买卖活动

19世纪60年代，随着檀香木逐渐被砍伐殆尽，檀香木贸易也逐渐衰落。当时美国内战爆发，美国南方生产的棉花很难运输到北方，世界棉花市场需求量增大，价格上涨。斐济的棉花种植园主们发现，自己的种植园需要大量的劳动力来种植棉花，昆士兰的甘蔗种植园和棉花种植园、新喀

---

① Allan K. Davidson (ed.), *The Church of Melanesia 1849 – 1999, 1999 Selwyn Lectures, Marking the 150th Anniversary of the Founding of the Melanesia Mission*, The College of St. John the Evangelist, Auckland, New Zealand, 1999.

里多尼亚的镍矿和萨摩亚的椰子种植园也需要大量的劳动力。斐济人对在种植园做工不感兴趣，于是众多的欧洲种植园主开始寻求从美拉尼西亚各岛国寻找劳工资源。殖民者们从中看到了巨大的"商机"，开始了另一项暴利罪恶的行业：他们将土著人通过诱骗或绑架的方式贩卖到斐济、昆士兰等地的种植园当劳工——这就是臭名昭著的黑人奴隶买卖活动。在黑人奴隶买卖活动最猖獗时期，新赫布里底群岛一半以上的成年男性被卖为奴隶。从1863年起，黑奴贩卖活动开始成为当时殖民者的一项主要商业活动。

　　1865年7月5日，本·皮斯（Ben Pease）获得了第一张许可证，招募40名新赫布里底劳工到达斐济，① 随后又有更多的劳工乘船离开新赫布里底到达附近殖民地的种植园工作。

　　英国政府和昆士兰政府试图控制、规范这项劳工运输活动。他们规定，美拉尼西亚劳工的工作期限是3年，每年的工资为3英镑，雇主应当给他们发放基本的服装，并给他们提供饮食。一开始，这种劳工招募活动是人道的、有序的，许多新赫布里底土著人也愿意去海外工作。后来，随着斐济等国家的种植园对劳动力需求的大量增加，一些奴隶贩子开始用武力绑架岛民，然后关到运送奴隶的船上，有时甚至整个村庄的村民都被诱惑绑架。奴隶贩子们向劳工许诺说，每个劳动合同为期3个月，但事实上他们的劳动时间被延长到了3年，有些甚至多达12年。劳工到达斐济或昆士兰后，就被出价最高的种植园主买走。劳工招募发展到这种情形，表明招募其实已经演变成臭名昭著的劳工掠夺行为。

　　运送奴隶的船只通常十分拥挤，经常缺少食物和水，而且即使提供了食物，这些食物和岛民们在家乡的饮食也很不相同。因此，许多劳工在船上死于疾病，或者到达目的地后死于过度劳动。1875年，斐济的最高医疗官员威廉姆·麦克格雷格（William MacGregor）指出，每1000个劳工

---

① Jane Resture, "The Story of Blackbirding in the South Seas – Part 2," http：//www. janesoceania. com/oceania_ blackbirding1/index. htm/2013 – 05 – 06.

中就有 540 人死亡。[①] 在 3 年的合同期结束后，按照合同，劳工应该被送回他们家乡所在的岛屿，但是多数运送劳工船只的船长在把他们运出斐济国境后，就把他们随意丢弃在其他的岛屿上。

黑人奴隶买卖活动使得新赫布里底群岛的人口急剧减少。例如在埃罗芒奥岛上，人口一度达到近 1 万，但因为贩卖黑人奴隶活动，人口骤减。据估计，在 1866~1891 年，从新赫布里底贩卖的黑人奴隶多达 7 万人。[②] 长老会传教士对发生在新赫布里底群岛和附近其他岛屿上的贩卖黑人奴隶活动提出了强烈抗议，他们认为这项活动无异于奴隶制度，因此不断向英国和澳大利亚政府施压，呼吁取消贩卖黑人奴隶活动。迫于压力，英国议会在 1872 年通过了《太平洋岛民保护法案》。同时，英国政府派出军舰来保证该法律能够得以实施，但只有少数罪犯受到指控。

在黑人奴隶买卖活动中，最臭名昭著的事件发生在 1871 年，是由詹姆斯·帕特里克·穆瑞（James Patrick Murray）组织的"卡尔"号船实施的。[③] 穆瑞让他的手下化装成教会牧师举行宗教仪式，当村民们聚集起来准备参加宗教仪式时，穆瑞和他的手下拿出枪，绑架了来参加宗教仪式的土著人。在这次事件中，穆瑞杀死了大约 60 名劳工。但是后来在澳大利亚接受审判时，由于他的水手给他做伪证，穆瑞最终逃脱了惩罚，只有"卡尔"号的船长约瑟夫·阿姆斯特朗（Joseph Armstrong）最后被判处死刑。[④]

英国和澳大利亚官方没有禁止贩卖黑人奴隶活动，只是试图对这项惨无人道的活动进行控制。1872 年，来自"卡尔"号船的水手因犯多重谋杀罪在悉尼受到审判，但当时的澳大利亚民众的观点倾向于站在水手这一边，反对判处水手有罪。

---

① Maude, H. E. *Slavers in Paradise.* Fiji：Institute of Pacific Studies，1981.

② Geerald Horne，*The White Pacific*：*U. S. Imperialism and Black Slavery in the South Seas after the Civil War*，Honolulu：University of Hawaii Press，2007，p.33.

③ R. G. Elmslie，"The Colonial Career of James Patrick Murray," *Australian and New Zealand Journal of Surgery*，1979，49（1）：154 – 162.

④ R. G. Elmslie，"The Colonial Career of James Patrick Murray," *Australian and New Zealand Journal of Surgery*，1979，49（1）：154 – 162.

第三节　殖民地时期（19 世纪 80 年代
至 20 世纪 60 年代）

殖民地时代的瓦努阿图简史可以分为两个阶段，即英法两国对新赫布里底的殖民争夺阶段和英法两国对新赫布里底的共同托管阶段。前者从 19 世纪 80 年代后期开始，到 1904 年 10 月 6 日结束；后者从 1904 年 10 月开始，直至 20 世纪 60 年代新赫布里底民族独立运动兴起结束。

一　英法在新赫布里底群岛的殖民争夺

19 世纪后期，殖民者和传教士开始了对新赫布里底群岛的殖民统治。先是英国海军的护卫队定期在海岸地区附近巡逻，以保护殖民者的安全并保证檀香木贸易的顺利进行；接着 1875 年坦纳岛的法语系移民（多数人为天主教教徒）写信给法国政府，建议法国政府吞并新赫布里底群岛。1876 年，埃法特岛上的种植园主向法国政府发出了同样的请求。长老派教会的传教士认为这对英国来说是一个威胁，因此迅速在澳大利亚和英格兰掀起了一场舆论风暴，鼓动英国政府吞并新赫布里底群岛。

法国政府和英国政府彼此向对方保证，说自己没有吞并新赫布里底群岛的意愿。但在随后的 10 年，法国几乎买光了岛上所有的可耕地。他们认为自己不太可能从政治上控制群岛，因而试图从经济上对群岛进行控制。与此同时，长老会的传教士们继续鼓动英国政府吞并新赫布里底群岛。1882 年，法国向英国提出建议，可以用法国占领的背风群岛（Leeward Islands）和纽芬兰（Newfoundland）交换新赫布里底群岛，并建议在 4 个月内完成这个交易，但英国拒绝了这个建议。

1882 ~ 1886 年，有大约 20 名欧洲移民被当地土著人杀害。法国因此认为，英国战舰已经不足以维持当地的和平。于是，法国从新喀里多尼亚派遣军队驻扎到了埃法特岛北部的哈瓦那港和马勒库拉岛的三维治港。

1887 年，英法两国签订了《1887 年英法协定》，共同建立海军委员会，设立常驻专员来保护两国在新赫布里底群岛上侨民的人身安全和财产安全。由于缺乏令人满意的民法，两国侨民的商业活动无法顺利进行，于是双方又在 1906 年 10 月 20 日签署了协约，决定在新赫布里底建立共同托管地。

二　英法共同托管新赫布里底

共同托管的概念是 19 世纪后期形成的。在国际法中，共同托管地是指一块政治领土被两个或两个以上的主权国家平等地共同管制，形成势力均衡。19 世纪后期，英法在新赫布里底群岛的势力不相上下。在此情况下，双方成立了联合海军委员会来维持秩序，英法双方开始各自在新赫布里底群岛进行秘密政治活动。1906 年，英国和法国在伦敦会议之后，于10 月 20 日签署了一项关于在新赫布里底建立两国共同托管地的协议——《新赫布里底共同托管地协议》（以下简称《协议》），开始了两国在新赫布里底的共同托管。《协议》第一条指出："包括邦克斯群岛和托里斯群岛在内的新赫布里底群岛将成为（英法双方）共同管理的地区。双方的国民和公民将享有同等的居住权、受保护权和贸易权，双方各自对己方的国民或公民行使司法权力。任何一方都无权独立控制新赫布里底群岛。"[1]

《协议》指出，其他国家的国民或公民也具有同样的权利和义务，但他们必须在 6 个月内从英国司法系统和法国司法系统中选择一方。《协议》规定，英法授权两国各自位于维拉港的专员公署，派出自己的领事、专员和地方长官等来管理新赫布里底的事务。共同托管地的管理方式意味着在很多社会领域都有两套管理系统，如海关、法律、监狱、医疗等领域。这种管理模式导致的结果就是管理效率低下、管理成本高昂。《协议》签署后，英国女王和法国总统成为新赫布里底的国家元首。纯朴的土著岛民在很长的时间内都认为英国女王嫁给了法国总统，自己的国家是由这对夫妻共同统治的。

---

[1] Robson, R. W., *Pacific Island Year Book and Who's Who*, 9th ed., Sydney, NSW: Pacific Publications Pty. Ltd., 1963, p. 433.

　　由于《协议》的一些条款实施起来不尽如人意，因此《协议》在1914年被《英法议定书》取代。但由于第一次世界大战的爆发，1914年的《英法议定书》在1922年才得以批准，直到1923年7月5日才在新赫布里底得以宣布。除了对个别条款做出一些修改外，英法两国在新赫布里底的殖民行为一直遵守着《英法议定书》。

　　1. 卷入第二次世界大战

　　第二次世界大战开始后，德军运用了戴高乐所著的《未来的陆军》所主张的战术来攻击法国，逼迫戴高乐逃离法国来到英国，并在英国开始了他的"自由法国运动"（the Free French Movement）。此时，德国占领下的法国维希傀儡政府则认为，由于英国不承认维希政府，因此从政治层面来讲，新赫布里底的法国方面已经与托管地的另一半英国开战。但是，居住在新赫布里底的法国公民1940年宣布支持戴高乐的"自由法国运动"，成为第二次世界大战期间法国所有殖民地中首先宣布支持"自由法国运动"的殖民地。

　　（1）太平洋战争的开始。

　　1941年12月7日上午，日本战机突袭了美国夏威夷珍珠港，美军在珍珠港的八艘战舰全部被炸毁，同时大约150架飞机也被炸毁，这就是著名的"珍珠港事件"。由此，12月8日，美国参与第二次世界大战，向日本宣战，随后英国也向日本宣战。作为美英对日宣战的回应，三天后德国和意大利宣布对美国开战，形成了所谓的轴心国联盟。1942年1月，以苏联、英国和美国为首的26个国家组成了同盟国（The Allied Nations），宣誓为了打败轴心国联盟共同作战。至此，战争分为两个战场，一个是欧洲和非洲战场，另一个是太平洋战场。除了向欧洲战场派出军队外，美国还必须在南太平洋地区驻军以对抗日军。珍珠港事件后，日本在整个太平洋西南地区一路狂胜，到1942年年中，日军已经控制了菲律宾、密克罗尼西亚的多个岛屿和巴布亚新几内亚，并一路进攻，南至所罗门群岛，还试图控制太平洋地区，使之成为日本帝国的一部分。当时，美军舰队总指挥E. J. 金（E. J. King）上将"向时任美国总统罗斯福提了三条建议：控制夏威夷，支持澳大利亚，从新赫布里底向北驱进"。①

（2）二战早期。

在二战期间，英法暂时放弃在新赫布里底的矛盾。由于法国处在德国的占领之下，新赫布里底的法国人宣布支持戴高乐的"自由法国运动"，因此，法国驻新赫布里底的专员得不到法国维希傀儡政府的支持。

日本军队 1941 年 12 月 7 日对美国珍珠港海军基地突袭以后，迅速席卷太平洋南部海域。1942 年初，日军到达新赫布里底附近的所罗门群岛和巴布亚新几内亚，4 月直入所罗门群岛，试图进攻新西兰和澳大利亚。新赫布里底群岛的居民开始陷入恐慌，他们认为日军随时都会入侵新赫布里底，担心日军的下一个攻击目标会是他们。为了防止空袭，维拉港的欧洲人制订了逃生计划，把药品藏在丛林中。在听到日本人虐待囚犯的流言后，许多欧洲人乘坐小型轮船组成的舰队，纷纷逃到新喀里多尼亚的努美阿和澳大利亚的悉尼。

为了应对日本可能对新赫布里底发起的进攻，来自马勒库拉岛北部和其他离岸岛屿的土著居民和欧洲人成立了新赫布里底国防军（New Hebrides Defence Force，NHDF）。在接受澳大利亚士兵的初步训练后，国防军就在英国专员和法国专员的指挥下行使职责，进行丛林战训练，在丛林中执行巡逻任务。新赫布里底国防军甚至有自己的旗帜，旗帜上有法国国旗和英国国旗的图案。年龄太大不适合参加国防部队的男性加入新赫布里底民兵组织（the New Hebrides Civil Defence Unit），在维拉港建成了机枪射击点，并担负起操作机枪的任务。居住在新赫布里底的日本公民被逮捕，财产被没收，并被送往澳大利亚的集中营，直至二战结束。当美国人登上新赫布里底群岛时，新赫布里底国防军已经在维拉港和其他一些岛屿上开展巡逻。战争期间，新赫布里底国防军还帮助英国和法国的当地警察力量建设了空军基地。

1942 年 3 月 18 日，首批美军在埃法特岛的美丽村（Mele）地区登

---

① Lindstrom，Lamont，*The American Occupation of the New Hebrides*，Macmillan Brown Centre for Pacific Studies，University of Canterbury，1996.

陆。维拉港的岛民们一早醒来就看到这样的场景：在拂晓的晨光下，美丽湾遍布了大量的军舰。大多数维拉港居民以为日军来袭，都吓得躲进了附近的山里。澄清事实之后，美军在当地建起全套的基础设施和重要的军事设施，来保证当地美军的供给并在适当的时机发起反击。由于英国与法国在新赫布里底的联盟，再加上新赫布里底群岛在太平洋的地理位置，新赫布里底成为建立联合军队和军事基地的理想位置。由此出发，美军可以向北直驱已经被日军占领的地区。

随后的几个月内，美国军队通过美国西海岸与埃法特岛之间宽阔的太平洋洋面，进入了埃法特岛。美军控制了维拉港后，运来了成千上万吨的机械设备，海军工程营和美国军方的工程师们以惊人的速度建起军营、医院、环岛公路以及飞机跑道、码头等设施。同时，他们把维拉港的英法联合法院大楼改造成医院，在西班牙法官的房子中设立了司令部，把布兰迪内尔（Bladinere）种植园清理出来变成飞机场。此外，美军在维拉港建设了码头、水上飞机基地、物资储存设施、无线电信号塔和电话系统，构建了西起马拉坡、东到伊菲拉（Ifira）的反潜艇网络，牢牢地守卫维拉港入口，保卫港内的军事设施，并建立了代号为"玫瑰"（Roses）的军事基地。

除了对维拉港的控制以外，美军还扩大了对哈瓦那港的控制。哈瓦那港是深水港，适合停泊战舰和运输舰。他们在哈瓦那港建立了机场和海军基地，建设了大码头和军官俱乐部。同时，在乐乐帕（Lelepa）和莫索（Moso）之间海峡的入口处设立了铁丝网以防敌军的军舰和潜艇进入，并在北埃法特岛靠近括尼山（Quoin Hill）的地方建设了另外一个机场。1942年6月底，美国决定在桑托岛上再建立一个军事基地。

10万名美军在很短的时间内到达了桑托岛，使得当地人口增加了近1倍。新赫布里底的土著居民们惊奇地发现，美军中黑人士兵和白人士兵受到平等的待遇。当土著人为美军工作时，他们得到了报酬和尊敬，这也是他们从英法殖民者那里从未得到过的。

20世纪40年代早期的几年对新赫布里底的土著居民来说是美好的时光：他们只遭到了日军一次空袭（结局是日军飞机被击落），而且空袭只

导致桑托岛上一头奶牛受伤，因此新赫布里底人从未经历过被日军占领的巴布亚新几内亚和所罗门群岛的居民所经受的那种恐惧。他们所经历的是从美军那里获得公正的待遇、更好的生活条件、现代化的医疗设施、经济增长和大规模的基础设施建设，有的基础设施甚至在美军撤离70年后的今天仍在使用。

（3）二战结束。

在欧洲战场，1944年6月6日盟军穿过英吉利海峡进入法国袭击了德军。8月，盟军把巴黎从德国的控制中解放出来，轴心国联盟的力量逐渐减小。1945年5月8日，纳粹德国向盟军投降。

在太平洋战场，日军与盟军之间进行了多场战役。马里亚纳群岛的塞班岛战役和菲律宾群岛的雷伊泰湾战役的决定性胜利显示了盟军的力量，日军获胜的希望开始破灭。但是直至1944年年底，美国驻在埃法特岛上的军队没有任何军事行动，多数军队离开维拉港去了新喀里多尼亚。到1945年8月，美军在埃法特岛上只剩下一个小型气象站，在桑托岛的美军驻兵人数不到5000人。

战争接近尾声，美国人如潮水般快速撤离。美国人建议共同托管地政府买下遗留的现代机械设备，但狡猾的英法共管政府拒绝了，他们知道美军最终会把这些物品遗弃到桑托岛上，因为美国政府命令多数军事商品将不再被运回美国，以避免对战后经济造成混乱。结果，美军没有把库存的物资分发给当地的民众，而是把所有能移动的物资设备都推进海里。现在潜水者们在埃法特岛附近的海底可以找到很多这样的战争遗留物。在桑托岛附近有一个名叫"百万美元角"的著名潜水圣地，美军在撤离新赫布里底时曾经把价值数百万美元的机械设备倾倒于此。

日军在太平洋战场上节节败退，美军开始要求日本投降，并警告日本，如果不投降将会造成严重的后果，但日本根本不理会这些警告。1945年8月6日，美军向日本广岛投下一颗原子弹，造成6万人伤亡。三天后，美国又在日本的长崎投下一颗原子弹。1945年9月2日，日本向美国投降，太平洋战场的战争结束。

美国人在1946年回到新赫布里底，把埋葬在桑托岛、维拉港和苏润达的几百名在太平洋战争中死亡的士兵的遗骸运回美国。这些死亡的士兵有些是在所罗门群岛的瓜达尔卡纳尔岛的战役中受伤后死在新赫布里底的，许多遗骸后来被埋在夏威夷的太平洋国家纪念墓园。

战后的英法共管政权将美国人留给当地人的各种物资统统拿走，如衣服、家具、冰箱和收音机等值钱物品。新赫布里底经济在英法双重统治下缓慢发展，当地人对英法统治的不满情绪逐渐高涨。

（4）美军占领新赫布里底带来的影响。

对于二战期间美国占领新赫布里底带来的影响，很多瓦努阿图老人有着美好的回忆。有些人甚至将具体实物，如盘子、硬币、可口可乐瓶或者照片作为那些年的回忆。美军对新赫布里底的占领除了对当地人的家庭生活产生了巨大影响外，还产生了其他方面的影响。

战争时期，美国人大大改善了桑托岛和维拉港市中心的基础设施。他们修桥、建机场、修路、建码头，其中很多设施至今仍在使用，如维拉港国际机场和埃法特岛的环形公路。现在瓦努阿图人使用的一些建筑的名字，也留有美国人的印记，如维拉港的"Nambatu""Nambatri""D－Dock"，这些建筑物的名字都是美国人起的。

二战结束后，美军撤离新赫布里底。尽管美军已将大部分武器装备沉入大海，而且有武装力量守卫，人们还是可以打捞上来一些。另外，美军将一些装备留给桑托岛上一些种植园主，作为美军租借他们土地的部分补偿金。

瓦努阿图各岛上现在还有二战时期遗留下来的一些残骸。北埃法特岛上，有个"美国池"，是美国士兵修建的。据说，环绕楔子山走一圈，随处可见历史遗迹。在桑托岛的灌木丛中，能发现二战时期的飞机残骸，还有建在山边的旧仓库。

除了对当地经济造成了很大影响外，美军的驻扎对当地的文化和生活方式也造成了不小的影响。美军进入新赫布里底后，当地人看到美国白人并不像英国人和法国人那样对待他们，相反，这些美国人有时还会在共同托管地政府面前为岛民说话；美国黑人士兵穿着正式军装，参加军事活动；美国女护士和男人一起工作；美国演艺人员到岛上为美军进行慰问演出。他们还看过美国的杂志和电影，品尝过美军的军粮，也开始使用美国的俚语，如"Ok"等。

林斯特龙（Lindstrom）将美军对新赫布里底的影响描述为"最深远的影响"①。对一些瓦努阿图人来说，美国成为一种政治象征。1946年至今，瓦努阿图兴起各种各样的政治组织，无论独立前还是独立后，这些组织都怂恿美国人和经历过战争的人团结一致，批评、抵制瓦努阿图政府的统治。他们希望与美国建立特殊甚至更亲密的关系，振兴国家经济。②

无论是俚语的使用、修建的医院和道路、引进的弦乐队音乐、分发给岛民的药品，还是一些军事人员与岛民建立的友谊，对于经历过此段历史、仍然健在的人来说，美军占领瓦努阿图的记忆是无法轻易忘记的。随着时间的流逝，经历过二战的这一代人渐渐老去，没有人知道瓦努阿图年轻人对于美国人二战期间占领瓦努阿图的记忆是否还会如此深刻。

2. 共同托管地时期新赫布里底的政治、经济、教育状况和医疗系统

新赫布里底托管政府从1906年成立到1980年瓦努阿图政府独立，经历了一战、二战、多次世界经济危机、20世纪40年代美国政府对之施加的重压以及宗主国殖民地去殖民化运动，历时70多年。在这70多年中，新赫布里底共同托管地在政治、经济、教育、卫生等领域逐渐形成了自己的特点。

（1）共同托管地时期的政治状况。

在新赫布里底受英法两国托管的过程中，英法两国的托管地专员公署和新赫布里底托管地政府的计划、公告、项目、对托管地的态度等，在两国政府和托管地政府的联合规定、年度报告、联合法庭的裁决、英国政府的内部通讯和法国政府的内部通讯中一目了然。

政府组成 新赫布里底共同托管地的政府机构由三部分组成：英国专

---

① Lindstrom, Lamont, *The American Occupation of the New Hebrides*, Macmillan Brown Centre for Pacific Studies, University of Canterbury, 1996.

② Lindstrom, Lamont, *The American Occupation of the New Hebrides*, Macmillan Brown Centre for Pacific Studies, University of Canterbury, 1996.

员公署、法国专员公署和新赫布里底共同托管地政府。两国专员公署各由一名专员和一系列的行政管理人员组成；新赫布里底共同托管地政府由欧洲人和美拉尼西亚人组成，但英、法两国专员公署的人不能同时在共同托管地政府任职。

共同托管地政府负责两国专员公署共同通过的项目和规章的行政管理，例如公共工程、港口、选民的等级和选举、物价管理、统计局等。托管地政府的经费来源主要是英国和法国每年度给予的资金，但是也通过发放许可证、征收港口使用费等筹集一些资金。

共同托管地政府机构普遍存在官僚主义现象，英、法两国的专员公署更是如此。法国专员公署有农业秘书助理，英国专员公署也要有农业秘书助理；同样，英国专员公署的每一个职位，法国专员公署都有一个相应的职位。因为在采取任何行动之前，一方专员公署的人员必须与另一方专员公署与之职位对等的人商议。但有时商议需要花费很长时间，因为两个专员公署的交流需要通过英语和法语两种语言的翻译才能完成。但是在非官方场合，如果双方没有翻译在场的话，他们也可以用当地的比斯拉马语顺畅地进行交流。

新成立的新赫布里底联合共管选举议会成立时，规定英语、法语和比斯拉马语为官方语言，同时还提供复杂的同声传译服务。据当时的报道，同声传译是共同托管地收入最高的职业。①

英、法两国在新赫布里底托管地的平等不仅仅体现在两个专员公署的结构层次上。在新赫布里底，英国货币和法国货币同时流通，甚至机场欢迎游客的牌子也是用英语和法语两种语言写成的，当时挂在法国专员公署的法国国旗和挂在英国专员公署的英国国旗的高度也完全一致。

因此，新赫布里底具有非常复杂的政治结构：管理者是两个独立的殖民国家，宗主国各操自己的语言，占有同样的管理地位，共同建立第三方

---

① Peck, John G., Robert J. Gregory, "A Brief Overview of the Old New Hebrides," *Anthropologist*, 2005, 7 (4): 269 – 282.

管理机构（共同托管地政府）来管理托管地群岛的事务，但是警察机关又保留英、法两国专员公署。维拉港的警察署有两位总长，一位是英国人，一位是法国人。警察部队的官兵平均分为两部分：一部分穿英国警察制服，另一部分穿法国警察制服，两部分警察轮流执行任务。同时，两个专员公署各自维护自己的监狱系统。英法双方一致同意：通过法国移民当局到达新赫布里底的公民或旅游者在新赫布里底犯罪时只能由法国控制的警察对之实施逮捕；通过英国移民当局到达新赫布里底的公民或旅游者在新赫布里底犯罪时只能由英国控制的警察对之实施逮捕；在相应的英国法庭或法国法庭进行审判，然后进入相应的监狱服刑。

法律及其来源　在新赫布里底共同托管地，对英法两国居民分别遵照居民所在国的法律进行管理，但又共同制定了一些法律，共同管理新赫布里底土著居民及其他国家的移民。因此，在共同托管时期，新赫布里底的法律包括英国法律、法国法律和联合法律。

①英国法律。

英国法律适用于居住在新赫布里底的英国公民及"选择者"（optant）。所谓选择者是指其他国家选择从属于英国管理的公民。这些法律包括以下几个方面。

a. 适用于英国海外领土的英国议会法案及附属法律。

b. 普遍适用的英国议会法案，但不包括 1976 年 1 月 1 日后通过的普遍适用的法令。

c. 英国普通法与平衡法。

d. 女王条例，即由英国西太平洋高等专员公署（该公署一开始位于斐济，后来迁往所罗门群岛）与新赫布里底英国专员公署共同制定的条例。

②法国法律。

法国法律适用于居住在新赫布里底的法国公民及"选择者"（其他国家选择从属于法国管理的公民）。这些法律包括以下几个方面。

a. 适用于海外领地的法国议会法案及附属法律。

b. 适用于法属新赫布里底的法国议会法案及附属法律，由驻扎在新喀里多尼亚的法国太平洋高级专员实施。

c. 由法国太平洋高级专员制定的规则。

③联合法律。

联合法律即英国专员公署与法国专员公署在新赫布里底共同制定的联合规则，适用于新赫布里底所有居民，包括新赫布里底的土著居民。

1977 年之后，为响应日益增长的独立要求，通过选举形成了新赫布里底代表大会。由该代表大会通过并由英法两国专员公署认可的决议，被认定为新赫布里底联合法律。

当地的新赫布里底公民可以自由选择适用英国的司法系统或法国的司法系统，这对于犯了通奸罪或谋杀罪的人来说至关重要。因为在英国的法律中，犯谋杀罪的人可能会被假定为无罪，而通奸罪在法国的法律中是非常轻的罪行。对于有些犯罪行为，当地人也可以选择第三种法庭，即由西班牙国王指定的大法官主持的当地共同托管法庭。当然，有些人具有英、法双重国籍，他们也可以自由选择对自己最有利的法庭。

在新赫布里底成立公司时，必须选择遵照法国法律或英国法律。由于多数人认为法国人更加注重商业，在法律和制度方面更加完善，所以经常出现受英国法律监管的个人选择遵照法国法律成立公司的现象。由于共同托管地的公司要么是英国公司，要么是法国公司，所以共同托管地政府出台了发放许可证收费制度，也成立了监管物价的部门。

土地登记规则 在新赫布里底共同托管地，登记土地所有权时登记人必须提供地契，除非有人对土地申请提出异议，否则地契持有人即推定为产权人。这一规定的实质是给土著人登记土地权利设置限制。

1896 年 1 月 1 日之前在斐济首都苏瓦和新喀里多尼亚首都努美阿获得登记的地契，如能被证明系在欧洲移民之间有偿和善意转让，则视为有效，任何人不能提出异议。这一规定的目的是保护法国 SFNH 公司在新赫布里底群岛购买的大量土地利益。

其他方面的管理 维拉港和卢甘维尔这两个城市的管理是由市议会实施的。两个议会都没有收税的权力，因此议会的运行依赖英法专员公署的

补贴。议会的选举是独立于国家选举的地方性选举。

除了维拉港和卢甘维尔以外，其他地区都由英国地区代理人（British District Agent）和法国地区代理人（French District Agent）共同管理。通常每个地区有两个地区代理人、两个助理代理人、两个警察机构和两个医疗机构。法国的地区代理人和英国的地区代理人一起行使最基本的法庭权力，解决争端或惩罚轻微的犯罪，当然他们的判决应当服从维拉港正式法庭的复审和上诉。地区代理人负责相应政府的法令在本地区的落实执行，以维持当地的公共秩序，同时也是当地居民与维拉港的专员公署之间交流联系的中间人。

新赫布里底的邮政业务（包括电话业务与电报业务）受共同托管地政府管理。为了适应托管地的政治，邮局发行的邮票有些用英语，有些用法语，邮票上除语言不同外其他部分完全相同；为了解决邮票的货币问题，邮票的面额用"金生丁"，而不用英镑或法郎。

新赫布里底各地区之间的通信存在很多问题。当地的邮政系统依赖美拉尼西亚航空公司的空运和当地的水运，但水运和空运经常会因为天气的原因中断，一场大风暴可能会使航班取消 8～12 天（在 12 月到第二年 3 月雨季期间尤其如此）。因此，当地的通信多数通过短波或中波信号传送。共同托管地政府的官方电台——维拉港电台每天广播大约六小时：两小时用英语，两小时用法语，两小时用比斯拉马语。在天气好的情况下，各个岛屿都可以收到维拉港电台的广播，同时维拉港电台还为个人和组织提供信息传递服务。除了维拉港电台以外，各岛屿上的一些教会电台也有短波无线电设备，每天在固定的时间进行交流。美拉尼西亚航空公司在较大的岛屿上有机场设施，常规播报有关天气、航班、客运或货运的信息。执行航运任务的飞机与维拉港的鲍尔基地（Bauer Field）进行无线电信号联系，但有时也通过新喀里多尼亚的努美阿进行联系。此外，英、法两国的专员公署、托管地政府都有自己的无线电系统，与它们的地区代理人保持联系。有些大型商业企业，如彭斯·菲利普公司和 CFNH 公司等，都有自己的信号发射与接收系统，大多数船只也有自己的无线电发送和接收设备。

　　各岛屿无线电信号众多，导致各种信号尤其是短波信号非常繁忙，甚至从一个岛屿到另一个岛屿的电话也通过短波信号传输。因此，接收器的数量多于发射器的数量，这也是新赫布里底通信的关键问题。另外，由于接收器太多，几乎每个村落都有自己的接收器，无线电通信的隐私性和可信度较差。

　　（2）共同托管地时期的经济状况。

　　英法共同托管的新赫布里底的经济受其政治制度的影响，形成了鲜明的两部分：以货币交易为特点的欧洲式经济和半货币交易为特点的美拉尼西亚式经济。

　　①欧洲式经济。

　　新赫布里底的货币交易以椰干、牛肉和可可的出口为基础。但从某种意义上讲，新赫布里底经济中最成功的部分是从两个宗主国获得的巨大援助。同时，联合国、南太平洋委员会、澳大利亚、加拿大、新西兰和一些教会组织对新赫布里底的援助也不可忽视。

　　a. 农业经济。

　　新赫布里底的主要农产品是椰干。椰干是椰子的果实成熟落到地上后，由人们捡拾、去皮、割开并在太阳底下自然晒干，或用原始的瓦楞状锡锅烘干（锡锅的燃料通常是晒干的椰子果皮）制成。晒干或烘干的椰干被装入容量150磅左右的大袋子里，等待椰干商人来收购。商人把收来的椰干放到维拉港或桑托岛的仓库中，等积攒到一定数量再把它们运到欧洲（特别是法国）。但是椰干的价格受市场的影响波动很大。新赫布里底独立前的几年，椰干价格浮动从最高每吨600美元到最低每吨48美元。因为大豆能够替代椰干作为肥皂和化妆品的生产原料，所以椰干市场价格很大程度上受到大豆产量和价格的影响。另外，椰干在热带地区不容易储藏，这也影响了其价格。总体来看，椰干的生产几乎不受政府的管理，没有任何补贴，同时也没有任何强制的分级制度。因此，新赫布里底的椰干质量不高，在世界市场上价格相对较低。

　　美国内战后的几年，椰干生产的利润加速了欧洲殖民者对新赫布里底群岛的殖民过程。19世纪下半叶，法国和英国的殖民者通过购买、租赁等方式获得新赫布里底群岛的大量可耕地，并把它们改为大型的椰树种植园。英、法两国及其贸易公司在新赫布里底群岛的竞争非常激烈，这种竞争不仅包括对土地的夺取，也包括"炮舰基督教化"①。两国政府支持教会团体到新赫布里底，部分原因是希望有人在殖民地负责保护当地居民的利益。但是，一旦教会和当地人之间发生冲突，殖民国通常会站在教会一方，甚至曾出现过派出海军来支持教会团体的情况。

在这个阶段，大量土地被割让给新教教会和天主教会，教会再把土地托管给当地居民。教会鼓励这种机制，认为这样会保护当地土著人免受殖民者欺骗，同时也能够避免土地落入纯为土地买卖的投机者或土地资源掠取者手中。但是在实施这种机制的过程中，殖民国和教会并没有制定书面的法律或程序。因此，直到新赫布里底独立前，很多土地虽然名义上由教会或托管地政府托管，但实际上仍然处于公共托管状态。

在种植园中，椰树成行种植，相互间隔 10 ~ 15 米。一棵椰树苗需要 8 年左右的时间才能结果，然后会有 75 ~ 85 年的结果期，但树龄 60 年后所结果实的数量会下降。这导致了新赫布里底椰干生产的又一个问题：许多大型种植园的椰树多数种植于 20 世纪早期，到新赫布里底独立前产量已经下降，但由于椰干价格的不稳定性，种植园主犹豫是否应该换植新的椰树。

椰子种植园除了需要清除树下的杂草和树叶以便于捡拾成熟的椰子之外，其他管理相对简单。在新赫布里底独立前的几年中，种植园主在椰子种植园中用放养牛的方式来清除杂草，这样也促进了当地养牛业的发展。

当椰干的价格降低到每吨只有 45 美元时，椰干的价格不足以支付捡拾椰干的工人的工资。因此，许多种植园主转向了牛肉生产。新赫布里底独立前，在桑托岛和维拉港建有两个牛肉加工厂。但是由于牛肉质量不高，而且没有成熟的消费市场，大多数牛肉被加工成罐头，少部分牛肉冷冻后被卖到新喀里多尼亚。各岛屿之间牲畜的运输极为不便，只有在卢甘维尔和维拉港这两个城市之间有运送牲畜的船只。

---

① 炮舰基督教化，即通过武力支持教会团体，使当地人皈依基督教。

可可也是新赫布里底各岛屿的重要农作物，20世纪60年代每年出口到澳大利亚的可可为800~900吨。[1] 共同托管地政府当局认为，应当增加可可的产量与出口量，并责成农业部在埃法特岛和桑托岛上建立可可种苗基地，以鼓励可可生产。但多数可可种植者是美拉尼西亚人，规模也较小。可可的价格波动很大。烘干过程会影响可可的质量，这是可可种植规模不大的另外一个原因。此外，各岛屿还种植烟草、棉花、香蕉和各种水果，但种植规模都不大，交易也局限于当地市场。

在新赫布里底所有岛屿中，坦纳岛的气候最温和，土地相对平坦、肥沃，比较适合蔬菜生长。1975年，坦纳岛出现了商品蔬菜园，生菜、胡萝卜、洋葱和其他一些品种的新鲜蔬菜开始在市场上出售。但由于受到市场狭小和运输条件制约，坦纳岛的蔬菜生产在托管地时期发展并不快。

b. 小型加工业。

独立前，新赫布里底不存在任何可以被称作"工业"的产业。1971年，维拉港曾经建立过一个金属线工厂，用来生产铁钉，但由于当地的市场太小，不足以维持工厂的运营，又不能找到新赫布里底之外的市场，因此该工厂很快破产。在维拉港和桑托岛有一些本土的建筑公司，也有一些小型的造船厂，生产一些小型汽艇和渔船。另外，还有一些小型的轻工业制造公司，比较有名的是一家家具工厂和一家利用进口薄钢板生产排水管和水箱的工厂。

c. 商业。

新赫布里底本土有各种商业设施，如印刷厂、汽车与船舶修理厂、汽车和办公设备零售商店等。有两家收购椰干的大型贸易公司也在新赫布里底出售日用品，即澳大利亚的彭斯·菲利普公司和法国的CFNH公司。它们不仅控制了维拉港和桑托岛的大型零售商店，也控制了其他岛屿上的多数零售商店。除了控制食品、服装、五金、水泥、钢铁和燃料等零售业

---

[1] Peck, John G., Robert J. Gregory, "A Brief Overview of the Old New Hebrides," *Anthropologist*, 2005, 7 (4): 269 - 282.

外，这两家公司也通过共同所有权的方式参与当地其他商业活动，如船运和汽车进口业务等。

一些中国人在维拉港和桑托岛上开了一些独立于彭斯·菲利普公司和 CFNH 公司的零售商店。这些商店基本上是家庭式的，主要服务对象是当地的美拉尼西亚人。在新赫布里底独立前，美拉尼西亚人很少到彭斯·菲利普公司和 CFNH 公司的商店购物，因为这两家公司的商品更适合欧洲人的口味和消费能力。中国人的商店则更适合当地人的消费能力和口味。再加上中国商店每天营业时间长，周末和假期也照常营业，甚至在新赫布里底人午休的时间也营业，因此更受当地人的欢迎。

d. 旅游业。

旅游业作为一项产业，在新赫布里底独立前的经济中地位非常重要。除了从附近地区乘船来的游客外，越来越多的游客通过太平洋航空公司或法国航空运输公司来到新赫布里底。维拉港有两家比较知名的酒店，即日本人投资的 The Legon 酒店和泛美公司投资的洲际酒店，这两家酒店都针对中高端客户和旅游团队，另外还有三家规模较小的商务型酒店也坐落在维拉港。桑托岛只有一家星级酒店，容纳力较小。坦纳岛上只有一家平房式的旅店，其他岛屿没有任何酒店。

新赫布里底的旅游资源没有得到充分开发，但也正是这一点更吸引游客。旅游的旺季从 11 月到第二年 3 月，而这个季节正是龙卷风高发季节。为什么游客喜欢在这个季节来此旅游，确实有点令人费解，可能是因为有些游客喜欢冒险的原因吧。酒店有游泳池、玻璃底观光船、钓鱼船和餐馆等设施。维拉港有适合西方人口味的餐馆，如一些专门针对外国游客的小而精美的法式餐馆。

随着椰干出口业的衰落，有些种植园主逐渐把目光转向开发种植园的旅游业，但因为对种植园旅游业投资很少，所以并没有取得很大成功。唯一一个成功的案例是坦纳岛上的伊苏尔火山之旅，从维拉港乘坐美拉尼西亚航空公司的班机到达坦纳岛，然后乘坐吉普车参观一个约翰·弗洛姆教的村庄，之后攀登到火山锥上。

托管地时期，新赫布里底旅游业发展的最大障碍是维拉港机场设施的滞后和其他岛屿上不同等级旅游酒店的缺乏。维拉港的鲍尔机场位于四周都有高山的峡谷中，不适合大型飞机的起降。因此，多数乘坐飞机到此的游客必须先在斐济的楠迪机场或新喀里多尼亚的努美阿机场转乘小型飞机。1978 年前，航线的座位容量低于旅馆的客容量。

除了维拉港所在的埃法特岛之外，其他岛屿上没有星级旅游酒店，但是游客可以采用一些其他的住宿方式，如政府提供的旅社（通常只是茅草屋，里面有一些简单的炉具和床铺）。如果与教会提前预约，旅游者还可以住在教会的房子里。这些简陋的设施逐渐吸引了一些露营者和一些喜欢冒险的旅行者，但这种旅游模式给当地人带来了他们之前从来没有意识到的问题：因为根据当地的传统，他们必须与外来者分享他们的食品，所以当露营者来到小岛时，当地人别无选择，只好接待他们。

e. 金融组织。

在太平洋地区，没有任何一个国家或地区的人均银行数量比新赫布里底多，这与该地区缺少税收法律有关。正是由于新赫布里底缺少税收法律，香港、欧洲、澳大利亚和美国的许多公司来到这里建立空壳公司，同时带动了银行业、会计业与法律业务的发展。

瓦努阿图独立前，在新赫布里底开展商业活动的另一个优势是这里同时流通两种货币：澳大利亚元和新赫布里底太平洋法郎。由于英法共同托管地具有"共识"的特点，如果货币要贬值，需要得到英法双方同时同意，以保持两种货币的平等交换，这样就能够避免货币突然贬值。

新赫布里底的上述优势并没有带来预期的投资流，其原因有两个。首先，新赫布里底与外界的联系，尤其是与欧洲和美国金融中心的联系困难重重。1978 年以前，新赫布里底没有通信卫星，所有信息必须通过新喀里多尼亚的努美阿进行传送。负责邮政业务的只有法国联合航空运输公司（UTA，Union des Transports Aériens）一条国际航线和太平洋航空公司这一条地区航线，而且这两家公司都没有固定航班。当地机场不具备全天候起降飞机的设施，一场暴雨可能会引起航班延误几天甚至一周。因此，从美国或欧洲到维拉港的邮件可能要在路上走五天，甚至五个星期。其次，新

赫布里底独立前几年政局不稳，外界预测新赫布里底将独立，跨国公司担心其投资收益受到影响不愿扩大投资。

②美拉尼西亚式经济。

共同托管地时期，新赫布里底的乡村经济仍然是半货币式经济。当时，多数美拉尼西亚人认为，银行、工厂和汽车代理商似乎离他们的生活很遥远。居住在城市的美拉尼西亚人不足总人口的15%，而且从本质上看，生活在城市的许多美拉尼西亚人根基还在乡村。

a. 商店。

在托管地后期，新赫布里底多数村庄有商店，如半超市式的商店，或是只有一间房屋用来出售罐头食品的小代销点等。但是多数商店与欧洲种植园相关，由彭斯·菲利普公司或 CFNH 公司控制或投资。这些非本地人经营的商店打破了当地的文化传统，成为乡村的信息交流中心，例如村庄的发电机设备通常位于该村的商店。如果商店附近有美拉尼西亚航空公司的起飞跑道，店主同时会担负起接机的任务，并保持与维拉港之间的双向无线电联络。这些商店通常有一个面包柜台，每周中有几天制作出售新鲜面包。每当村里宰牛时，商店还负责出售牛肉。这些商店拥有当地人很少有的电冰箱，用来储存当地人饮食中不可缺少的啤酒和软饮料。

一般情况下，这些商店出售的商品包括大米、威士忌、可口可乐、糖、盐、茶、火柴、香烟、电池、罐头等，能够满足美拉尼西亚人的基本生活需要。此外，商店还出售五金制品和煤油、汽油、种子、鱼线、邮票、纸张等生活用品。这些商品中，除了鱼之外，其他商品一般都是从国外进口的。

b. 现金来源。

乡村中的现金流通是通过多种渠道实现的，但最大的现金收入是村民出售个人种植的椰干和可可。他们通常通过英法公司控制的商店出售这些农产品，这些产品的贷款分两期支付，第一笔货款在货物装船运往维拉港或桑托岛时发放，余款在货物从桑托岛或维拉港外运时发放。椰干和可可偶尔也在本村流通，但这样的现象很少，因为村民们种植的作物都一样。

村民在欧洲殖民者的种植园中从事农业劳动，也会获得一些现金收入。但后来随着椰干价格的走低，许多种植园的农工选择回到自己原来的村落，或者到维拉港和桑托岛去谋生。

村落里另外一个现金来源是来自托管地政府的工资收入。托管地的基础设施建设、道路维护、政府机构、学校、医疗机构等需要越来越多的当地工作人员，英国和法国的殖民地当局也一直积极培训当地人做这些工作。随着当地教育水平的不断提高，越来越多的非技术性或半技术性工作也需要并可以由当地人来完成。

随着越来越多受过教育的本地人受雇到维拉港的托管地政府和英、法两国的专员公署工作，住房建筑业和娱乐业逐渐开始出现中产阶级。这些新兴行业的薪金标准在当地人看来是很高的，但是维拉港和桑托岛的消费水平即使对于欧洲人来讲也是高昂的，因此，"白领"工人的现金收入很少能够流回到他们的本土村落。

美拉尼西亚人在城市的其他薪金收入渠道还有来自家政业和建筑业的收入，但是这些工作经常是临时性的，从事这些行业的许多工人大多只是希望能够积攒一些现金，然后回到家乡的村庄，建造自己的房屋，或为自己的婚礼或等级评选仪式购买猪。这种工作的月薪一般在 35～100 美元，但生活在维拉港或卢甘维尔每人每天的生活费为 1～2 美元，因此这个群体的收入大部分消费在了维拉港和卢甘维尔。

城市地区非工资部分的收入主要来源于维拉港和卢甘维尔当地市场上的自产商品，尤其是来自安姆布里姆岛、马勒库拉岛和桑托岛的比较昂贵的手工艺品。像北安姆布里姆岛的木制梆子和来自马勒库拉岛的雕刻面具，在出售给欧洲人时，价格可能会达到几千美元。尽管在新赫布里底独立前就已不再使用英镑，但在出售这些手工艺品的市场上，通常还是用英镑来论价的（1 英镑兑换 2 澳大利亚元）。

20 世纪 70 年代，新赫布里底工艺品的生意已经变得日益复杂，因为其他岛上的商人出售的工艺品比维拉港与卢甘维尔商店里面的工艺品价格低，从而在国际市场得到了好的口碑，影响了美拉尼西亚人工艺品的价格。为此，美拉尼西亚人有时也会起诉这些手工艺品商人，控告他们把工

艺品的价格压得过低。

c. 土地。

新赫布里底的个人可以拥有土地，但多数情况下土地是由一个家族或一个村庄共同拥有的。实际上，"拥有土地"这种说法并不准确，因为关于土地的所有权等概念都只是约定俗成，没有正式明确的法律规定，并且随时可以根据族人或村庄的决定而改变。例如，一个村民可以从父亲那里继承一片土地，但他却不能继承以下这些权利：买卖这片土地的权利；决定这片土地如何使用的权利；拥有这片土地上生长的某些树或这些树所结的果实的权利；该片土地上的房屋或花园的所有权；决定这片土地由谁来继承的权利。从这些限制可以看出，村庄和家族在土地问题上才具有最大权利。因此，从村庄层面上看，在如何决定土地使用权或所有权方面会有许多问题，从而导致村庄内部围绕这一类问题的争议不断出现。

村庄经济发展水平与一个村庄内部的亲属关系、领导责任、土地所有权以及如何决定土地继承与使用等因素有着很大关系。

d. 美拉尼西亚式经济的特点。

新赫布里底美拉尼西亚式的乡村经济有两个特点值得一提。

第一个特点前文已经说过，就是猪是商品交换的媒介和财富积累的标志。猪在新赫布里底乡村经济中扮演着非常重要的角色：几乎每个村庄都养猪，求婚时需要用猪作为礼物，男人等级提升时需要宰猪，有人去世时在一个神圣的地方挂猪头。猪牙曾经作为货币。在维拉港，一个盘旋数圈的猪牙制成的手镯可以卖到 400 美元，盘旋两圈的猪牙手镯也异常珍贵。

第二个特点是保护知识"产权"和艺术家的创造性。新赫布里底人有很强的知识产权意识，尤其是马勒库拉岛和安姆布里姆岛的岛民，特殊风格的面具雕刻、木制梆子等都被认为是某个人或某个集体的知识产权。如果其他人想以这种方式雕刻或创作，必须要向产权所有者缴纳一部分费用，这部分费用可以用猪或现金的方式支付。同样，故事、歌曲和舞蹈也有知识产权。因此，新赫布里底本土经济很有意思的一点是：土地权不是绝对的，但知识产权是绝对的。

（3）共同托管地时期的教育状况。

新赫布里底的教育制度一直采用欧洲传统，有意识地灌输所谓西方文明的机制。这一特点在瓦努阿图独立前的 30 年更加突出，一定程度上反映了英、法两个宗主国的殖民意图。

新赫布里底的学校通常分为两类：一类是英国政府出资兴办和管理的中小学教育系统及附属的新教教会中小学系统，另一类是法国政府出资兴办和管理的中小学系统及附属的天主教会学校系统。共同托管地政府的二元性在教育方面也表现得很清楚：有些学校用英语教学，有些学校用法语教学。不管是英国的教育系统，还是法国的教育系统，也不管是世界历史课程还是职业教育课程，教学课程的安排和课程内容都反映了两个宗主国的殖民意图。

①英国教育系统。

一般认为，英国的学校致力于大众教育，教学体系比较完备，入学人数最多。学校里的教学语言是英语，强调对英语的学习；强调多数学生应当完成基础教育；强调学生应该按照就近的原则实行走读。教师通常是在英国教育系统或英国教会教育系统受过教育的美拉尼西亚人，但学校上层的管理者通常是英国的管理人员；而教会学校的教师多数是来自英国及英联邦成员国的志愿者。这些基础教育学校和教会学校为该地区的英国中学提供生源。

英国中学的容纳力远远小于小学的容纳力。据报道，在 1975 年的小学升初中的选拔中，只有 1/5 的小学毕业生能够被选拔进入中学学习。①每年的 11 月底 12 月初（即学期末），每个学校的代表聚集在维拉港开展选拔学生的工作。选拔过程十分严格。在这个过程中，学生所在学校的教师和校长的推荐起着至关重要的作用。新赫布里底对小学或中学学生颁发毕业证书的程序与英国本土的程序不同，其标准也不同。如果毕业生能够通过英国本土的毕业考试，可以另外获得英国本土的毕业证。

---

① Peck, John G., Robert J. Gregory, "A Brief Overview of the Old New Hebrides," *Anthropologist*, 2005, 7（4）: 269 – 282.

但由于新赫布里底与英国本土的教学质量差别较大，新赫布里底的中学毕生生一般需要先学习一到两年的预科课程之后才能进入英国的大学学习。

受过英国教育系统教育的美拉尼西亚人很少有人能够进入大学学习，但越来越多的美拉尼西亚人进入位于维拉港的教师培训学校学习，或者进入当地的农业学校学习。也有一些学生进入为培养美拉尼西亚牧师而建立的神学院学习。在瓦努阿图独立之前的几年，有一些美拉尼西亚人被派往其他国家学习技术，如到苏格兰学习飞机的保养，到斐济学习医疗护理等。除了英国和法国专员公署提供的奖学金之外，一些国际组织和地区组织，尤其是联合国和南太平洋组织，也积极为美拉尼西亚学生到海外学习提供资助。

英国政府规定，在海外为政府工作的英国人如果在工作地找不到适合自己孩子学习的学校，政府会支付他的孩子在寄宿学校上学的费用，并且每年提供两张免费往返机票。由于英国政府的这一额外福利，在新赫布里底工作的英国政府工作人员如果经济条件允许，一般会把自己的孩子送到澳大利亚的寄宿中学学习，或者把他们送到当地的法国学校学习，因为他们认为，在新赫布里底当地，法国学校的教育比英国学校的教育好。由于这些因素，新赫布里底的英国中学中绝大部分学生是美拉尼西亚人，只有少数欧洲人的子女到这些中学学习。

新赫布里底的英国教育系统十分强调培养讲英语的新赫布里底人，因此强调学生讲流利的英语；同时也强调学生学习本地的一些传统文化和技能，如学习传统的美拉尼西亚手工艺品制作、民族传说，开展一些地方传统职业教育等，以便更好地适应美拉尼西亚人的社会。

②法国教育系统。

与英国教育系统不同的是，新赫布里底的法国教育系统似乎是为了法国儿童的教育而设立的，而不是为当地的美拉尼西亚人所设立。这些法国学校里有相当一部分学生是法国人的子女；学校的老师也多数有欧洲血统，或者在欧洲接受过教育；学校的课程设置和课程标准也更接近法国本土的课程设置和课程标准。在新赫布里底法国教育系统完成学业的学生，可以去新喀里多尼亚的努美阿接受高等教育，或者通过法国的全国大学入学考试进入法国的大学学习。在小学阶段，当地美拉尼西亚人到法国学校学习人数较多，但到了初中阶段，多数美拉尼西亚人会辍学，因此法国中学的绝大多数学生是欧洲人。一般来讲，能够继续留在法国学校学习的美拉尼西亚人都是当地人中出类拔萃的学生，他们将来一般能到努美阿接受大学教育。

新赫布里底的法国教育系统完全不同于英国教育系统，它的首要任务和目标不是为了培养讲法语的新赫布里底人，而是强调对法国儿童的教育，因此这些学校很少会为适应美拉尼西亚人的要求而对课程的设置和标准做出修改，他们的中学教育目标也是为了培养升入大学的学生。事实上，多数在法国学校完成学业的学生也的确在毕业后去了努美阿或法国接受高等教育。

③新赫布里底人对不同教育系统的选择。

对于孩子在入学时选择进入英国学校还是进入法国学校这一问题，新赫布里底有一个很有意思的现象：一个家庭的所有孩子分别进入不同的学校学习，即如果家里的第一个孩子进入英国学校学习，那么第二个孩子就进入法国学校，第三个则又进入英国学校，依此类推。这样导致的结果就是在维拉港或者桑托岛的村子里，人们不再使用村子里的土著语言交流，家庭里的交流语言变成了比斯拉马语，上不同学校的孩子们之间交流时更是如此。

同一个家庭的孩子到不同的学校上学，还有着积极的意义：这个家庭可以因为语言的多样而获得更多的就业机会，从而在经济方面取得多赢的效果。因为选择不同的学校，就决定着学习不同的语言，而学习语言的种类和熟练程度，通常能够决定一个人将来能不能够从事某项工作，这一点在城市中更为明显。通常来讲，商业和零售业工作岗位需要讲法语的人，而旅游业和政府行政部门则需要更多讲英语的人。

教育问题以及教育所使用的语言问题是新赫布里底共同托管地时期一个非常敏感的政治问题。对于一个发展中地区来说，二元制的教育体系代价非常昂贵，而且一个人因为所操的语言不可避免地与某一集团联系在一

起，也不可避免地与某种宗教联系在一起（在新赫布里底，操法语的是天主教教徒，操英语的是新教教徒），同样，这也会对政治造成巨大的影响。例如，瓦努阿库党的成员大多讲英语，而新赫布里底人民联盟党的多数成员讲法语。

④共同托管地时期的教师培养。

1962 年，瓦努阿图第一所政府资助的教师培训学校——卡温努师范学院（Kawenu Teacher Training College）诞生了。在此之前，教师培训的任务由教会管理的机构来进行，如坦各阿培训学院（Tangoa Training College）就担负这样的职责。1959 年，英国殖民当局任命新赫布里底第一位教育官员，并逐渐获得直接管理以英语为教学语言的教会小学的权力。

卡温努师范学院由新赫布里底共同托管地的英国一方资助，因此该学院主要培养小学英语教师。学院起初只是开设为期两年的培训小学低年级教师的课程，后来开始培训教授小学所有年级课程的教师。此外，该学院还提供短期的在职教师进修课程。20 世纪 70 年代初，该学院开始三年制培养计划，生源则是完成三年初中教育的毕业生。

1977 年，卡温努师范学院与新赫布里底英国中学合并为马拉坡学院（Malapoa College）。该学院与南太平洋大学联合颁发教师文凭，其生源为已经完成六年中学教育的学生。

在新赫布里底共同托管地法国当局的领导下，以法语为教学语言的学校数量也在迅速增加，这使得对法语教师的需求也迅速增加。1964 ~ 1981 年，法国当局在现在的法国驻瓦使馆和驻瓦使馆学校所在地进行师资培训工作，当时该机构被称作师范学校（the école Normale），并根据学生需求开设了不同课程，以适应新进入教师行业的学生的不同需要。

（4）共同托管地时期的医疗系统

新赫布里底共同托管地时期的医疗系统与其教育系统有许多相似之处。与教育系统一样，新赫布里底也存在两个平行且互相竞争的医疗系统，即英国教会的医疗系统和法国教会的医疗系统，他们各自用自己的语言提供医疗服务。通常两个医疗机构之间相距不远，但是从整体看，相对于法国的医疗系统，英国的医疗系统雇用了更多的美拉尼西亚人作为医疗辅助人员。

英法两国的医疗系统都有受过良好培训的医生。法国医疗机构中的医生主要来自法国本土，因为法国军医可以选择新赫布里底作为其服役的地点。多数岛屿上都有两所医院：一所是英国医院，另一所是法国医院。此外，各岛屿还有一些小型诊所。这些医院和诊所医疗装备精良，也有用来把病情严重的病人转到维拉港大医院的运输设备。如果有必要，选择英国医院的病人还可以被转到澳大利亚的医院，选择法国医院的病人则可以被转到努美阿更好的医院进行治疗。

当地的美拉尼西亚人本来可以利用条件良好的医院和诊所，获得计划生育服务、婴儿出生前后的服务等，但是大多数人只是把这些医院和诊所当作他们生病后实在无法治疗、濒临死亡时的最后选择。因此，医生对许多送到医院或诊所的美拉尼西亚病人根本无法医治。也正因如此，当地的美拉尼西亚人认为英、法的这些医疗机构没有用处，对它们的评价一般不高，也就更不愿意去那里就诊。

除了英国和法国的医疗系统外，联合国和南太平洋委员会在该地区也提供医疗援助和医疗服务，世界卫生组织也在该地区提供医疗咨询，在消除疟疾、计划生育、儿童保健和辅助治疗等方面提供培训和服务。有些教会在该地区也有医疗服务，来自美国、澳大利亚或新西兰的教会医疗队通常会就某一专门医疗问题在该地区停留一周到三个月的时间；另外，教会通常还会在当地开设诊所，一般这样的诊所会有一名医生或护士，以及几名当地的辅助医疗人员。

共同托管地的这些做法看似两个强国可以和平相处，共同对一个小而偏远的国家进行殖民统治，但共同托管地的这种做法得到的批评远远大于认可。因为共同托管地政府机器的维持成本非常高昂，在很多方面让人感觉滑稽：托管地政府需要管理为数不多的英国人、法国人和十几万美拉尼西亚人，同时又需要维持英法两国的尊严和地位；托管地同时存在三套法律制度、三套货币和两种不同的度量衡系统；等等。因此，人们用谐音称

新赫布里底共同托管地为"混乱地"（pandemonium，与"共同托管地"condominium 发音近似）。

第四节 民族独立运动时代
（20 世纪 60 年代至 1980 年 7 月 30 日）

20 世纪 60 年代以前，英、法两国政府都不愿在新赫布里底投资。进入 60 年代后，英国和法国突然开始投资新赫布里底的基础设施建设和服务设施建设，但两国的投资是竞争性的，双方都不愿合作投资建设新赫布里底。

这反映了两国在殖民政策方面的变化：英国在 1964 年之后开始减少对苏伊士运河以东殖民地的影响力，计划在新赫布里底实行去殖民化。法国害怕新赫布里底的独立会影响其在太平洋岛屿其他殖民地的利益，如在矿产资源丰富的法属新喀里多尼亚的影响力。在戴高乐总统的领导下，法国把加强在太平洋地区的殖民统治看作法国走向世界强国的重要一步。1960 年，法国突然发现，在新赫布里底只有大约 2000 名儿童在法国的学校学习，而同期则有约 8000 名儿童在英国的学校学习。为了扩大法国在共同托管地的影响，法国决定加大在新赫布里底的投入。[①] 同时，法国驻新赫布里底专员公署得到法国政府的授意，要求与英国专员公署通力合作，确保法国在共同托管地的统治地位巩固之前，尽可能延迟新赫布里底的所有独立进程。

一 新赫布里底民族主义的兴起与政党的出现

新赫布里底民族主义兴起的标志是政党的出现，而政党出现的原因主要有两个：一是民族意识的觉醒，二是土地问题愈演愈烈。

---

① Peck, John G., Robert J. Gregory, "A Brief Overview of the Old New Hebrides," *Anthropologist*, 2005, 7（4）: 269 – 282.

1. 民族主义的兴起

随着西方教育体系的引入，新赫布里底土著人的受教育程度显著提高，对外部世界的感知越来越清晰。再加上第二次世界大战后，尤其是20世纪60年代后期，殖民体系在世界范围内趋于瓦解，亚非拉民族独立运动的浪潮不断高涨，这些逐步唤醒了新赫布里底土著人的民族意识，他们开始呼唤向传统习俗回归。

在新赫布里底美拉尼西亚人传统文化中，土地是不能被人完全占有的，因此土地是不能买卖的。通常情况下，土地由家庭托管，代代相传；人们可以把土地赠予别人，也可以出卖土地的使用权，但不能把土地的所有权卖给别人。然而欧洲人对土地却持有完全不同的观点，他们不仅认为土地是可以买卖的商品，而且土地私有权神圣不可侵犯。到20世纪60年代中期，欧洲殖民者已经通过买卖，得到了占新赫布里底土地面积近30%的土地的所有权；在桑托岛有些地方，他们要求获得土地所有权的土地面积甚至已经大于实际存在的土地面积。椰干出口一直是新赫布里底的经济支柱，因此很长时间以来，大多数殖民者取得土地后，就在土地上种植椰子。但是，二战后椰干价格走低，这些种植园主们开始通过养牛来替代椰子种植。为了扩大养牛的规模，种植园主们开始砍掉他们所占有的土地周围的丛林。在桑托岛和马勒库拉岛，这一行为很快引起了村民的反抗，因为村民们认为这些种植园主在逐步窃取传统上属于他们的土地。反抗的力度和力量逐步加强，再加上二战后对欧洲人具有不满情绪的民众越来越多，民族独立政党相继成立。

很久以来，美拉尼西亚人一直对外国殖民者占领其土地的行径强烈抵抗，但是这些抵抗都是一些孤立事件，比如早在1939年，马勒库拉岛上的美拉尼西亚人就与欧洲商人唐纳德·加比（Donald Gubby）合作成立了马勒库拉本土公司（Malekula Native Company, Malnatco），以冲破外国商人对椰干贸易的控制。但这些事件没有形成全国性的规模和组织，也没有形成势头。受到马勒库拉本土公司的影响，桑托岛上的酋长巴拉克（Chief Buluk）和二战期间曾在美军基地做过推土机手的吉米·史蒂文森

（Jimmy Stevenson）在桑托岛上创立了纳戈里亚梅尔运动（Nagriamel Movement），这可以被看作新赫布里底政党兴起的开始。

2. 主要政党

（1）纳戈里亚梅尔运动。

纳戈里亚梅尔运动是20世纪60年代初在桑托岛出现的一个乡村团体，主要关注令当地人忧心的土地流失问题。

"Nagriamel"一词在当地语言中的含义是重新振兴传统的生活方式，但该运动在产生之初是为了反对法国种植园主和牧场主进一步占领当地人的土地。在运动之初，巴拉克酋长率领他的追随者们砍掉种植园主和牧场主用来标识他们种植园或农场边界的篱笆，杀死农场的牲畜，最终"重新收复"了那些有争议的土地，并在上面建立了纳戈里亚梅尔运动的总部。在政治方面，该运动旨在推翻共同托管地的统治。通过纳戈里亚梅尔运动的联合工会办公室（Union of Labor Office），吉米·史蒂文森把重新收复的土地分给运动的追随者，并试图在这些土地上实行自给自足的经济发展计划，如种植水稻等。同时，纳戈里亚梅尔运动成立了由土地事务委员会、村庄事务委员会、习俗事务委员会和外交事务委员会组成的最高管理委员会（Supreme Governing Council）。1968年，吉米·史蒂文森因非法侵占别人的土地被捕入狱，但他仍然努力争取新赫布里底独立。1971年，他雇用了一名斐济律师向联合国提起申诉，要求新赫布里底独立，这一行为对英法两国在新赫布里底的统治提出了最终挑战。

到1972年，纳戈里亚梅尔运动在北方的岛屿已经得到了广泛支持，其领导人声称该运动已经有15000名成员，而且所有的成员都是美拉尼西亚人。

但吉米·史蒂文森赋予这项政治运动以狂热宗教的特点。他以救世主自居，并声称自己是上帝使者的化身，运动中恢复了一夫多妻制，这些都与基督教的基本教义相冲突，因此信奉基督教的地区的那些支持者对他日益疏远，所以吉米·史蒂文森的支持者只局限在北部群岛。20世纪70年代中期，吉米·史蒂文森作为民族独立运动领导人的地位和影响日渐衰弱。为了实现独立和经济自给的梦想，他向法国和西方极右翼的商业冒险家寻求帮助和支持，在获得了他们物质和金钱上的帮助后，在1980年瓦努阿图独立前夕，吉米·史蒂文森发动了一场叛乱，试图使群岛中最大的桑托岛脱离瓦努阿图共和国。

（2）约翰·弗洛姆运动（John /Jon Frum Movement）。

在新赫布里底南部各岛屿，其传统主义的政治运动主要是在长老会教会的指导下进行的，坦纳岛是主要据点。由于二战期间受美军丰厚物质财富的影响，新赫布里底群岛上出现了很多货物崇拜运动（Cargo Cult Movement），约翰·弗洛姆运动就是其中之一。

1940年，坦纳岛的土著居民开始陆续聚集在一起，接受传说中的一个名字叫约翰·弗洛姆的人的启示。约翰·弗洛姆运动的信徒认为，一个名叫约翰·弗洛姆的人是图库司梅鲁山山神卡拉坡拉曼（Karaperamun）的代表，他预言会有一场大的灾难，灾难中坦纳岛将被夷为平地，火山将倒塌而填满河流，从而变为肥沃的土地，坦纳岛将和埃洛芒奥岛合并为一个新的岛屿。届时白人将会离开，约翰·弗洛姆将会现身，给岛民带来幸福的生活，使土著居民重获青春，不会再有疾病，也不必操心自己的花园、树木或猪。约翰·弗洛姆将建立新的学校来替代教会学校，并付报酬给酋长和教师。要过上如此幸福的生活只有一个障碍，那就是白人的存在，因此需要首先驱逐白人，重新恢复白人教会禁止的饮用卡瓦饮料、舞蹈和一夫多妻制等传统。

约翰·弗洛姆运动的信徒认为，约翰·弗洛姆即将回到南部群岛，并把南部群岛的人们团结起来，把教会势力赶出岛外，把现代欧洲人享受的物质财富带给他的信徒。为了确保他的顺利回归，约翰·弗洛姆的信徒必须放弃西方教会所倡导的生活方式。

从本质上讲，约翰·弗洛姆运动反对的是西方教会所倡导的价值观，它认为这些价值观已经威胁到了当地社会传统的核心价值体系，影响了社会稳定和安全。但是，法国商业探险家的干预，再加上这一运动阻挠了瓦努阿图在1980年的独立，包括约翰·弗洛姆运动在内的一些货物崇拜运动最后都没有得到大的发展。

（3）新赫布里底民族党（New Hebrides National Party）。

一些受过西方教育的美拉尼西亚人怀着复杂的心情看待在乡村兴起的

各种抗议殖民地的运动。尽管他们与那些乡村同胞有着同样的思想感情，但基于自身公务员、教师或西方私有企业雇员的身份，很难公开参与这些抵抗活动。

从 20 世纪 60 年代开始，新赫布里底土地转让问题持续出现，特别是在 60 年代末，美拉尼西亚人口的快速增长与新赫布里底有限的土地之间的矛盾已经凸显，并给当地社会经济发展带来了很大压力。面对这一矛盾，1971 年初，两位讲英语的牧师唐纳德·卡尔普卡斯（Donald Kalpokas）和彼得·塔乌拉科托（Peter Taurakoto）想到了一个解决办法：建立一个新赫布里底文化协会，通过协会来表达美拉尼西亚人对土地及其他发展问题的观点与看法。协会的目标是："促进、振兴并鼓励美拉尼西亚文化的发展，寻求新赫布里底文化与西方文明在社会、教育、经济和政治方面的共同进步。"①

1971 年 6 月，唐纳德·卡尔普卡斯和彼得·塔乌拉科托借助其在长老会教会中的身份，结识了受过英国国教培训的牧师沃尔特·利尼。他们雇用利尼为《新赫布里底文化协会每月简报》的编辑，用《简报》来发布有关协会宗旨和活动的信息。

此时，恰逢一位美国投机商人从法国人手里购买了大量土地，准备用来安置数千名退休的美国人，特别是一些从越南战场退役的军人。美拉尼西亚人感到这种交易将改变自己土地的未来归属权，也会对新赫布里底经济带来严重的挑战。1971 年 8 月 19 日，新赫布里底文化协会的发起者们在首都维拉港发动了公开的集会（即 "8·19 和平示威"），支持托管地政府新颁布的反对土地投机的法令。通过这次公开集会，新赫布里底文化协会成功转化为一个政党——新赫布里底民族党，并制定了纲领：主张新赫布里底应尽快走向独立；反对殖民者侵占和买卖土地的活动，要求把土地归还给土著人，主张全部土地应归传统的土地所有者；推崇英语教育；主张回归传统习俗，摒弃殖民者的文化。

---

① Kalkot Metas Kele – Kele, *New Hebrides, the Road to Independence*, Institute of Pacific Studies, University of the South Pacific, 1977, pp. 25 – 26.

截止到 1972 年，该党的成员已经达到 4000 多人，其成员不仅遍及维拉港和卢甘维尔，而且分布在北部的阿欧巴岛 （Aoba） 和彭特科斯特岛。

（4） 温和党联盟 （the Union of Moderate Parties，UMP）。

欧洲人社团、天主教教会和法语社团都受到了新赫布里底民族主义运动的震动，随之对这些民族主义运动做出了响应，成立了多个政治集团来对抗新赫布里底民族党的民族主义政策，反对该党提出的 1977 年独立的要求。这些政治集团被侨民控制的报纸称为 "温和党联盟"。

温和党联盟属于 "法语系"（Francophone） 政党，与法国政府关系密切，反对新赫布里底民族党。在独立问题上，温和党联盟主张应以一种"温和" 的方式循序渐进，等到新赫布里底经济和社会充分发展起来后再一举实现政治独立；教育问题上主张法语教育，保护法语和法国式教育在新赫布里底的地位。

（5） 新赫布里底人民联盟 （UPNH）。

新赫布里底人民联盟 （The Union de la Population des Nouvelles Hebrides，UPNH） 成立于 1971 年 12 月，是共同托管地政府为遏制土地投机，应对日益崛起的民族运动的结果。其领导人是法国侨民，但成立之初，其 200 多名成员中有 3/4 为受过法国教育的美拉尼西亚人。在这些人中，小商人和出租车司机占有相当数量。与新赫布里底民族党不同的是，新赫布里底人民联盟反对新赫布里底政治制度的极端变革，倡导继续实行共同托管地的政治制度，并引入一些温和的改革；要求设立共管政府秘书长，提高决策的集中化，提高行政效率；限制个人拥有土地所有权，尽可能地减少土地诉讼。由于该党代表的是英法侨民的利益，所以其宗旨是保护共同托管地的社会制度，保护个人对土地的所有权，尽可能地消除涉及财产方面的诉讼。

（6） 新赫布里底独立运动 （Movement Autonomiste des Nouvelles - Hebrides，MANH）。

新赫布里底独立运动成立于 1973 年，其成员主要为法国种植园主。该政党成立的目的是保护卢甘维尔法国种植园主的利益，尤其是那些感觉

受到新赫布里底民族党政策的威胁、反对新赫布里底独立的混血法国人的利益。他们认为，不应对新赫布里底政治制度进行急剧式变革，即新赫布里底不应当走直接独立的道路。

（7）土地之子党（Natui Tano）。

土地之子党成立于1974年4月，其支持者为桑托岛豪格港英语系基督教徒和纳戈里亚梅尔运动阵营中的主张对法强硬者。其政治纲领是：桑托岛应为"桑托人的桑托岛"，反对外来殖民者；反对史蒂文森为首的纳戈里亚梅尔运动阵营的亲法派；反对新赫布里底人民联盟；支持新赫布里底民族党。

（8）塔布韦马萨纳党（Tabwemasana）。

塔布韦马萨纳党于1975年6月在桑托岛成立，其名称来源于瓦努阿图最高山峰，即位于桑托岛的塔布韦马萨纳峰，领导人是迈克尔·伯纳斯特（Michel Bernast），是亲法的法语系政党，支持者主要是卢甘维尔周边以奥利港（Port Olry）为中心的天主教徒。该政党的政治纲领是：应以桑托岛作为新赫布里底的中心；应在土地问题上保持温和的态度，应为桑托岛土著人设立"保留地"；应尊重美拉尼西亚传统习俗。

二 争取独立的斗争

20世纪60年代以后，新赫布里底群岛人民争取民族独立的斗争逐步发展起来。60年代末期，纳戈里亚梅尔运动吸引了上千人参加。该运动起初只是为了保护其祖先圣地，后来发展为政治运动，并且向联合国请愿，主张其对领土的主权，后来也得到殖民国的同意，转为制宪运动。1971年，史蒂文森向联合国申诉，要求各群岛独立。

在澳大利亚教会和世界基督教会联合会（World Council of Churches）的资金支持下，新赫布里底民族党的领导人在群岛的所有岛屿和南太平洋地区巡回宣讲该党的基本政治目标：实行政治改革，争取在1977年获得独立，这一目标在美拉尼西亚人口占65%的长老会教区和英国国教教区获得了支持。1974年，新赫布里底民族党总书记巴拉克·索佩（Barak Sopé）参加了在坦桑尼亚举行的东非国家大会，寻求国际社会支持新赫布里底独立。结果，坦桑尼亚与牙买加支持新赫布里底民族党向联合国委员会进行申诉。1974 年 5 月 24 日，巴拉克·索佩向联合国提出申诉，要求新赫布里底独立。

1975 年 6 月，新赫布里底民族党公开发表了该党的民族主义政策原则，强调：所有转让出去的土地必须归还其原先传统的主人；使英语和法语共同成为学校的教学语言；邮政本土化；实施严格的移民法和国籍法；发展自主的国民经济；进行更加均衡的内部发展；使美拉尼西亚人对经济有效掌控等。在外交政策方面，该党强调：支持地区间经济和贸易合作；支持各国独立运动；支持南太平洋地区为无核区；使援助资源多样化；加入不结盟运动。[1] 1977 年，新赫布里底民族党改名为瓦努阿库党即我们的土地党，并继续向政府施加压力，要求政治改革，比如要求成立美拉尼西亚人民临时政府（People's Provisional Government，PPG）等。

1975 年，新赫布里底共同托管地政府举行了第一次全国代表大会。在代表大会 42 个席位中占有 21 个席位的民族党（即后来的瓦努阿库党）提出独立的要求，并拒绝参加立法活动。对此，法国政府同意新赫布里底在 1978 年成立自治政府，随后同意在 1980 年就独立问题举行全民公决。在经历了重重困难后，1979 年举行的宪法大会最终就独立宪法问题达成一致。

在 1979 年 11 月的全国大选中，由沃尔特·利尼领导的瓦努阿库党获得了议会 39 个席位中的 26 个。

1. 新赫布里底第一次全国代表大会

随着民族政权的发展和壮大，在这些此起彼伏的民族主义运动的压力下，英法联合政权被迫于 1975 年同意举行第一次全国代表大会，取代了一直用来管理政府的提名咨询议会。在代表大会的 42 个席位中，29 席是通过普选选出的，4 席是为四大岛屿的酋长保留的特殊席位，9 席是为代表不同经济利益团体和商业联合会保留的特殊席位。新赫布里底民族党获

---

[1] Kalkot Metas Kele – Kele, *New Hebrides: the Road to Independence*, Institute of Pacific Studies, University of the South Pacific, 1977, p. 99.

得了 29 个席位中的 17 个，但仍然没有达到席位总数的大多数，这让新赫布里底民族党成员产生了不满。他们谴责英法殖民地政府给商业联合会预留席位的做法，称其故意打破代表大会的权力平衡，并对允许欧洲人参加大选却不允许已满 18 岁的新赫布里底人参与选举的做法表示不满。①

表 2 - 1   新赫布里底第一次全国代表大会选举结果

政党或组织	新赫布里底民族党	新赫布里底人民联盟	新赫布里底自治运动党	纳戈里亚梅尔运动	四大岛屿大酋长	商业联合会
席位数	17 席	10 席	1 席	1 席	保留的 4 个特殊席位	保留的 9 个特殊席位

1977 年 11 月 29 日，共同托管地政府确定了新选出的全国代表大会代表，宣布成立过渡政府，任命乔治·卡尔萨考（George Kalsakau）为总理。但是，共同托管地政府没有同意瓦努阿库党提出的要求，因此瓦努阿库党没有参加全国代表大会，并在全国许多岛屿升起瓦努阿库党旗帜，宣布成立"人民临时政府"，以抵制过渡政府。人民临时政府控制了各岛的大部分地区，在主要道路设置路障，共同托管地政府官员要经过瓦努阿库党控制的区域必须出示通行证；同时设立了自己的行政区划并征税，还占领了许多欧洲人的种植园。瓦努阿库党用自己的行动清楚地表明立场，如果英法政府不同意谈判，他们将采用暴力革命的方式强行实现独立。

2. 新赫布里底联合政府及 1979 年《宪法》

1979 年，英法政府决定在新赫布里底开展大规模的政治改革，使更多的美拉尼西亚人参加到即将成立的共和国的政治生活中。在这种情况下，作为对英法两国政策做出的友好回应，瓦努阿库党解散了人民临时政府。各党派通过协商，决定成立联合政府，作为大选前的过渡政府。12月 16 日，卡尔萨考过渡政府被不信任案投票推翻，法语系温和党领导人

---

① Walter Lini, *Beyond Pandemonium: from the New Hebrides to Vanuatu*, Asia Pacific Books, 1980, p. 40.

皮尔·杰拉德·雷蒙神父（Pere Gerard Leymang）取代卡尔萨考当选总理，并于 1979 年 10 月与其他党派共同协商起草了一部宪法。

1979 年的《宪法》确立了瓦努阿图的基本政治原则，具体情况如下。

政体问题：实行议会共和制，总理是政府首脑，总统是国家元首。

土地问题：所有土地所有权都归传统土著所有者及其后代享有，政府对因土地收回而受到不利影响的人进行适当赔偿。

教育问题：比斯拉马语、法语、英语都是瓦努阿图共和国的官方语言，英语和法语都可以作为基础教育阶段的语言。

国籍问题：明确禁止双重国籍。

中央与地方问题：在各地方成立地方政府，以实现与中央的分权，建立国家的行政区划。

在联合国官员监督下举行的第一次全国大选中，乔治·索科马努（George Sokomanu）当选总统，沃尔特·利尼当选总理，马克西姆·卡洛特·科尔曼（Maxime Carlot Korman）当选议长，内阁部长全部由英语系的瓦努阿图人担任，而过渡政府的总理皮尔·杰拉德·雷蒙成为反对党领袖。

在全国大选中，瓦努阿库党获得了 62% 的选票，这一胜利被瓦努阿库党领导人看作是人民授权瓦努阿库党领导托管地走向独立的标志。但是，该党的民族主义政策触犯了法语系的居民、法国侨民和法国政府的利益，他们不承认瓦努阿库党的胜利。对于其他温和派的反对党来说，瓦努阿库党的胜利也是新教和英国国教阵营的胜利；对于坦纳岛上的纳戈里亚梅尔运动和其他货物崇拜运动来说，瓦努阿库党的胜利是长老会和英国国教教会的胜利，因为瓦努阿库党的主要领导人都是教会的牧师。对此，纳戈里亚梅尔运动选择了叛乱来反对多数人通过的宪法，由此导致了"椰子战争"的爆发。

3. "椰子战争"（Coconut War）

"椰子战争"是 1980 年 7 月 30 日瓦努阿图独立前后发生在巴布亚新几内亚士兵和桑托岛上的叛军之间的一场小规模冲突。

1980 年 6 月，出于个人的政治野心，纳戈里亚梅尔运动的领导人吉

米·史蒂文森在法国政府的策动和支持下，带领叛军进行了长达 12 周的反抗共同托管殖民地的运动，寻求独立。叛军封锁了桑托岛的国际机场，损毁了两座桥梁，宣布桑托岛独立为"维美让那共和国"（Vemerana Republic）。吉米·史蒂文森的叛军也得到了以迈克尔·奥利弗（Michael Oliver）为代表的美国右翼投机商和维护自己土地权益的法裔种植园主的鼓动和财力支持，同时也得到了美国凤凰基金会（Phonenix Foundation）的资助。美国凤凰基金会支持此战争，不愿看到新赫布里底的独立，也是为了美国人的利益，支持在新赫布里底建立自由的避税天堂。

起初，英法两国政府和利尼政府试图与叛乱分子通过谈判来解决问题，但很快三方谈判陷入僵局，而原定的独立日期 7 月 30 日逐渐接近。1980 年 6 月 8 日，新赫布里底共同托管地政府要求英国和法国派出军队，镇压桑托岛上的叛乱。面对利尼政府的正当要求和世界舆论，法国只得同意，并与英国联合派出军队到卢甘维尔。7 月 24 日，在法国军官维达尔（Vidal）上校的指挥下，100 名英国海军和 100 名法国安全部队官兵降落在卢甘维尔派考阿机场，并迅速控制了卢甘维尔，但没有对叛乱分子采取任何行动，也未关闭叛乱分子在卢甘维尔城外的机构。

随着独立日的临近，已经当选总理的沃尔特·利尼又恳请巴布亚新几内亚军队介入，以镇压叛乱。1980 年 8 月 18 日，巴布亚新几内亚军队的先遣部队在派考阿机场降落，并对卢甘维尔实施戒严。8 月 19 日，在瓦努阿图警察部队的协助下，巴布亚新几内亚军队开始搜捕叛乱分子。接下来的两周，搜捕的范围扩展到乡村地区。在那里，他们遭遇了温和党人的零星抵抗。

随着巴布亚新几内亚军队在桑托岛军事行动的开展，外国媒体开始把该事件称为"椰子战争"。桑托岛上的居民欢迎巴布亚新几内亚士兵的到来，并把他们看作自己的美拉尼西亚兄弟。由于吉米·史蒂文森的追随者使用的武器大多为当地人传统的弓箭、石头和投石器，所以双方之间几乎没有伤亡。因此，所谓的"椰子战争"持续时间很短，并不是常规意义上的战争。

1980 年 8 月 29 日，吉米·史蒂文森的长子艾迪·史蒂文森（Eddie

Stevenson）在驾车试图冲破巴布亚新几内亚军队设置的路障时被击毙。8月29日，吉米·史蒂文森投降，持续数月的桑托岛叛乱宣告结束，"椰子战争"也宣告结束。9月中旬，巴布亚新几内亚军队撤离。

据后来公开的有关文件显示，这场叛乱与法国政府的支持直接相关。法国试图把桑托岛变为其殖民地，法国驻新赫布里底代表菲利普·阿伦·内乌甚至成功地取得了桑托岛酋长们的认可，被确立为桑托岛之王。而在审讯吉米·史蒂文森时，他承认美国凤凰基金会和法国政府对纳戈里亚梅尔运动的支持。最终，吉米·史蒂文森被判14年监禁，但于1991年被提前释放。

4. 瓦努阿图的独立

面对独立进程遇到的重重困难，瓦努阿库党领导下的人民临时政府在绝望中向即将召开的南太平洋论坛寻求帮助。当时，该论坛准备于1981年7月中旬在基里巴斯举行。南太平洋论坛对此做出了积极的回应，呼吁英法两国政府尊重瓦努阿图政府的要求，应遵照约定在1980年7月30日给予瓦努阿图独立，并镇压反叛活动，帮助新成立的瓦努阿图政府实现团结稳定。1980年7月30日，一个崭新的国家——瓦努阿图共和国诞生，乔治·索科马努成为瓦努阿图共和国第一任总统，沃尔特·利尼成为政府的总理，他在独立日宣布："信上帝而自立"（Long God Yumi Stanap）。这也成为瓦努阿图的格言。瓦努阿图独立后，政府请求巴布亚新几内亚派驻士兵替代英法两国士兵，帮助瓦努阿图当地警察镇压纳戈里亚梅尔运动，最终实现了国家的稳定。

新赫布里底的独立，为南太平洋地区法国的其他殖民地争取独立树立了榜样，尤其是在与瓦努阿库党联系紧密的新喀里多尼亚，当地的美拉尼西亚人也热烈地讨论独立的问题。法国官员对瓦努阿库党领导下的瓦努阿图政府提出警告，要他们不要实施极端的统治政策，以免在瓦努阿图的法国人和讲法语的当地人被边缘化。许多法国人认为，由于温和党的领导人参与、组织叛乱而被捕入狱，有2000多名法国人因为支持分裂运动而被驱逐出境，仍然留在瓦努阿图的法国人和讲法语的瓦努阿图当地人，在新成立的瓦努阿图共和国有被边缘化的危险。

第五节　重要人物

一　沃尔特·利尼（1943～1999）

瓦努阿图第一任总理在新赫布里底民族独立运动之前曾做过英国圣公会的牧师，他领导的瓦努阿库党在独立运动中起了重要作用，因此他被称为瓦努阿图的"独立之父"。他在任期间实施了强硬的外交政策，与包括法国和美国在内的几个大国之间关系紧张，强烈反对法国在太平洋地区进行核弹实验，支持法属殖民地新喀里多尼亚的独立；要求美国在太平洋地区减少驻军，反对外国在瓦努阿图投资；与利比亚、古巴和越南建交后，他推动瓦努阿图实行"美拉尼西亚社会主义"。这些政策被称作"利尼政策"。利尼1991年离开总理职位，于1999年去世。

二　巴拉克·索佩（1955～　）

美拉尼西亚进步党主席，现任瓦努阿图议会议员。1971～1988年担任瓦努阿库党总书记，瓦独立前曾经向联合国提出申诉，要求新赫布里底独立。1979年任民族联合政府初级工业部第一秘书和首席部长第一秘书兼外事秘书；1981年任瓦努阿图首任巡回大使；1988年担任瓦努阿图交通、旅游部部长；1989年成立美拉尼西亚进步党并任该党主席；1996年任瓦努阿图财政部部长；1997年任副总理兼贸商部部长；1998年当选反对派议员。1999年11月25日当选瓦努阿图总理，2001年4月因议会通过不信任案而下台。2004年7月担任瓦外交部部长，11月被弹劾，12月担任农林渔业部部长。曾四次来中国访问。

三　爱德华·纳塔佩（1954～2015）

瓦努阿图前总理，政治家。1954年7月生，2015年7月因哮喘病发作去世。曾就读于斐济技术学院。1999年3月2～25日，曾任政府代总统。2001年4月至2004年7月任总理。2008年9月再次当选总理，2009

年 11 月 27 日，被解除总理职务。1998 年 10 月作为议长来华出席第六届亚太议员环境与发展国际会议；2003 年 7 月、2005 年 6 月分别作为总理和瓦努阿库党主席访华；2006 年 3 月、2007 年 2 月两次作为基础设施部部长访华；2014 年 7 月，曾以瓦努阿库党主席和议会议员的身份率领太平洋岛国政治家代表团访问中国。

第三章

政　治

第一节　国体、政体与宪法

根据 1979 年通过并在 1980 年生效的《瓦努阿图共和国宪法》（以下简称《宪法》），瓦努阿图属于英联邦成员，实行议会民主制，国家元首为总统，任期 5 年。总统由议院选出，候选人必须获得 2/3 的选票才可当选，政府的首脑为总理。瓦努阿图议院属于一院制，现由 52 人组成（1987 年之前为 39 人，1987～1998 年为 50 人），议员由人民选出，每届任期 4 年。政府内阁由议会负责，同时瓦政府还设有酋长委员会，为政府在保护瓦努阿图语言和文化方面提出建议。

《宪法》是瓦努阿图共和国的最高法律，是根本法和一切法律的基础。《宪法》的第一条和第二条提出了瓦努阿图共和国的管理框架，规定：总统由议会和地方委员会主席组成的选举团选举产生，任期 5 年；立法权归议会，行政权归部长会议；总理由议会选举产生，内阁部长由总理任命；明确了瓦努阿图所有土地属土著人所有，并明确指出《宪法》是本国的最高法律。这意味着所有的其他法律必须与《宪法》一致。第四十七条指出，司法机构的职责是"根据法律来解决诉讼。如果对于某一行为之前没有适用的法律，法庭将会按照足够公平的原则对该行为进行裁决，并尽可能与传统习惯保持一致"。第九十五条指出，独立前的"（英法）共同制度及其附属法律"和在独立时使用的"适用于瓦努阿图的英国法律和法国法律"，只要符合《宪法》的规定

都可以继续使用。《宪法》的英文版还提出，"在宪法明确宣布废除某些传统习惯之前，在任何可能的情况下，都要考虑到传统习惯的因素"。《宪法》第九十五条规定"习惯法将作为瓦努阿图共和国法律的一部分继续有效"，且没有对此提出任何限制条款。因此，《宪法》的第九十五条被诠释为认可延续使用英国普通法和公平法及英国的殖民地法律。

《宪法》法文版第九十三条（对应英文版第九十五条）规定，在独立时仍在使用的不与《宪法》冲突的原法国法律与英国法律继续有效。因此，《宪法》的英语文本规定《宪法》优先于习惯法，而其法语文本则恰恰相反。到目前为止，《宪法》的两种不同语言的文本之间存在的矛盾尚未解决，在实际法律程序中，法庭一直按照独立前的殖民法律优先于习惯法来操作。

《宪法》中最重要的内容是"权力分离"部分，即把制定法律的权力赋予议会，实施法律的权力赋予政府，从而把立法权与执法权分开。《宪法》规定政府的权力包括三个部分：行政（即总理和部长委员会）、立法（议会）和司法（国家法院）。《宪法》还规定了总统的职位，但总统一职只是一个象征性的职位，只在出现政治纠纷时行使权力；同时也规定了酋长委员会这一机构，明确其职责是在保护瓦努阿图风俗和传统方面为政府提供咨询和建议。

第二节　行政

一　总　统

总统是国家元首，代表着整个国家的团结，但并无实权，任期 5 年。《宪法》规定，总统的主要职责是任命最高法院的大法官。

在瓦努阿图，任何土生土长的瓦努阿图议员都可以成为总统候选人。总统的选举应当在前任总统任期结束前的三周内进行，由议会全体议员和各省省长秘密投票产生。如果选举团 3/4 以上的成员到场，选举团可以在

其第一次会议就选举总统。如果出席人数不足法定人数，选举团将在48小时后再次集会，如果出席人数达到总人数的2/3，就可以合法地进行总统选举了。获得选举团总人数2/3选票的候选人将被选为总统。

只有在发生严重的不当行为或不能胜任时，总统才能被罢免，而且必须由选举团罢免，届时必须至少有1/3的选举团成员提出动议，并至少由2/3成员通过，必须至少有选举团成员的3/4（其中至少包括地方政府委员会主席总数的3/4）在场，罢免总统的动议通知书提交给议长后必须至少有两周的时间才能生效。

如果罢免总统时的法定人数不够，即便当时选举团2/3的人在场，选举团也需要在一周之后就罢免动议重新投票。如果总统这一位置出现空缺，那么在出现空缺的三周内必须进行总统选举；在议会被解散的情况下出现总统位置空缺时，在新议会的第一次会议后的三周内必须进行总统选举。

当议会解散、总统职位出现空缺、总统不在国内或丧失能力时，在议会解散时担任议长的人将根据《宪法》和其他法律的规定临时担任总统一职，直到新的总统被选举出来。

总统为国家团结统一的象征，具有监督宪法实施的权力，但不掌握实权，对议会工作无权干涉。议长、总检察长等重要人事任免也必须先由议会表决通过，然后交由总统象征性地予以签署宣布。对于议会通过的法案，总统仅履行签署程序，无真正的修改权。总统拥有赦免罪犯和给罪犯减刑的权力，但议会需要为总统实施该项权力提供一个咨询委员会。

第七任总统尤路·约翰逊·阿比尔（Iolu Johnson Abbil）1944年生，在瓦接受基础教育，后在斐济、巴布亚新几内亚、英国等地接受过短期培训。1987～1995年连选连任议员，并历任政府副总理、内政部部长、瓦努阿库党副主席等职。2004～2005年出任代理检察官。2009年9月当选瓦第七任总统，2014年9月2日任期结束。2010年10月来华出席上海世博会瓦国家馆日活动并访问江苏省。

2014年9月22日，经过激烈的角逐和选举机构的8轮投票，鲍德温·

朗斯代尔（Baldwin Lonsdale）当选新任总统，并于当天宣誓就职。朗斯代尔来自瓦努阿图北部托尔巴省，是一名牧师。

瓦努阿图历任总统在任时间及所属政党情况见表3-1。

表3-1 瓦努阿图历任总统

任期	姓　名	上任日期	卸任日期	所属政党
1	阿提·乔治·索科马努	1980年7月30日	1984年2月17日	瓦努阿库党
	弗雷德·蒂马卡塔（代理）	1984年2月17日	1984年3月8日	瓦努阿库党
	阿提·乔治·索科马努，第二次	1984年3月8日	1989年1月12日	瓦努阿库党
	奥内恩·塔希（代理）	1989年1月12日	1989年1月30日	瓦努阿库党
2	弗雷德·蒂马卡塔	1989年1月30日	1994年1月30日	瓦努阿库党
	阿尔弗雷德·马森格（代理）	1994年1月30日	1994年3月2日	温和党联盟
3	让·马利·雷耶	1994年3月2日	1999年3月2日	温和党联盟
	爱德华·纳塔佩（代理）	1999年3月2日	1999年3月25日	瓦努阿库党
4	约翰·巴尼	1999年3月25日	2004年3月24日	温和党联盟
5	阿尔弗雷德·马森格·那罗	2004年4月12日	2004年5月11日（选举无效）	温和党联盟
	罗杰·阿比乌特，第二次（代理）	2004年5月11日	2004年7月28日	瓦努阿图工党
	乔赛西斯·莫利（代理）	2004年7月28日	2004年8月16日	温和党联盟
6	卡尔科特·玛塔斯·凯莱凯莱	2004年8月16日	2009年8月16日	民族联合党
	马克西姆·卡洛特·科尔曼（代理）	2009年8月16日	2009年9月2日	瓦努阿图共和党
7	尤路·阿比尔	2009年9月2日	2014年9月2日	瓦努阿库党
	博多罗·菲利普（代理）	2014年9月2日	2014年9月22日	瓦努阿库党
8	鲍德温·朗斯代尔	2014年9月22日		无党籍

二　总　理

1980年，瓦努阿图独立后即设置了总理职位，首任总理为瓦努阿库党领袖沃尔特·利尼。按照《宪法》规定，总理为瓦努阿图的政府首脑。

　　能够获得议会成员绝对多数选票的候选人被选为总理。如果没有候选人获得绝对多数选票，将进行第二轮投票，但在第一次投票中获得选票最少的候选人将不能作为候选人参加第二轮投票。在第二轮投票中如果仍然没有候选人能够获得绝对多数选票，将进行再一轮投票，在第二次投票中获得选票最少的候选人将不能作为候选人参加下一轮投票，直至某一候选人获得绝对多数选票当选总理。

　　部长委员会对议会集体负责，可以通过对总理的不信任提议。不信任提议应当至少给议长一周时间，必须经由议会成员的1/6签署方有效。如果不信任提议获得议会成员大多数支持，总理及各部部长将立即停止任职，但在选出新总理之前仍然行使职权。

　　当总理辞职或死亡时，部长委员会将停止任职，但在选出新的总理之前，将仍然承担其职责。在总理死亡的情况下，副总理（在没有副总理的情况下，由总统任命的一位部长）将临时担任总理，直至选出新的总理。

　　总理和各部部长在以下情况下将终止任职：①大选后议会开会选举新的总理；②在除议会解散之外的其他情况下不再担任议会成员；③当选为总统或议会议长。

　　现任总理乔·纳图曼是瓦努阿库党成员，出生于1952年11月24日，早年毕业于南太平洋大学，曾作为交换生在巴布亚新几内亚大学学习。1987～1991年曾担任时任总理沃尔特·利尼的第一秘书，1991～1995年担任位于斐济苏瓦的南太平洋大学的助理教务主任。在1995年的大选中，他作为瓦努阿库党成员代表坦纳岛被选为议员，开始了他的政治生涯。1996～2008年，曾历任司法服务、文化与妇女部部长，土地、能源与矿产部部长，教育部部长，内政部部长等。在担任教育部部长期间，纳图曼也是联合国教科文组织瓦努阿图全国委员会主席。2008年，时任总理纳塔佩任命他为土地部部长，2010年转任外交、内贸与电信部部长。2010年12月，纳塔佩因为议会不信任票被罢免后，纳图曼成为议会中的反对派。2011年6月26日，新任总理萨托·科尔曼上台，纳图曼失去政府内

阁职务。2014 年 5 月 15 日，纳图曼当选瓦努阿图总理。

瓦努阿图历任总理在任时间及所属政党情况见表 3 - 2。

表 3 - 2　瓦努阿图历任总理

姓名	上任时间	离任时间	所属政党
沃尔特·利尼	1980 年 7 月 30 日	1991 年 9 月 6 日	瓦努阿库党
唐纳德·卡尔普卡斯	1991 年 9 月 6 日	1991 年 12 月 16 日	瓦努阿库党
马克西姆·卡洛特·科尔曼	1991 年 12 月 16 日	1995 年 12 月 21 日	温和党联盟
瑟奇·沃霍尔	1995 年 12 月 21 日	1996 年 2 月 23 日	温和党联盟
马克西姆·卡洛特·科尔曼，第二次	1996 年 2 月 23 日	1996 年 9 月 30 日	温和党联盟
瑟奇·沃霍尔，第二次	1996 年 9 月 30 日	1998 年 3 月 30 日	温和党联盟
唐纳德·卡尔普卡斯，第二次	1998 年 3 月 30 日	1999 年 11 月 25 日	瓦努阿库党
巴拉克·索佩	1998 年 11 月 25 日	2001 年 4 月 13 日	美拉尼西亚进步党
爱德华·纳塔佩	2001 年 4 月 13 日	2004 年 7 月 29 日	瓦努阿库党
瑟奇·沃霍尔，第三次	2004 年 7 月 29 日	2004 年 12 月 11 日	温和党联盟
汉姆·利尼	2004 年 12 月 11 日	2008 年 9 月 22 日	民族联合党
爱德华·纳塔佩，第二次	2008 年 9 月 22 日	2009 年 11 月 27 日	瓦努阿库党
瑟奇·沃霍尔（代理）	2009 年 11 月 27 日	2009 年 12 月 5 日	温和党联盟
爱德华·纳塔佩，第二次	2009 年 12 月 5 日	2010 年 12 月 2 日	瓦努阿库党
萨托·基尔曼	2010 年 12 月 2 日	2011 年 4 月 24 日	人民进步党
瑟奇·沃霍尔	2011 年 4 月 24 日	2011 年 5 月 13 日	温和党联盟
萨托·基尔曼	2011 年 5 月 13 日	2011 年 6 月 16 日	人民进步党
爱德华·纳塔佩	2011 年 6 月 16 日	2011 年 6 月 26 日	瓦努阿库党
萨托·基尔曼	2011 年 6 月 26 日	2013 年 3 月 23 日	人民进步党
莫阿纳·卡凯塞斯	2013 年 3 月 23 日	2014 年 5 月 15 日	绿党
乔·纳图曼	2014 年 5 月 16 日	2015 年 6 月 11 日	瓦努阿库党
萨托·基尔曼	2014 年 6 月 11 日		人民进步党

三 中央政府和地方管理制度

瓦努阿库党执政时代，中央政府的主要组织结构为：总理、副总理、内政部、外交部、公共事业部、财政部、卫生部、教育部、贸易与经商部、农业与渔业部、土地、能源与矿产部、青年与体育部、旅游部和司法部。

1981年7月，全国设立了11个地方政府，统归内政部管辖。这11个地方政府分别是：①坦纳地方政府委员会（Tanna Local Government Council），首府伊桑埃尔（Isangel）；②埃法特地方政府委员会（Efate Local Government Council），首府维拉港；③埃皮地方政府委员会（Epi Local Government Council），首府罗浮湾（Rovo Bay）；④帕马地方政府委员会（Paama Local Government Council），首府利罗（Liro）；⑤安姆布里姆地方政府委员会（Ambrym Local Government Council），首府伊阿斯（Eas）；⑥马勒库拉地方政府委员会（Malekula Local Government Council），首府莱卡特罗（Lakatoro）；⑦彭特科斯特地方政府委员会（Pentecost Local Government Council），首府洛尔冬（Loltong）；⑧安巴地方政府委员会（Ambae Local Government Council），首府撒拉塔玛塔（Saratamata）；⑨桑托地方政府委员会（Santo Local Government Council），首府卢甘维尔；⑩邦克斯与托里斯地方政府委员会（Banks and Torres Local Government Council），首府索拉；⑪通古阿、谢泼德地方政府委员会（Tongoa Shepherd Local Government Council），首府摩鲁阿（Morua）。

自1994年以来，瓦努阿图共和国被划分为6个省份，即塔非阿省、谢法省、马朗帕省、彭纳马省、桑马省和托尔巴省（详见第一章）。

各省都是自治的单位，都有经过公选产生的省议会，负责本省的税收及对本省事务如旅游、省预算等立法，并提供一些基础服务。省议会议长由议会成员选举产生，政府公共服务委员会指派一名秘书协助其日常工作。各省政府通常由在省议会选举中获得多数席位的政党组成，本省酋长委员会在文化与语言方面为政府提供咨询建议；按照《宪法》的规定，各省省长由总理任命，并直接参与瓦总统的选举。各省下辖数目不同的

市，通常各市的范围只是某一个岛屿。各市都有自己的市议会，市长由议会成员选出。

瓦努阿图中央政府和地方政府的管理，都实施公务员制度，同时中央政府设有公共服务委员会（Public Service Council），负责公务员的管理。公共服务委员会由 5 人组成，由总统与总理协商后任命，任期 3 年。总统每年从委员会的 5 名成员中任命 1 名成员为主席，负责组织公共服务委员会的活动。但是，议会成员、国家酋长委员会成员、地方政府委员会成员及政党负责人都不能担任公共服务委员会成员。该委员会无权管理司法系统的公务员，以及军队、警察和教育系统的公务员。在行使职责时，公共服务委员会不受任何团体或个人的控制或支配。

公务员效忠于《宪法》和瓦努阿图人民，只有瓦努阿图公民才能被任命为公务员。公共服务委员会决定所有岗位公务员应具备的资格，负责公务员的任命以及选拔公务员在本土或海外参加培训，也会为此组织一些相关的选拔考试，但是无权私自设立公务员岗位。同时，该委员会负责公务员的纪律。总理或地方政府委员会主席可以在特殊情况下或某一特殊阶段预先招募公务员。在紧急情况下，公共服务委员会可以在与财政部部长或公共事业部部长磋商后，代替总理做出类似的决定。只要一个公务员的职位存在，只要他的行为不违背法律，就不能被解除职务。根据法律，公务员可以定期加薪。同时，为了保证公务员职位的稳定性，只有在达到退休年龄或被公共服务委员会解职时，公务员才可离开其职位；在没有与公共服务委员会商讨的情况下，不能给公务员降职。在必要的情况下，可以按照法律规定让公务员提前退休，但这项规定不适用于总理和各部部长的私人政治顾问。总理可以把政府各部的高级公务员调到其他对应级别的职位。

四　行政监督和咨询机构

瓦努阿图的行政监督由督查官（Ombudsman）实施，行政咨询机构是国家酋长委员会。

1. 督查官制度

《宪法》中规定了督查官制度，来监督政府各部门的工作。

总统在与总理、议长、议会中的各党领袖、国家酋长委员会主席、地方政府委员会主席、公共服务委员会主席及司法服务委员会主席磋商后任命督查官，任期 5 年。督查官不能担任议会成员、国家酋长委员会或地方政府委员会成员，不能任职于任何公共机构，不能在任何政党内担任任何职务。

督查官可以在以下情况下询问任何个人或团体：①接到公众的投诉（如果该人残疾，由他的代理人或家庭成员代表），声称是某一行为结果的受害者；②在某位部长、议会成员、国家酋长委员会成员或地方政府委员会成员的要求下；③督查官主动询问。

除了总统、司法服务委员会、最高法院和其他司法机构外，任何公务员、公共机构团体及内阁部门都应受到督查官的监督。督查官可以要求任何部长、公务员、管理者或其他相关人员为他的询问提供相关信息和文件。他将给予受到投诉的单位或个人申诉的机会，但是他的所有询问都应在私下进行。

在经过一定的询问后，督查官对某一投诉做出结论，如果认为该投诉不正确，他将把结论告知投诉人、总理及相关公共部门的领导。如果在经过询问后，督查官认为投诉正确，确认相关事件的处理不符合宪法和其他法律，他将把自己的调查报告直接汇报给总理或相关公共机构的领导人。若报告涉及公共安全或公众利益，整个报告或部分报告要对外保密，只能汇报给总理和相关公共部门的负责人，在其他情况下应将报告公之于众。但在任何情况下，督查官都应告知投诉人调查结果。总理或相关公共管理部门的负责人应当在一定时间内就督查官的调查结果做出合理的决定，并把该决定告知投诉人。在投诉人获得该决定之前，不能开始任何司法程序。

督查官每年为议会提供一个总体报告。如有必要，督查官可以就他本人职责或就他的调查发现所采取的行动提交另外的报告，也可以就他认为行政管理中存在的问题提请议会注意。

瓦努阿图的公民可以用自己掌握的官方语言，获得政府部门的相应服务。如果一个公民认为他没有得到相应的服务，可以向督查官提出投诉。同时，督查官每年就遵守多种语言制度的情况和保证实施多语制采取的措施，为议会提交一份专门报告。

督查官是政府行政管理行为的独立监督人，在行使职责时不受任何个人或团体的控制。

2. 国家酋长委员会

国家酋长委员会由各省酋长委员会会议选出的酋长组成，并制定自己的议事规则，每年至少召开一次会议，在委员会成立之后的第一次会议上选举其主席。在国家酋长委员会、议会或政府的要求下，可以召开更多的会议。

国家酋长委员会的主要职责是就有关瓦努阿图传统、文化和语言的所有事宜向政府提出建议。议会在通过任何有关传统和风俗的法案时，都要向国家酋长委员会提出咨询。

国家酋长委员会的成员在任职期间，不能因为其观点或投票而被捕、拘留或起诉；除非在特殊情况下由国家酋长委员会批准，委员会的成员也不能因为违法行为而被捕或被起诉。

五　独特的酋长制度

尽管瓦努阿图的历史可追溯至三千年前，但以独立国家形态出现只有短短三十几年，之前它仅作为地理概念被笼统地称为"新赫布里底群岛"。对于一个民族国家来说，三十几年只算刚起步。但年轻的瓦努阿图首次以国家形态出现就实现了民族融合与社会安定，成功跨越了三千年与三十年的历史落差。在这一跨越过程中，一个特殊的群体——酋长扮演着核心角色。

在瓦努阿图的村庄中，酋长是村庄的代表，他的话在村里就是法律，甚至国家的官员在回到自己的村庄时，也需要听从酋长的命令。瓦努阿图北部岛屿村里的酋长是通过等级评选仪式取得的；在谢波德岛以南的岛屿上，酋长的头衔是通过继承或选举的方式获得的；在受波利尼西亚文化影响深刻的福图纳岛、伊菲拉岛和维拉港附近的一些村落，酋长的职位是世袭的。

（1）酋长是瓦努阿图民族独立的精神支柱。

瓦努阿图拥有 27 万多人口，83 个岛屿，却不存在一个人口占绝对优势的主岛。在这种地理和人口都极其分散的条件下，实现民族独立和国家统一的前提是这个民族必须有强烈的内在共性。

促成瓦努阿图内部向心力凝聚的因素主要有两个：一是本土传承的以酋长制度为代表的美拉尼西亚文化；二是外来的基督教文化。这两种文化在国徽、国旗的图案设计上都得到了很好的体现。国徽正中的人像是虚构的玛塔酋长形象，背景是象征酋长权力的圆形卷曲猪牙，体现了美拉尼西亚文化；人像下方写着"信上帝而自立"，体现了基督教文化。国旗正中也是象征酋长权力的猪牙，黄色 Y 字形图案象征基督教福音普照呈 Y 状分布的诸岛。

如果说基督教是殖民统治的产物或伴随物的话，那么酋长就是摆脱殖民统治、实现民族独立的内在精神支柱。在实现独立的斗争中，酋长作为急先锋，团结各派势力，提出了"恢复传统习俗"的口号，尤以恢复传统土地所有权为核心。可以说，作为民族独立的精神支柱，酋长至今依然在国家的稳定、整合与发展中扮演着核心角色。

（2）酋长是传统习俗的唯一权威。

在瓦努阿图，没有国家酋长委员会的授权，议会通过的任何关于传统习俗的决议均无效。只有酋长在土地、文化、语言、捕鱼、打猎等传统习俗问题上具有最终话语权，有权诠释传统习俗。在传统习俗方面，头衔在部落内有特殊意义，是权利和权力的核心。头衔的继承对酋长的产生及土地权益，具有重要意义，而这与玛塔酋长的传说有关。[①]

17 世纪以前，埃法特岛上经常出现部落内部的混战。17 世纪，玛塔酋长从西波利尼西亚来到埃法特岛，征服了埃法特岛及其北部的一些岛屿。在他的领导下，各部族实现了团结。玛塔酋长开创了母系传承制度，就此

---

① 2008 年，玛塔酋长领地入选联合国教科文组织的《世界遗产名录》。

结束了埃法特岛各部落间的战争，使该地区获得了和平。为了使各个部族团结一致，他每五年举办一次盛大的宴会，并为每个部落取衔命名，如椰子、螃蟹、鱼等，禁止在同一母系血亲部落之间发动战争。根据母系传承制度，男孩从母亲部落继承头衔，即头衔要传给自己的外甥。这较父系传承更能促进部落间的融合，使部落居民超脱原先狭隘、封闭的部落单元。

但到了19世纪50年代，基督教长老会传教士坚决主张头衔及其附属的土地权益严格按父系传承，造成土地所有权继承一度陷入混乱。瓦努阿图独立后，在巨大的利益面前，土地纠纷不断，很多土著人又开始诉诸玛塔酋长创立的母系传承制度来争取传统土地所有权。至今，在国家层面，头衔及土地权益的传承尚无统一规范，除母系传承和父系传承外，还有一些部落采用双系传承。关于土地纠纷，法院仅有权裁决土地审批的程序是否合法，土地归属权的裁决则归酋长。在这种纷繁错杂的传统习俗面前，作为传统习俗唯一权威的酋长，其地位之高不言而喻。

（3）酋长是基层治理的中坚力量。

瓦努阿图经济落后，岛屿间交通不便，如果对全部岛屿实施直接管辖，成本太高，也不现实。瓦努阿图政府能有效管辖的只有两个城市——首都维拉港和卢甘维尔市，其他占全国人口80%以上的居民仍生活在传统部落中，过着无水、无电的原生态生活。在基层部落，国家靠酋长实施间接治理。

瓦努阿图的法律体系是英国普通法和法国民法典要素的结合。但宪法未将传统习俗作为法律的渊源，而是把传统习俗当作与法律并行的独立系统。部落里发生的大小案件，都先由酋长处理。与法治理念不同，传统习俗解决争端的着眼点在于某个部落的整体利益，而非对个体的保护，终极目标是重建部落和平。比如一个部落的女人被另一部落的男人强奸，两个部落酋长协商解决纠纷时，会将其视为一个部落对另一个部落财产、尊严的侵犯，而非对个人权益的侵害。部落酋长的管辖权具有属人管辖性质，即使部落居民在首都维拉港犯罪，酋长得知后，也有权将其抓回本部落审理。法官在判决民事纠纷时，经常裁决被告人30天内回自己部落找酋长处理，如被告人没有在规定时间找酋长，就会多一项蔑视法庭的罪名。

　　酋长作为国家基层治理的中坚力量，为国家的稳定、整合与发展起到了关键作用，但同时也是国家进一步整合、发展的挑战，毕竟这种对部落的依附关系，会在一定程度上消弭对国家的忠诚。瓦努阿图多数岛屿无常驻警察，即使部落发生谋杀，酋长也没有义务告知警察，国家机构也无法借此追究酋长的责任。更有甚者，国家监狱里的囚犯逃回部落，酋长可能将其藏匿庇护。近年来，瓦努阿图已经成为犯罪者逃匿的天堂，这也与酋长在国家法律中的特殊地位相关。

第三节　立法、司法与武装力量

一　立法

　　瓦努阿图独立前为英法共管殖民地，所以瓦土著人一直无权参政议政。1957 年，新赫布里底成立咨询委员会（Advisory Council），土著人开始获得有限的参政权。20 世纪 70 年代，在独立呼声日益高涨的背景下，瓦努阿图议会的前身"全国代表大会"（Representative Assembly）于 1975 年召开，会议决定成立制宪委员会（Constitutional Committee），开始制定独立宪法。1979 年 9 月 19 日，新赫布里底"首届议会暨宪法大会"（Constitutional Conference）在首都维拉港召开，会议通过了《宪法》，这被视为瓦努阿图议会的开端，到目前为止，议会已召开了 10 届。2012 年 11 月 19 日，瓦努阿图选举产生了一届议会，议长是曾做过政府内政部部长的乔治·威尔斯。2014 年 5 月卡凯塞斯政府下台后，新的议会成立，现任议长是瓦努阿库党的博多罗·菲利普（Boedoro M. Philip）。

1. 议会的地位

　　瓦努阿图实行"三权分立"的共和制，议会是最高立法机关，总统是国家元首，总理是政府首脑。

　　总统作为国家元首，是国家团结统一的象征，具有监督宪法的权力，但不掌握实权，对议会工作无权干涉。议长、总检察长等重要人事任免也

必须先由议会表决通过，然后交由总统象征性地予以签署宣布。对于议会通过的法案，总统仅履行签署程序，无真正的修改权。

总理由全体议员在每届议会的首次大会上按照多数原则选举产生，是瓦政府首脑，向议会负责。内阁部长从议员中产生，由总理直接任命，无须议会核准。政府接受议会问责，但议会不直接干预政府运作，仅通过预算审批、订立修改法案的方式对政府工作予以制衡。议会可对总理实施弹劾，当议员按照简单多数原则通过对政府的不信任案时，总理即被免职，内阁解散，由议会重新选举产生新总理。当有超过 3/4 议员出席议会特别会议，并有 2/3 议员支持被弹劾总理的解散议会动议时，议会即被解散，重新举行大选。

瓦最高法院具有较强的独立性，不直接向议会负责，每年只向议会提交最高法院的预算决算报告。

2. 议员的选举与议会的产生

瓦议会共有 52 名议员（包括议长），一般每 4 年举行一次全国大选，按一定比例由全国各选区直接选举产生，议员可连选连任。选举由相对独立的"全国选举委员会"负责组织实施。年满 18 周岁的瓦公民均可登记成为选民，领取选民证。参加议员竞选的候选人，须为年满 25 周岁的公民，且无犯罪记录，参选时未在破产期内。有时对候选人还有其他规定，比如有没有涉及政府的欠款等。

3. 议会职权

议会具有立法权，修改现有法律或制定新法均须通过议会。议会每年对政府提出的预算进行审批，并依此对政府进行监督。总统、总检察长、警察总监、督察官等国家重要职位，均由议会选举产生或在总理提名下任命。

4. 议会组织结构

瓦努阿图议会实行一院制。议长在议会大选后的第一次会议上选出，是议会最高领导和对外代表，具有主持议会会议、主持议会日常工作等职能。同时也会选出一名或多名副议长。当议会解散、总统位置空缺、总统在外国或丧失能力时，议会解散时担任议长的人可以按照《宪法》或其他法律暂时行使总统的职责，直到新的议会成立并选举出新的总统。

瓦议会不设常设委员会，为了研究制定相关法案或监督实施某项法案，可以根据任务需要设立临时委员会，并委派各委员会的成员，任务结束后该临时委员会即解散。议会设秘书长1名，列入公务员序列，秘书长办公室是议会办事机构，负责议会日常行政工作。

5. 议会会议制度

瓦议会每年召开两次例会，首次例会一般于3月中旬召开，第二次例会一般于8月中旬召开，会期长短根据审议内容的多少决定，一般为3～4周。议会换届后，新议会的首次会议应在大选后不晚于21天内召开。议长或总理有权要求召开议会特别会议。

《宪法》规定，议会法定出席人数为全体议员的2/3。如召开议会会议时未达到法定出席人数，会议将延期3天，此后出席人数只需达到全体议员的半数，会议即可召开。对于应总理要求召开且涉及解散议会的特别会议，法定出席人数须超过全体议员的3/4。

6. 议会立法程序

议会在立法前必须先提出议案。议案一般分为公共事务法案和私人事务法案两种。公共事务法案一般只能由政府提出，议员可提出私人事务法案。议案由政府相关职能部门或议员起草提交后，由大会宣读，然后议案起草提交方接受询问。宣读后，如会议认为有必要，将针对该议案成立分委会，否则将在全会上继续讨论，被称作"委员会阶段"。委员会阶段后，全会将对议案进行重新讨论，如未通过，则返回委员会阶段重新讨论或修改；如获通过，交由秘书长最终核查，并送总统在14天内正式签署、颁布。当总统认为新议案与《宪法》冲突时，总统有权拒绝签署和颁布，并提交最高法院裁定。如最高法院裁定议案确有与《宪法》相悖之处，议案将被退回议会重议。

7. 议员制度

议会成员由各选区选民选出，代表该选区选民的利益，他们来自各行各业，出身于不同的家庭背景。议员当选后，为了服务于自己代表的选

民，首先要充分了解政府机构的工作模式，然后通过定期会议的方式与本选区的选民保持联系。有些议员还定期参加社区会议，与某些特殊利益群体接触，并建立相应的工作网络，通过简报的方式与本区选民保持联系。

瓦议员享有参加议会会议、提交议案等权利和义务，同时享有议会会议厅内言论自由的权利，在议会会议厅内的任何言论都不受法律追究。议员在议会开会期间，享有刑事豁免权，但议会休会期间不享受豁免权。议员当选时，须向议会秘书长提交个人营利性财产（如运营或参股的公司、用于出租的汽车、房屋财产等）情况报告，个人非营利性财产（如自用物品、自住房屋等）则无须申报。

议员一般被视为瓦国家领导人，享有比公务员更为优厚的薪金待遇。同时，议员每年还享有一笔特殊补贴，可用于帮助选区或其他公共开支。议员可自由决定这笔特殊补贴的用途，但不能以任何方式占为私有。瓦议会目前正在论证要求议员就每笔补贴开支状况提交报告，以便督察。

8. 议会党团制度

与多数西方国家一样，瓦议会内实行党团制度。在议会内占有席位的一个或几个政党可形成一个议会党团，每名议员须向秘书长办公室申报其所属议会党团。即使独立候选人或无党派议员，亦须指定其在议会内的所属党团，但其在议会会议以外一般不被视为该党团成员。

各党团有自己的组织机构，定期举行党团会议，并设党团督导等职。一般单一政党党团领导人即为该党主席（或党内职位最高的本党议员），几个政党结成的联合党团领导人须由党团内部推举产生。瓦议会内总体分为政府派和反对派，政府派以时任总理为首，包括执政联盟成员党派议员以及未加入政府但对政府表示支持的政党党团；反对派则由反对政府的党团构成，设领袖和副领袖等职，对政府各项工作进行批评监督。若政府有重大疏忽或过失，一般由反对派提出对政府的不信任案，经议会表决，如获多数通过，政府即被解散。

9. 议会办事机构

秘书长办公室是议会日常办事机构，负责议会的日常运转以及会议期间的服务。议长、副议长、反对党领袖均设单独办公室，并配备政治顾问、私人秘书等助手。助手团队不受秘书长办公室领导，也不参与议会日常行政事务，只对所辅佐的有关领导负责。议会办事机构的有关开支从议会行政预算中列支。

瓦议会目前没有研究部门，有关议案或重要事项的专题研究通过临时委员会进行。

10. 议会对外交往

瓦法律规定，议会不得与外国组织建立关系，议长是议会对外活动的代表。瓦议会受经费所限，每年出访和接待来访 3～4 次，主要与澳大利亚、新西兰、新喀里多尼亚（法属）议会交往。瓦议会参与与议会相关的国际性组织较少，目前是法语国家议会联盟、英联邦议会联盟的组织成员，也参与太平洋岛国论坛议会大会等区域性议会会议。

议长出访一般无须审批，由议长本人决定。议员作为议会代表出访时，须由议长审批；议员私人出访不受限制，也无须审批。

二 司 法

瓦努阿图的法律是英国普通法和法国民法的遗留法律与当地的习惯法组合而成的混合体。当前的瓦努阿图议会是基本的立法机构，但是在某种程度上，宪法和法庭遵循独立前就已实施的一些英国和法国的法规以及当地的传统习惯。

1. 司法制度的历史起源

1774 年詹姆斯·库克命名瓦努阿图群岛为"新赫布里底"之前，瓦努阿图并不是一个政治、司法甚至概念上的实体。1906 年，新赫布里底成为英法共同托管地后，英法两国殖民当局分别管理各辖区的移民，同时也共同颁布了一些制度。此时的新赫布里底共同托管地，除了由英国西太平洋地区高级专员（British High Commissioner of the Western Pacific）、英国驻新赫布里底常驻专员与法国太平洋地区高级专员共同颁布的具体殖民规定和共同托管条例外，新赫布里底殖民地适用的法律包括法国国会关于适用新赫布里底（及其他殖民地）的法令、英国议会关于适用于殖民地的法令，以及除了不适合新赫布里底特殊情况的英国普通法与公平法的

条例。

这些法律有些对当地的土著居民产生了影响，但大部分土著居民仍然独立于殖民统治的司法系统之外，他们认为土著的习惯足以用来管理土著社会，虽然殖民地官方并没有以法律形式承认和保护土著的习惯。

因此，当新赫布里底于 1980 年成为独立的瓦努阿图共和国时，没有从殖民地时期继承到任何统一的法律制度，也没有任何法律传统可以作为参照。

2. 法律体系构成

瓦努阿图自独立以来，其法律体系主要由《宪法》、议会议案和习惯法构成。关于《宪法》的内容已在本章第一节介绍过，以下主要介绍议会议案和习惯法。

议会议案 议案是指议员个人、政党或行政部门提交议会讨论的法案草案，是法律的前身。也就是说，议案成为法案或者法律之前必须要在议会经过几个程序，即使在议会通过之后，也可能被议会委员会修订。政府采用的所有法律和议案都必须与《宪法》一致，即任何议案都不能有违《宪法》，当然用于修订《宪法》的议案例外。

瓦努阿图议会议案主要有公共事务议案和私人事务议案两种。公共事务议案是最普通的，这些议案可能是出于政党的政策或因为利益集团的要求而提出的议案，可能是因为行政部门决定的需要而提出的议案，也可能是为了使瓦努阿图遵循一项新的国际协议或联合国决议而提出的议案。财政预算通常是公共事务议案中最复杂的一种，因此需要单独处理。私人事务议案是由议员个人提出的，一般不常见。

习惯法 瓦努阿图自然环境多样化，语言和文化多元化。在受到西方宗教影响之前，瓦努阿图人崇拜祖先和神灵，认为这是他们生活中不可缺少的部分。传统习惯通过代代相传，成为生活方式。许多传统习惯被认为是祖先和神灵规定的，因而被认为是神圣的，应该像法律一样得到遵守和尊重。所以，这些习惯规定被称为习惯法。当然，有些行为和信仰也被当作巫术和邪法。

习惯法是一个社区内领导力、社会组织、行为模式、经济与政治组织、决策和文化活动的基础。习惯法不仅制约人们的行为，也是人们的信仰。习惯法包括内容丰富的规则或礼节，且非常有效，能很好地协调人与人之间、人与社会之间以及人与自然之间的关系。

习惯法对人们生活各方面的影响非常深远，甚至难以用语言描述。岛屿与岛屿之间、同一岛屿的不同地区之间，甚至不同村庄之间的习惯法都可能不同，有些习惯性的原则在相当长的时间内不会有大的改变。

影响、控制或改变一个人和社区的习惯法主要有两部分。

（1）禁忌。禁止人们进入某个地方或进行某些行为，以保证整个部族的幸福安宁。有些禁忌有利于保护生态环境，但存有争议的是，如果违反某些禁忌，会被视为一种严重的冒犯并对违反者施以很重的惩罚，而且由于瓦努阿图文化的多元性，违反者可能认为这些禁忌根本不应该算是禁忌。

（2）超自然力量。某个场所或者某个物体被赋予圣灵的力量，而这种超自然的力量也被赋予拥有这一场所或者这一物体的人，以增加其权威，使大家都尊重和敬畏他，从而有利于这个人更好地发挥自身的领导力、创造力。

要提到习惯法在瓦努阿图社会中的重要性，就不得不提一下酋长在整个社会中所起的轴心作用。在瓦努阿图全国，酋长在社区层面起着各种各样的作用，他们代表着领导力的焦点，是习惯法的守护者。

3. 司法系统

瓦努阿图的司法系统设上诉法院、最高法院和负责传统事务的地方法院。现任总检察长是伊施梅尔·卡尔萨考（Ishmael Kalsakau）。首席法官由总统任命，现任首席法官是文森特·吕纳贝克（Vincent Lunabeck）。

总统在司法服务委员会的建议下任命除首席法官外的其他法官。所有法官在其退休前都在职，只有在下列情况下才可以被总统免职：一是因刑事案件被判刑；二是司法服务委员会因其严重不端行为或专业能力不足而将其撤职。法官的升迁或调动由总统在司法服务委员会的建议下做出决定。

瓦努阿图的法院分为不同等级：地方法院、最高法院和上诉法院。另

外有独立的法院来处理与习惯法和土地相关的问题，以及一些小的纠纷。

地方法院一般由一位法官和两位助理法官组成，在助理法官不适合出现的民事案件中，法官可以解除助理法官，但法官有时会把这种权力扩大到与风俗习惯无关的案件中。治安法庭通常由一名治安法官或高级治安法官来负责，每个岛屿法院必须有一名监管治安法官。由于条件所限，岛屿法院通常不能正常行使司法权力。

最高法院对土地所有权问题具有司法权，在听取各岛屿法庭的上诉后做出判决，其判决为最终判决。上诉法院可以根据需要随时成立，上诉法院由最高法院的两名或多名法官组成。最高法院由一名首席法官和三名下级法官组成，每个岛屿法庭至少有三名熟知习惯法的法官，其中一名法官必须是居住在该法院管辖区域内的一位酋长。

《宪法》第四十七款第一条规定：如果没有适合某一案件的法律规定，法庭将根据尽量公正的原则来做出判决，判决要尽可能与风俗习惯一致。

三　武装力量

瓦努阿图没有常规军队，安全部队由瓦努阿图警察部队（the Vanuatu Police Force，VPF）和瓦民兵组织——瓦努阿图机动部队（the Vanuatu Mobile Force，VMF）构成。瓦努阿图机动部队包括瓦努阿图海军警察（the Police Maritime Wing，PMW）。

瓦努阿图的国土安全由海关与国家税务局（the Customs and Inland Revenue Service，CIR）、瓦努阿图警察部队、瓦努阿图机动部队及瓦努阿图海军警察共同负责。

海关与国家税务局负责瓦努阿图边界安全与领土完整（即检查并阻止货物或人员非法穿越瓦边境），拥有90多名雇员。除了在首都维拉港和卢甘维尔有办公室外，在其他四省的省会拉卡托罗、隆阿纳、伊桑埃尔、索拉也都设有办公室。海关与国家税务局有一名主任和两名副主任，其中一名副主任负责税务方面的工作，另一名副主任负责执法与服务。海关与其他机构，尤其与瓦农林部、瓦检验检疫局、移民局和瓦警察机构联系密切，协同工作。其主要职能包括：拦截禁运品（如毒品）；检查出入关人员、行李、货物及邮件；评估、征收关税、增值税及法律规定的其他税种；保护瓦努阿图商业免于非法交易之害；执行进出口法令；收集精确的进出口数据。

瓦努阿图共有 547 名警官，主要有两个警察指挥处：一个位于维拉港，另一个位于卢甘维尔。这两个指挥处下辖四个警察局（分别位于维拉港市、卢甘维尔市、马勒库拉岛和坦纳岛）和八个派出所（在安巴岛有两个，在索拉岛、彭特科斯特岛、安内特姆岛、马勒库拉岛南部、埃皮岛和通古阿岛各有一个，但彭特科斯特岛上的派出所现已停止运营），这就意味着在很多岛屿上没有警察。

尽管瓦警察部队和机动部队人员不多，但积极参与地区和国际活动，如参加了联合国东帝汶、波斯尼亚的维和行动，还参加了巴布亚新几内亚布干维尔和平监督团。2015 年 9 月 3 日，瓦努阿图机动部队参加了纪念中国人民抗日战争暨世界反法西斯战争胜利 70 周年阅兵式。

第四节 政党

瓦努阿图实行多党制，有多个政党，但是没有一个政党能够经常获得独自执政的机会，各政党必须互相合作形成多党或两党联合政府。

瓦努阿图的主要政党有以下几个。

一 瓦努阿库党（Vanuaaku Party）

瓦努阿库党原名新赫布里底民族党，成立于 1971 年，是瓦历史最长的政党，1977 年改为现名，成员约 2.7 万人。该党自 1980 年瓦独立以来，在已故国父沃尔特·利尼的带领下，独自连续执政至 1991 年。1991年瓦努阿库党分裂，沃尔特·利尼带领部分党员出走，成立民族联合党。1996 年大选后同温和党联盟联合执政。1998 年 3 月大选后同民族联合党、温和党联盟等联合执政。2002 年 6 月大选后同温和党联盟联合执政。2003 年 11 月，政府改组，与民族联合党、绿党、人民进步党和共和党组

成新政府。2004 年 7 月大选后一度成为在野党，2004 年 12 月，加入利尼政府。2007 年 6 月内阁改组，被挤出联合政府，又于 7 月政府改组中重返执政联盟。2012 年该党再次分裂，原基础设施部部长哈里·伊奥科（已故）带领两名议员出走，成立伊奥科集团。

1999 年 4 月，瓦努阿库党与中国共产党正式建立党际关系，是太平洋岛国第一个与中共建立党际关系的政党。

二 温和党联盟（Union of Moderate Parties）

温和党联盟成立于 1974 年，成员约 2.6 万人，是瓦最有影响力的法语政党之一，1991～1998 年在时任主席马克西姆·科尔曼的带领下首次执政。1998 年科尔曼出走，成立共和党并任主席，瑟奇·沃霍尔任温和党联盟主席，并于 2004 年 7 月大选后出任总理职务。但由于其推动与中国台湾地区"建交"引发风波，瓦努阿图议会于 12 月通过了不信任案，推翻沃霍尔政权。2012 年，温和党联盟副主席萨尔维出走，成立统一运动改革党。2001 年，沃霍尔作为党主席、政府副总理访华，正式与中国共产党建立党际关系，之后由于与中国台湾地区"建交"，两党关系一度中断，现恢复交往。

三 民族联合党（National United Party）

1991 年，瓦努阿库党议员卡尔普卡斯等倒利尼派党员在美丽村召开特别党代会，选举了新的党执行委员会，会议选举唐纳德·卡尔普卡斯为新的党主席，尤路·阿比尔为副主席，塞拉·莫利萨为秘书长。利尼随后宣布不承认美丽村特别党代会的合法性。19 名倒利尼派瓦努阿库党党员联合当时的反对党丹联盟（Tan Union）提出了对利尼政府的不信任案，以 24 票对 21 票倒阁成功，扳倒了利尼，同时选举卡尔普卡斯为新总理。利尼在议会上表示接受投票结果，但 9 月 15 日，在他的经济支持者丁万屯（Dihn Van Than）宅邸召集瓦努阿库党党员开会，试图重新团结倒卡尔普卡斯派，但遭到拒绝。倒利尼派向最高法院起诉，要求禁止利尼再以瓦努阿库党领袖身份参加社会活动，最高法院裁决禁止利尼及其支持者再以瓦努阿库党名义参加活动。于是，利尼与议会中另外 20 个支持他的议员，于 1991 年 9 月组建了民族联合党。

该党现主席汉姆·利尼于 2004~2008 年任瓦总理，2004 年 3 月与中国共产党正式建立党际关系。该党目前在议会中有 4 名议员，副主席莫尔金·史蒂文斯 2012 年大选后即加入与该党立场对立的一派，但仍宣称自己是民族联合党议员。

四 人民进步党（People Progressive Party）

人民进步党于 2001 年成立，由萨托·基尔曼从美拉尼西亚进步党中分离出来。萨托·基尔曼于 2010 年推动议会通过对纳塔佩总理不信任案后出任总理，2011 年上半年，经与纳塔佩率领的反对党多次较量后最终保住总理职位；2012 年大选后再次当选总理；2013 年 3 月因议会不信任案辞职。

2005 年，基尔曼作为政府副总理兼外长访华期间，与中国共产党正式建立党际关系。

五 土地正义党（Land and Justice Party）

土地正义党成立于 2010 年，宣称尊重土地和传统，表示酋长、教会、妇女和儿童是瓦国家的四大支柱，要通过保护本国土地和商业促进国家发展。该党主席拉尔夫·雷根瓦努（Ralph Regenvanu）于 2008 年以独立候选人身份首次参加大选，并以维拉港选区最高票数当选议员。2012 年大选中该党以"脸谱网"（Facebook）等社交网络为平台做宣传，赢得大量年轻人的支持。

六 绿党联盟（Green Confederation）

绿党联盟成立于 2000 年。最初由温和党联盟的一个分支出走形成，以可持续发展、生态平衡、尊重传统、社会福利、商业自由为党纲。2003 年，该党创始人离世后，莫阿纳·卡凯塞斯就任党主席。该党受到瓦金融

界和工商界的广泛支持。2012 年大选后，卡凯塞斯与原总理基尔曼组成执政联盟。

2008 年，卡凯塞斯以党主席、反对党领袖身份应中联部邀请访华，正式与中国共产党建立党际关系。

第五节 独立后至今各阶段政治形势

瓦努阿图独立以来，政治比较混乱，政权更迭频繁，政治发展可以分为两个阶段，即瓦努阿库党执政时代（1979~1991 年 12 月）和多党联合执政时代（1991 年 12 月至今）。

1. 瓦努阿库党执政初期（1979~1983 年）的政治形势

在这一时期，瓦努阿图在政治上实行地方分权，将全国分为六省两市：即托尔巴、桑马、彭纳马、马朗巴、谢法、塔非阿六省和维拉港、卢甘维尔两市。这一时期的瓦努阿图在经济上制定了第一个国家发展规划，在地方各省设立商业中心，但是财政收入匮乏，主要依靠外国援助。

在外交上，瓦努阿图独立后迅速与新西兰、美国、苏联建交，与澳大利亚、英国签订了援助协议。同时，英国、澳大利亚、法国也都于 1980 年在维拉港设高级专员或使馆。1980 年 7 月，在澳大利亚和巴布亚新几内亚的支持下，瓦努阿图建立了机动部队。1982 年，瓦努阿图与中国建交。

2. 1983 年大选后的政治形势

1983 年大选后，沃尔特·利尼再次当选总理。外交上开始奉行不结盟主义，在苏联和美国之间保持中立。1986 年，在斐济苏瓦举行的南太平洋峰会上，利尼政府获得支持，并在 12 月 2 日的联合国大会上，成功将新喀里多尼亚重新划入"未摆脱殖民统治名单"。1986 年 7 月，瓦努阿图、所罗门群岛、巴布亚新几内亚三国首脑在巴布亚新几内亚的格罗卡宣布成立美拉尼西亚先锋组织（Melanesian Spearhead Group）。

1988 年 12 月，瓦总统阿提·乔治·索科马努试图以强制解散国家议会的方式遣散利尼政府，并任命巴拉克·索佩为政府总理。利尼拒绝解散政府，并重新组成了议会。在利尼政府的压力下，索佩和总统的另外一些支持者以煽动叛乱的罪名被捕，随后索佩被判处 6 年监禁。

3. 1991 年大选后的政治形势

瓦努阿图在 1991 年大选之后，进入了多党联合执政时代。

在 1991 年的议会选举中，利尼没有通过议会的信任选举，由唐纳德·卡尔普卡斯接任其职位。1991 年 12 月，马克西姆·卡洛特·科尔曼领导的温和党联盟在大选中获得多数席位，与利尼领导的瓦努阿图民族联合党一起成立了联合政府。联合政府的成员之间矛盾重重，导致利尼于 1993 年 8 月加入反对党。

1995 年瓦努阿图再次举行议会大选。由唐纳德·卡尔普卡斯领导的温和党联盟获得了多于瓦努阿库党的席位。1995 年 11 月，瑟奇·沃霍尔当选政府总理，但 1996 年 2 月 7 日进行的议会不信任投票迫使他辞职。马克西姆·卡洛特·科尔曼当选总理并成立多党联合政府，议会任命卡尔普卡斯为副总理。

4. 1996 年大选后的政治形势

1996 年 9 月 30 日，议会通过不信任决议，解除了科尔曼的总理职务，瓦努阿库党与温和党联盟联合组阁，温和党联盟主席沃霍尔重新当选总理，瓦努阿库党主席爱德华·纳塔佩任议长。沃霍尔领导的政府撤销了督查官法案（the Ombudsman's Act），但总统让·马利·雷耶（Jean Marie Leye）却拒绝宣布该决定。1996 年 10 月，沃霍尔和雷耶被一伙准军事武装分子劫持，原因是该武装团伙未得到足够的军饷。所幸二人很快被释放，毫发无损。1997 年，沃霍尔因"向外国人出卖瓦努阿图护照"被最高法院劝说辞职。

在其他政党和民众的不满以及政治危机面前，总统雷耶采取了解散议会的行动。但联合政府拒绝下台，并质疑总统的做法违反宪法。1998 年 1 月，上诉法庭裁定总统的做法合乎宪法规定，这样就造成了 1998 年 3 月 6 日的新大选。

5. 1998 年大选后的政治形势

1998 年 3 月，瓦举行全国大选，瓦努阿库党仍然没有获得选举中的

多数席位。在与利尼领导的政党和其他政党联合之后，瓦努阿库党赢得了大选，卡尔普卡斯再次当选政府总理。

1999 年 11 月 25 日，瓦议会第二次全体会议开幕，反对党领袖莫尔金·史蒂文斯等提出对卡尔普卡斯政府的不信任案。为了避免不信任投票，卡尔普卡斯辞去总理职务，美拉尼西亚进步党领袖巴拉克·索佩在议会中以 28 票对 24 票当选政府总理，美拉尼西亚进步党、民族联合党、温和党联盟、共和党和约翰·弗洛姆运动五个党派组成联合政府。

1999 年，为了抵制政府官员腐败和滥用权力问题，瓦努阿图政府引入了综合改革项目，改革的内容包括改进国家管理，增加私人企业发展，减少政府服务人员，制定领导人行为规范准则等。

2001 年 4 月，巴拉克·索佩在议会的不信任投票中被撤职，爱德华·纳塔佩当选瓦新任总理。新政府对索佩进行了调查，11 月认定他犯有伪造罪，并判处 3 年监禁，但总统约翰·巴尼（John Bani）赦免了他。

6. 2002 年大选后的政治形势

2002 年 5 月，瓦议会进行选举，纳塔佩领导的瓦努阿库党获得 15 席，温和党联盟获得 14 席，瓦努阿库党和温和党联盟组成联合政府。瓦努阿库党主席爱德华·纳塔佩任总理，温和党联盟主席沃霍尔任副总理。

2003 年 11 月 19 日，纳塔佩总理改组政府，不再与温和党联盟联合执政，改与民族联合党、绿党、人民进步党和共和党组成新政府。2004 年 5 月 10 日，以沃霍尔为首的反对党酝酿提出对政府的不信任案，代总统阿比乌特在纳塔佩总理的支持下解散议会。

2004 年 7 月，瓦新一届议会选举瑟奇·沃霍尔为总理，沃霍尔随后组成多党联合政府。2004 年 8 月，卡尔科特·玛塔斯·凯莱凯莱（Kalkot Matas Kelekele）当选为总统。

随后，沃霍尔试图与中国台湾地区"建交"，但在 12 月的议会不信任投票中被赶下台，汉姆·利尼于 2004 年 12 月成为瓦总理。

2004～2008 年，瓦努阿图政治比较稳定。其间，卡尔科特·玛塔斯·凯莱凯莱担任总统，爱德华·纳塔佩担任总理。

7. 2008 年大选后的政治形势

2008 年 9 月，瓦举行新一届议会选举，瓦努阿库党主席爱德华·纳塔佩当选总理。2010 年 12 月 2 日，在总理纳塔佩前往墨西哥坎昆参加气候变化会议几小时后，由于他连续三次没有参加议会的会议，且没有向议长请假，纳塔佩失去了在议会里的席位，瓦议会通过反对党对纳塔佩政府提出不信任案，由瓦努阿库党、温和党联盟和联盟党组成的联合政府被迫下台，以萨托·基尔曼（Sato Kilman）领导的联盟党、科尔曼领导的共和党、汉姆·利尼领导的民族联合党和独立议员组成的新政府上台执政。在不信任案表决期间，媒体记者禁止进入。该不信任案以 30∶15 的票数获得通过，纳塔佩不得不紧急赶回瓦努阿图。

2011 年 4 月 24 日（复活节当天），瓦总理萨托·基尔曼内阁立足未稳，便以 25∶26 的微弱劣势被不信任案推翻。由于最大反对党的领袖纳塔佩未能提出合适的总理人选，议会选举沃霍尔重新担任瓦总理，不信任案的提出者之一帕特里克·克劳比成为内政部部长。5 月 13 日，瓦上诉法院裁定沃霍尔当选总理无效，因为他获得的票数比法定票数少 1 票。基尔曼重新回到总理岗位，执政地位得到确认。

8. 2012 年大选后的政治形势

2012 年 10 月，瓦努阿图进行第十次大选。11 月，议会选举萨托·基尔曼为总理。2013 年 3 月，反对党在议会推动对基尔曼政府不信任案，基尔曼被迫辞职，绿党主席莫阿纳·卡凯塞斯当选为新一任总理。

新一任内阁主要成员有：总理莫阿纳·卡凯塞斯（Moana Carcasses）；副总理兼外交部和对外贸易部部长爱德华·纳塔佩；基础设施部部长艾斯蒙·赛蒙（Esmon Simon）；旅游和商务部部长马塞利诺·皮皮特（Marcelino Pipite）；财政部部长麦奇·西梅伦（Maki Simelum）；司法和社会事务部部长塞拉斯·亚坦（Silas Yatan）；内政部部长帕特里克·克劳比（Patrick Crowby）；土地、地质、矿产、能源和水资源部部长拉尔夫·雷根瓦努；农业、畜牧、林业、渔业和生物安全部部长戴维·托索

（David Tosul）；教育部部长鲍勃·劳曼（Bob Loughman）；卫生部部长瑟奇·沃霍尔；青年发展和体育部部长托尼·怀特（Tony Wright）；规划和气候变化适应部部长托马斯·拉肯（Thomas Laken）。

9. 2014年5月至今的政治形势

2014年5月15日晚间，瓦努阿图议会就反对派针对总理卡凯塞斯提出的不信任案投票表决，最终结果是34票赞成，11票反对，4票弃权，结束了卡凯塞斯政府约13个月的执政。

不信任案获通过后，瓦努阿图议会议长博多罗·菲利普请议员提名新总理人选时，卡凯塞斯和支持自己的10名议员离席，没有参与新总理选举过程。

反对派扳倒卡凯塞斯政府得益于执政联盟内一些党派的支持。不信任案投票时，17名来自执政联盟的议员"倒戈"，使反对派收获总计34张赞成票，选举乔·纳图曼为新任总理。

2015年6月11日，瓦努阿图议会投票，对反对派针对总理乔·纳图曼提出的不信任案进行表决，结果不信任案通过，纳图曼下台，萨托·基尔曼再次当选总理。

第四章

经　济

瓦努阿图是世界上最不发达的国家之一，而且在矿产资源等方面也不占有优势，因此，经济问题一直是困扰着该国政府的重要问题。

第一节　概况

瓦努那图独立后南部地区和北部地区经济发展很不平衡。南部地区的经济、商业、金融、旅游和运输中心是维拉港。维拉港有国际机场和港口，也是全国经济最繁荣、建设最繁华的地方。其环岛公路沥青路面工程1998年开工，2000年竣工。南部各岛的农产品一般先集中到维拉港，然后出口；进口商品则通过维拉港扩散到南部各岛。北部地区以桑托岛的卢甘维尔市为中心，其中心作用的发挥与维拉港相似，桑托机场已经有很好的建设基础，正由法国政府出资，打算扩建为国际机场，目前资金已到位，正准备招标。除机场外，桑托国际港口也很繁荣。

在瓦努阿图，北部的经济资源超过南部。瓦努阿图85%的出口产品集中在卢甘维尔，而维拉港的出口额只占瓦出口总额的15%。但是在进口方面，卢甘维尔的进口额只占全国进口总额的21%，而维拉港占79%。同维拉港比较，卢甘维尔的城市建设和基础设施比较落后。许多人认为，从卢甘维尔到维拉港，就如同从乡下进入城市。

瓦努阿图经济的主要特点就是自给自足的自然经济占主体，并大量依赖外国援助。瓦公共发展项目几乎全部依赖外援，经济来源主要包括农业、旅游业、渔业、外贸和离岸金融服务业等产业。瓦努阿图工业落后，其工业产品主要供国内消费，工厂规模小，基本都设在城市里，主要有塑料袋厂、面包厂、啤酒和饮料厂、小型造船厂、混凝土预制件厂、家具厂、服装厂、奶制品厂、屠宰厂、木材加工厂、贝壳加工及工艺品厂等。20世纪80年代，瓦经济年均增长率为3.2%；90年代年均增长率为2.9%。瓦国民经济结构的构成比例大体为农、渔、林业占22.8%，工业占13.9%，服务业占63.3%。1995年，瓦国民生产总值为2.11亿美元，人均国民生产总值为1396美元。1994年和1995年，瓦政府财政收入分别占当年国民生产总值的27.08%和26.9%。1998年，预算赤字占预算总收入的13%。据世界银行统计，2013年瓦努阿图国内生产总值为8.282亿美元，人均国内生产总值为3276美元；① 国内生产总值中农业占28%，工业占9%，服务业占63%；② 出口贸易额为4310万美元，进口贸易额为3.194亿美元。③

瓦原有锰矿开采已尽，新探明矿产资源有少量锰、铁、镍、铜和铝矾土等，还有大量的白硫火山灰，目前没有采矿活动。

第二节　农业、林业与畜牧业

农业对瓦努阿图的重要性超过其他任何太平洋岛国。瓦努阿图45%的国土为肥沃的可耕地，森林占国土面积的35%，气候和地形适宜农业和畜牧业，但目前开发的耕地只占国土面积的17%。瓦努阿图80%的人口住在农村，大部分家庭有3公顷以上的耕地，但每次只耕种很少的土地，采用土地轮耕作业。农业是瓦努阿图经济的主体，其实际比例大于官方统计。据亚洲开发银行估计，瓦自给自足的农业产值约40亿瓦图（约合3250万美元）。

瓦努阿图虽然农业生产条件比较好，但是每年仍需大量进口粮油食品，仅大米每年就要进口约6000吨。20世纪末，瓦仅食品进口金额就达22亿瓦图，相当于瓦出口商品总额的53.7%，占瓦进口总额的21%。

---

① http：//data. worldbank. org/country/vanuatu，April 27，2015.

② http：//wdi. wordbank. org/table/4. 2，April 27，2015.

③ https：//www. cia. gov/library/publications/the - world - facebook/geos/nh. html，May 8，2015.

瓦努阿图农产品出口占总出口额的比重为 65% ~ 75%，主要出口椰干、可可、咖啡、卡瓦、南瓜、芋头、玉米、红薯，出口的水果有芒果、木瓜、菠萝、西瓜等。椰子种植面积为 7.9 万公顷，1980 ~ 1998 年，67% 的椰子产品用于出口。20 世纪末，瓦椰干年产量达 47247 吨，出口 40301 吨。当前，椰树老化、台风造成椰树减产，导致大型种植园减少，但是小种植园数量有所增加，因而总产量基本保持平衡。

可可在经济作物中的重要性排第二位。但是在过去 20 年里，很多可可种植园遭到遗弃。现在瓦政府正在引入三个可可新品种，并准备恢复咖啡生产。[1]

为了提高农民的种植积极性，保证经济稳定，并促进经济作物的生产，政府建立了瓦努阿图商品销售委员会。该委员会执行平价保底政策，对来自瓦任何地方的椰干，不管市场价格如何变化，都保证向生产者按照不低于全国统一的最低价格收购。

瓦努阿图独立前的新赫布里底有一定规模的伐木业。过去，檀香木曾经是新赫布里底的主要出口商品，尤其在与中国的茶叶贸易中曾经起着重要作用。但到英法共同托管的后期，多数檀香木已经被砍伐。现存的伐木业主要是为当地建筑业提供木材。2009 年，林业的产值占瓦农业、渔业与林业总产值的 6.2%。

瓦努阿图畜牧业中较发达的为养牛业。20 世纪末全国有 135000 头牛、3 家屠宰厂、3 家罐头厂，年屠宰 16735 头牛，出口牛肉 1898 吨，占瓦总出口值的 11%。[2] 瓦努阿图牛肉的质量排名为世界第五。

目前，影响瓦努阿图扩大农业生产的不利因素有以下几点：技术劳力不足；耕地开发多拥挤在较贫瘠的沿岸土壤地带；土地使用权不清，纠纷太多，缺乏改变耕作方式的动力；缺乏起码的公路运输条件；土壤渗水性太大，不适宜水稻等农作物种植；等等。但是瓦努阿图政府正努力发展农、林、牧、渔业，如在坦纳岛建立小型咖啡农场，发展沿岸渔业和大洋

---

① http：//www.ecdc.net.cn/invest/zone/wa_ nu_ a_ tu/1.htm.
② http：//www.ecdc.net.cn/invest/zone/wa_ nu_ a_ tu/1.htm.

捕鱼业并开展资源调查和渔业试验，检验和控制牛的疾病，以保证瓦努阿图的出口牛肉总量。

第三节　渔业

瓦努阿图水域面积 84.8 万平方公里，海岸线长 2528 公里，拥有较丰富的渔业资源，除金枪鱼外，还盛产石斑、鲷鱼等经济价值较高的深海底栖鱼，以及梭鱼等。瓦努阿图的龙虾、螃蟹、各种贝类、螺类等品质良好，还出产独特的椰子蟹。

一　渔业资源

1. 金枪鱼

金枪鱼为迁徙鱼群，不同季节生活在不同水域，因此在太平洋岛国的瓦努阿图、所罗门群岛、斐济、澳大利亚及部分公海地区都有发现。作为地区资源，瓦努阿图出产的金枪鱼主要包括鲣鱼（skipjack tuna）、黄鳍金枪鱼、长鳍金枪鱼、大眼金枪鱼等品种。

瓦努阿图渔业局数据显示，2009 年瓦努阿图船队在西中太平洋渔业委员会（Western and Central Pacific Fishery Commission，WCPFC）公约水域围网捕捞 13 万吨鲣鱼，黄鳍金枪鱼围网及延绳钓船捕捞数量分别为 1.5 万吨和 510 吨，延绳钓船捕捞长鳍金枪鱼 8000 吨。①

2. 石斑、鲷鱼等经济价值较高的深海底栖鱼

瓦努阿图主要有 11 种深海底栖鱼，其中石斑与鲷鱼所占比例最高。石斑与鲷鱼广泛分布于瓦努阿图海域的中部、西部及南部地区，品种多样，资源丰富，喜栖息于 100 ~ 400 米深处的礁岩坡地处。在瓦努阿图海域，上述礁岩坡地超过 75 万公顷。

瓦努阿图的深海底栖鱼多在国内市场消费，少量出口。瓦渔业局统计数据显示，2000 年以来瓦深海底栖鱼国内市场年平均销售 2.8 吨，年出

---

① http：//www.mofcom.gov.cn/aarticle/i/dxfw/nbgz/201012/20101207280726.html.

口约 5500 公斤，出口品种以鲷鱼为主。①

3. 梭鱼

瓦努阿图水域出产的马林鱼主要有黑马林鱼、蓝马林鱼、条文马林鱼等。这些鱼有一个特点，就是季节性很强。蓝马林鱼多见于桑托岛南部海域，每年的 11 月至次年 3 月为捕捞旺季；条文马林鱼多见于南部海域，每年的 9 月至 12 月为捕捞旺季。作为金枪鱼辅助捕捞鱼种，自 2000 年以来，梭鱼年捕捞量一直稳定在 1.5 吨左右。

4. 椰子蟹

瓦努阿图椰子蟹分布较广，主要出产于北部的邦克斯群岛、托里斯群岛、桑托岛、马洛岛、马伊沃岛和南部的埃罗芒奥岛，其中邦克斯群岛、托里斯群岛、桑托岛和马洛岛产量占瓦椰子蟹出产总量的 95%。

椰子蟹是邦克斯群岛和托里斯群岛等偏僻农村居民的主要经济来源之一，特别是在椰干等主要农产品歉收时，椰子蟹销售收入成为农民的主要现金来源。

随着瓦努阿图旅游业的发展，椰子蟹因其独特美味，面临过度捕杀的危险，再加上其自身成长缓慢，因此数量急剧下降，亟须采取保护性措施。

二 发展现状

海洋渔业捕捞为瓦努阿图国民提供了就业机会，是瓦国民收入的重要途径，主要分为四个层次：农户自捕、小规模商业捕捞、当地渔船商业捕捞和外国船队大规模商业捕捞。

1. 农户自捕

瓦努阿图最新农业普查数据显示，瓦 72% 的农业人口从事传统方式的渔业捕捞，是农业种植外最为重要的经济来源。农民主要在近海礁石区使用刺网、手钓、鱼叉等传统方式捕鱼。

2. 小规模商业捕捞

小规模商业捕捞主要指当地渔民使用集鱼器装置捕捞深海底栖鲷鱼、

---

① http：//www. mofcom. gov. cn/aarticle/i/dxfw/nbgz/201012/20101207280726. html.

近海金枪鱼及海螺、海参、龙虾、巨蚌、章鱼等无脊椎动物。

瓦努阿图渔业局统计数据显示，全国共有小规模商业捕捞船队100个左右，其中在渔业局注册的仅有40个船队。小规模商业捕捞船队多使用5~7米长的木制、铝制和玻纤独木舟或者20~60马力柴油发电快艇。其中，快艇日捕捞能力为500~1000公斤，但由于多数船队仍使用传统捕捞方式，实际每艘船日均捕捞量仅为40~70公斤。

2008年瓦努阿图渔业局统计数据显示，小规模商业捕捞船队全年捕捞量为6.1吨（该数据仅为7家船队产量，其余船队未提供相关数据），销售实现30万美元。

3. 当地渔船商业捕捞

当地渔船商业捕捞是指当地渔民使用延绳钓船捕捞深海鲷鱼及长鳍、黄鳍等金枪鱼的专业商业捕捞。

2008年瓦渔业局给11艘当地商业渔船核发了许可证，总捕捞量达13吨。由于并非所有船队都向瓦渔业局提交了捕捞数据，2008年实际总捕捞量应远远大于该数字。

4. 外国船队大规模商业捕捞

瓦努阿图政府设立了68万平方公里专属经济区（Exclusive Economic Zone），供外国渔船进行大规模的商业捕捞，捕捞鱼种主要是高价值金枪鱼和其他深海底栖鱼。

在瓦专属经济区捕捞作业的外国船队主要来自中国大陆、中国台湾、斐济和韩国。近年来，在瓦专属经济区作业的中国台湾渔船有所减少，斐济与中国大陆渔船有所增加。2008年瓦渔业局向在特属经济区作业的外国船队签发142个许可证，其中中国大陆渔船83艘，斐济渔船36艘，中国台湾渔船15艘。[①]

由于瓦缺乏陆地水产品加工设施，上述在瓦专属经济区作业的渔船均大多选择在斐济卸鱼，瓦政府所获经济利益甚微。瓦渔业局数据显示，

---

① 中华人民共和国商务部：《瓦努阿图渔业资源状况》，http://www.mofcom.gov.cn/aarticle/i/dxfw/nbgz/201012/20101207280726.html，2013年1月27日。

2008 年瓦专属经济区产值 3800 万美元，瓦仅通过签发渔业捕捞许可证获利 3.8 万美元。[①]

三　出口情况

近年来瓦渔业出口一直以近海水产品出口为主，主要包括螺类制品和水族渔产品。

螺类制品主要为螺类壳半成品，用于制作纽扣等装饰品。2008 年螺类制品出口 40.4 吨，创汇 78 万美元，较 2007 年略有下降。

瓦水族渔产品主要包括活鱼、活礁岩、活珊瑚、巨蚌等。2008 年瓦水族渔产品出口总值达 55 万美元。

四　管理政策

1. 签署国际渔业协议情况

瓦努阿图为泛美热带金枪鱼协会（IATTC）、国际大西洋金枪鱼保护委员会（ICCAT）及西中太平洋渔业委员会等地区性渔业管理组织成员国，有权为瓦努阿图籍渔船在以上协议水域捕捞作业签发"国际许可证"，并收取一定费用，具体收费标准如表 4 - 1 所示。

表 4 - 1　授权捕捞许可证年收费标准

地区协议	授权捕捞许可证年收费（美元）
泛美热带金枪鱼协会（IATTC）	5000
西中太平洋渔业委员会（WCPFC）	5000
南方蓝鳍金枪鱼委员会（CCSBT）	5000
印度洋金枪鱼委员会（IOTC）	5000
国际大西洋金枪鱼保护委员会（ICCAT）	5000
南极海洋生物资源养护公约（CCAMLR）	5000

资料来源：http：//www.fao.org/docrep/v9982e/v9982e4j.htm，2012 年 3 月 25 日。

[①] 中华人民共和国商务部：《瓦努阿图渔业资源状况》，http：//www.mofcom.gov.cn/aarticle/i/dxfw/nbgz/201012/20101207280726.html，2013 年 1 月 27 日。

2. 渔业捕捞船许可证管理制度

1982 年，瓦努阿图政府通过并实施《渔业法》，为农业与渔业部下属的渔业局提供渔业管理基础法律依据。根据《渔业法》，渔业局制定《瓦努阿图渔业管理规定》，并由农业与渔业部部长签发生效。2009 年 3 月，该规定被重新审定并对外公布。在《瓦努阿图渔业管理规定》中，渔业局对渔业捕捞船只实施许可证管理制度，规定无论当地渔船或外国渔船均须获得许可证，方能在瓦规定水域捕捞作业。相关许可证收费标准如表 4 - 2、表 4 - 3、表 4 - 4 所示：

表 4 - 2   瓦当地渔船许可证年收费标准

捕捞水域	船型	许可证年收费标准
埃法特岛和卢甘维尔地区	船只长度不足 8 米	200 美元
	船只长度超过 8 米	除 200 美元外，超过 8 米部分，每增加 1 米加收 50 美元
	娱乐钓船	500 美元
其他各岛水域	船只长度不足 8 米	100 美元
	船只长度超过 8 米	除 100 美元外，超过 8 米部分，每增加 1 米加收 25 美元
	娱乐钓船	300 美元

资料来源：http：//www. fao. org/docrep/v9982e/v9982e4j. htm，2012 年 3 月 25 日。

表 4 - 3   外国渔船许可证年收费标准 （选择部分或全部在海外卸鱼）

捕捞类型	船只注册总吨位（吨）	许可证年收费标准（选择在瓦卸鱼 50%）（单位：美元）	许可证年收费标准（选择全部在海外卸鱼）（单位：美元）
金枪鱼延绳钓船	低于 100 吨	15000	18000
	高于 100 吨，低于 400 吨	16000	20000
	超过 400 吨	20000	24000
围网船	低于 400 吨	30000	35000
	高于 400 吨	60000	100000
拖曳船	—	8000	12000
其他捕捞类型	—	8000	12000
科考渔船	—	—	8000
考察实验船	—	8000	12000

资料来源：http：//www. fao. org/docrep/v9982e/v9982e4j. htm，2013 年 3 月 25 日。

表 4 - 4　外国渔船许可证年收费标准（选择全部在瓦卸鱼）

捕捞类型	船只注册总吨位 （吨）	船只类型	许可证年收费标准 （单位:美元）
金枪鱼延绳钓船	低于 100 吨	—	9000
	高于 100 吨,低于 400 吨	—	11000
	超过 400 吨	—	20000
围网船	低于 400 吨	—	20000
	高于 400 吨	—	40000
拖曳船	—		4500
其他捕捞类型	—	长度不足 8 米	4500
	—	超过 8 米	除 4500 美元外,船长每增加 1 米,加收 100 美元
科考渔船	—		5000
考察实验船	—		5000
娱乐钓船		3 个月	5000

资料来源：http：//www.fao.org/docrep/v9982e/v9982e4j.htm，2013 年 3 月 25 日。

　　同时，瓦努阿图渔业局对水产养殖和鱼产品出口加工实行许可证制度，项目须符合卫生和环评等具体规定，许可证费征收标准为 1000 美元。

　　3. 金枪鱼管理计划

　　《瓦努阿图金枪鱼管理计划》于 2002 年经瓦努阿图酋长委员会审议通过，主要目的是为执行西中太平洋渔业委员会有关科学、环保、可持续管理该地区水域金枪鱼渔业资源的决议。该计划对瓦金枪鱼渔船及捕捞上限数量做出规定，其中延绳钓船不超过 100 艘，围网船不超过 10 艘，拖曳船不超过 10 艘，考察实验船不超过 2 艘，其他各类渔船不超过 100 艘；瓦水域金枪鱼年捕捞总量不得超过 1.7 万吨，其中长鳍金枪鱼不超过 1 万吨，黄鳍金枪鱼不超过 3000 吨，大眼金枪鱼不超过 1000 吨，飞鱼不超过 3000 吨。

　　4. 渔业资源保护规定

　　瓦努阿图政府除制定了《金枪鱼管理计划》外，还出台了《水族贸易管理计划》《海参管理计划》等法规，对椰子蟹、龙虾、螺、海参等渔

业资源实施可持续保护管理。

瓦出台的保护措施主要包括禁止捕捞产卵椰子蟹、龙虾等；禁止捕捞低于法定捕捞尺寸的椰子蟹、龙虾、螺；禁止任何个人在指定保护区捕捞活珊瑚和各类软体渔产品；2008 年之后的 5 年为瓦努阿图海参禁捕期；等等。

瓦努阿图渔业规模小，但潜力很大。目前有 100 多艘外国渔船与瓦合作，在瓦努阿图专属经济区捕鱼，每艘船每年向瓦政府缴纳 5000 美元。按瓦努阿图有关规定，外国渔船经瓦方同意后，可在距瓦陆地 12～200 海里之间的海域进行捕捞作业。只有瓦努阿图公民和本国公司可以在 12 海里内的海域捕鱼，6 海里内的捕鱼事宜由当地省政府管辖，但本国公民商业性渔业规模较小。

尽管瓦努阿图的渔业活动较多，但总体上来看，该国渔业及海洋产业潜力还没有得到充分开发。目前困扰瓦努阿图渔业发展的问题主要有两个。第一，渔业基地问题。20 世纪 80 年代，日本一家公司在桑托岛建立了一个渔业基地，后来送给瓦努阿图政府，但是现在已经破旧不堪，修复费用需几百万美元。瓦努阿图现在可以说没有渔业基地，也没有大型加工和冷藏设施；第二，运输问题。瓦努阿图距离亚洲、北美等主要市场，班轮一两个月一趟，运输距离太长，成本很高。因此，瓦努阿图政府目前开始注重解决困扰渔业发展的难题，比如，为了大规模开发金枪鱼资源，正在发展相关的加工、储存设施，与中国、日本等国开始加强在渔业方面的合作，在基础设施建设等方面也有了进展。2009 年，瓦努阿图当地人拥有的一家金枪鱼公司首次向日本出口了 2 吨金枪鱼。

同时，中国政府援助瓦努阿图建立了中瓦水产品加工厂。该项目2007 年 12 月开工，2009 年 6 月竣工，总投资 3500 万元，设计日处理水产品能力 25 吨，标准冷藏能力 310 吨。中瓦水产品加工厂是南太平洋地区规模最大、技术最先进的金枪鱼等水产品加工企业，每年加工约1.5 万吨水产品，产品除满足当地市场需求外，还可出口到欧美和亚洲地区。

随着瓦努阿图人对鱼类产品需求的增长和渔业生产能力的提高，渔业

对瓦努阿图国民生产总值的贡献也越来越大。2009 年，渔业占瓦国民生产总值的 4% 。①

第四节　旅游业

旅游业是瓦努阿图服务业中的主导产业，一直以来对瓦的经济增长起着举足轻重的作用。近年来，瓦努阿图的旅游业发展很快，已经成为瓦努阿图的支柱产业，给瓦带来大量的外汇收入。亚洲发展银行的数据显示，2012 年，由于旅游业的快速增长，瓦努阿图经济增长速度为2.0% 。②

2000 年，到瓦努阿图旅游游客数量只有约 5.7 万人次（其中约3.7 万人次来自澳大利亚，8000 人次来自新西兰，约 6000 人次来自新喀里多尼亚，约 3000 人次来自欧洲，另外分别有约 1000 人次来自日本和北美）。2007 ~ 2008 年，到瓦努阿图旅游的游客数量增长 17%，达到 196134 人次，为当地提供了 6000 多个工作岗位。2007 ~ 2010 年，到瓦旅游的游客数量年均 9.2 万人次，③停靠在首都维拉港的游轮月均8 艘。

瓦努阿图约有 1600 张饭店床位，酒店入住率达 66% ~ 80%，平均滞留时间为 9 ~ 10 夜。多数游客来自澳大利亚、新西兰和新喀里多尼亚，主要游览胜地有维拉港、坦纳岛、桑托岛、马勒库拉岛和彭特科斯特岛（详见第一章 “主要旅游资源”）。2010 年瓦努阿图全年接待航空与游船游客共计 237648 人次，旅游总收入 220 亿瓦图。④

瓦努阿图的旅游业之所以快速发展，部分是因为在瓦努阿图举办了几次电视真人秀节目。例如，电视真人秀节目《幸存者》（*Survivor*）第九季

---

①　Vanuatu National Statisitics Office, "National Statistics Office 2009 preliminary GDP (in real terms) estimates," http: //www. vnso. gov. vu/, August 20, 2012.

②　http: //www. adb. org/countries/vanuatu/economy/2013 – 09 – 23.

③　http: //www. vnso. gov. vu/index. php/tourism – stats/2013 – 9 – 30.

④　http: //www. vnso. gov. vu/index. php/tourism – stats/2013 – 9 – 30.

于 2004 年在瓦努阿图拍摄，其题目为：《幸存者：瓦努阿图——火之岛》
（*Survivor：Vanuatu—Islands of Fire*）。两年后，澳大利亚的电视节目《幸
存者名人版》也在同一地点进行拍摄。

作为有名的潜水度假胜地，瓦努阿图有世界上最适合潜泳的珊瑚礁。
同时，伊苏尔火山、安姆布里姆岛、彭特科斯特岛、桑托岛、水下邮局等
也是瓦著名的旅游胜地。

尽管旅游业近几年得到了较快的发展，但还存在一些问题，如旅游基
础设施较差等。另外，越来越多的游客来到瓦努阿图，给当地的自然环境
造成了很重的负担。现在瓦政府已经意识到了这些问题，正在尽力找寻平
衡旅游经济发展与环境保护的途径。

第五节　财政与金融

一　基本政策

（1）当地借贷。政府对本土投资者在当地贷款不设任何限制，各商
业银行是贷款的最终决策者。外商投资者应从境外带入其投资资本。

（2）资金汇出。对于外资企业汇出资金，政府不设限制，但要遵循
《外商投资促进法》的相关规定，适用汇率由各商业银行决定。

（3）汇率。瓦图与其他货币的汇率经政府与瓦储备银行协商后以书
面形式确定。确定汇率的方法是根据贸易、旅游收入，对"一揽子"不
公开货币进行加权平均；储备银行每天公布汇率并通过电传和普通邮件方
式告知各商业银行。

（4）利率。利率的确定是由瓦努阿图储备银行来实施的。瓦储备银
行根据对国际和国内经济、金融、财政状况的评估情况确定官方利率或再
贴现率。利率确定后，通过瓦储备银行行长与瓦银行家协会季度会议传达
给各商业银行，并通过网站和《储备银行季度经济回顾》及《储备银行
月度报告》对外公布。由此看出，储备银行其实担负了中央银行职能，
通过调整利率来保证货币和价格市场的稳定。

二 财政收入

瓦努阿图对企业和个人均免征所得税。财政收入依靠公平、简单、有利于投资的税收体制，贸易税和增值税为瓦努阿图主要收入来源；此外，还收取商业执照费、工作许可证费、居住证费、外商投资执照费、土地租赁费、土地税和公司注册费等。

（1）贸易税。这是财政收入的主要来源。由于目前的贸易税包括许多不同的税率，复杂且不一致，政府正在对贸易税的税率和管理重新审核，使其与美拉尼西亚先锋集团和《太平洋岛国贸易协定》规定的瓦努阿图的义务相一致。此次审核将减少贸易税税率和缩小征税范围，逐渐取消贸易税。

（2）增值税。1998年开始征收增值税，取代了原有的销售税和营业执照费，从而使瓦努阿图政府财政收入不再过分依赖国际贸易。增值税率为12.5%，增值税收入约占政府财政收入的37%。增值税法规定，所有在瓦符合"增值税纳税行为"[①]且年营业额超过400万瓦图的企业或个人，均须缴纳增值税。

三 离岸金融服务

离岸金融服务业也是瓦努阿图重要的经济组成部分。瓦努阿图是太平洋地区健全的离岸金融服务中心，是著名的避税天堂。2008年以前，瓦努阿图从未向其他政府或国际组织泄露其离岸金融业带来的具体经济收益。迫于其他国家和国际组织的压力，尤其是来自澳大利亚和经济合作与发展组织的压力，近年来，瓦努阿图政府根据国际惯例不断提高政府金融服务业的透明度。

在瓦努阿图，没有个人利息税、公司所得税、遗产税，只有销售税一种税项。同时，瓦努阿图的政治和经济比较稳定，法制也比较健全。根据经济合作与发展组织的报告，瓦努阿图与世界发达国家同时被列为

[①] 指长期从事商品或服务销售并以获利为目的的行为。

白名单（White List）国家，这表示瓦努阿图的法律制度健全程度、税法水准以及监管都已经达到世界先进水平。[①] 为鼓励离岸金融服务业的发展，瓦努阿图的《国际公司法》（International Company Act）对国际离岸公司有特别优惠，从而使瓦努阿图成为太平洋地区重要的离岸金融服务中心。因此，瓦努阿图成为"方便旗船"（是指在外国挂号、悬挂外国国旗并在国际市场上举行营运的船舶）国家，许多国际船运公司选择在瓦努阿图注册离岸公司，以充分利用瓦努阿图有利的税收政策。

四 主要金融机构

瓦努阿图的主要金融机构包括瓦努阿图储备银行、瓦努阿图国家银行及几家外国银行。

1. 瓦努阿图储备银行（Reserve Bank of Vanuatu）

瓦努阿图储备银行前身是瓦努阿图中央银行，成立于瓦努阿图独立五个月后。1980 年 12 月，瓦议会通过《中央银行法令》，正式成立瓦努阿图中央银行，并于 1981 年 1 月 1 日正式运营。

瓦努阿图中央银行成立之初为国有机构，瓦政府持有银行 100% 的股份，规定其资金固定为 2 亿瓦图，但《中央银行法令》同时也规定可以增加银行的资本。1985 年 12 月，经瓦财政部同意，瓦努阿图中央银行董事会通过决议，把银行资本增加到 4 亿瓦图。

瓦央行成立之初发行了 5000 万瓦图的股票，全部由政府购买。后来股票资金增长到 1 亿瓦图。由于政府持有 100% 的股份，政府有权处理股票带来的利润。《中央银行法令》规定，银行利润的 90% 支付给政府，10% 放入银行总储备账户。

瓦央行的首要任务是实施瓦财政部 1980 年 12 月 16 日宣布的货币改革。1981 年 1 月 1 日，即瓦央行正式运营的第一天，原有货币新赫布里底法郎改名为瓦图（"瓦图"一词在当地土语中意为"石头"）。

瓦央行成立之初的两三年，主要任务局限在发行和兑换货币。1981

---

① http：//www. oecd. org/ctp/exchange - of - tax - information/42469606. pdf，May 14，2013.

年 2 月，瓦央行开始计划设计制造瓦图来替代新赫布里底法郎和流通中的澳大利亚货币，并委托印度支那与苏伊士银行发行货币。1982 年 3 月 22 日，瓦开始发行瓦图货币。从 1983 年 4 月 1 日起，新赫布里底法郎和澳大利亚货币不再是瓦努阿图法定货币。

1985 年 8 月，瓦央行在维拉港开设了新的票据交换所，接替印度支那与苏伊士银行办理兑现支票的业务。当时一些商业银行也参与票据兑换业务，这些业务现在由瓦央行组织监管。自 1999 年 11 月 1 日起，支票兑换业务在各银行间交替进行。

为了完成其对商业银行的监管责任，瓦央行关闭了其在印度支那与苏伊士银行的瓦图账户，并在自己的系统中为商业银行开设瓦图账户。作为回报，瓦央行为商业银行提供其他服务，如作为商业银行的"最后贷款人"① 等。

作为政府银行，瓦央行 1985 年代表政府开设账户，并接受原先由印度支那与苏伊士银行瓦努阿图分行持有的大部分存款。同时，银行开始为政府提供法律允许的借款款项。到 1987 年底，瓦央行已经完全接替了印度支那与苏伊士银行瓦努阿图支行，行使了作为国家中央银行应完成的所有职责。

1989 年 5 月，瓦议会通过《瓦努阿图中央银行法案修正案》，使瓦央行成为"瓦努阿图储备银行"，同时给予瓦储备银行更多的权力和责任来监管瓦努阿图银行系统。

2. 瓦努阿图国家银行（National Bank of Vanuatu，NBV）

1991 年接管瓦努阿图合作储备银行后成立。1998 年 11 月，同瓦努阿图开发银行合并，属国有银行。近年来，瓦努阿图国家银行已经成为向瓦努阿图农村地区提供银行服务的主要力量。该行利用先进的技术手段，如手机银行等，为偏远的农村地区提供储蓄与信贷服务。

---

① "最后贷款人"又称最终贷款人，即在出现危机或者流动资金短缺的情况时，负责应付资金需求的机构（通常是中央银行）。该机构一般在公开市场向银行体系购买足够的抵押品，或透过贴现窗口向有偿债能力但暂时周转不灵的银行提供贷款。该机构通常会向有关银行收取高于市场水平的利息，并会要求银行提供抵押品。

3. 澳新银行（ANZ Banking Group Ltd.）

澳新银行是澳大利亚的一家银行，其瓦努阿图分行于 1971 年成立于维拉港，现在瓦努阿图设有两个支行，分别位于维拉港和卢甘维尔，在瓦努阿图共有 17 台 ATM 机和 300 多台 POS 机。

4. 夏威夷银行瓦努阿图分行（Bank of Hawaii Vanuatu Ltd.）

该银行是美国银行，1993 年接管东方汇理苏伊士银行的业务，成立夏威夷银行瓦努阿图分行。

5. 西太银行（Westpac Banking Corporation）

该银行是澳大利亚银行，在瓦努阿图设有分行。西太银行瓦努阿图分行有两个支行，分别位于维拉港市和卢甘维尔市，下设约 8 台 ATM 机。

第六节　外贸

外贸在瓦努阿图经济中占很大比重，商品和服务出口占国民生产总值约 50％，2004 年进出口总额为 1 亿美元。外贸税收分别占瓦税收收入和财政收入的 60％和 50％。澳大利亚和新西兰为其主要贸易伙伴，主要出口产品有椰干、可可和卡瓦等。

瓦努阿图的进口税率非常复杂，达 54 类，税率幅度从 0 至 207％不等。进口税中，消费品税率最高，平均达 37％，中间产品平均税率达 20％，资本产品税率为 10％。商品出口税一般为 3％，海产品和木材的出口税稍高。

瓦努阿图参与签订了三项重要的贸易协定：《南太平洋地区贸易与经济合作协定》（South Pacific Regional Trade and Economic Cooperation Agreement，SPARTECA）、《欧洲经济共同体——非洲、加勒比和太平洋（国家）洛美协定》（ACP – EC/LOME IVCONVENTION）和《欧盟普遍化优惠关税制度》（Generalised Soheme of Preferences，GSP）。这些协定与 23 个援助国家及组织相关，即欧共体、澳大利亚、新西兰、奥地利、保加利亚、加拿大、捷克、芬兰、匈牙利、日本、挪威、波兰、瑞士、美国等。2013 年，瓦努阿图正式加入世界贸易组织。

瓦努阿图是美拉尼西亚先锋组织贸易协定的成员，该组织由瓦努阿图、巴布亚新几内亚、所罗门群岛和斐济组成，秘书处设在瓦努阿图首都维拉港。美拉尼西亚先锋组织贸易协定已得到世界贸易组织的批准和认可。

一 外贸政策、管理体制及法律法规

瓦努阿图政府实行外向型外贸政策，鼓励私人企业出口。为鼓励竞争和促进出口，培育工业基础，建立更加自由开明的经济体系，瓦政府开始逐步取消保护性措施。1998 年 8 月，瓦政府开始征收增值税（12.5%），同时降低部分商品进口税率。

海关和税务局隶属财政部，负责关税和国内税务。贸易、工业和投资局负责国内贸易和工业，也参与进出口过程，负责多边和双边贸易谈判、贸易协定商签及外国投资。在海关当局向进口商提供关税减免之前，贸易局负责批准进口商品减免，减免对象一般是当地弱小的工业企业或从事出口的工商业公司。检疫局负责商品检验检疫。

与外贸相关的法律法规主要有以下 4 种。

①《出口税法》对 9 种出口商品规定明确的税率，即椰干、可可、咖啡、鱼、肉、贝壳、檀香木、鲨鱼鱼翅和木材，税率从 2% 至 15% 不等，其他商品的税率为 5%。

②《海关法》。主要内容包括入境港、申报、卸船、装船、付关税等规定。

③《进口税法》。主要内容包括海关进口税、以到岸价格征税、为发展农业减免进口税及支付办法。

④《货物进口法》。主要内容包括禁止或限制进口、减免进出口税费、违法处置、罚金等。

二 外贸税收政策

进口商品一律征收进口税，以增加财政收入，保护本国制造业，鼓励进口替代。对于已获批准的外资项目可申请免除贸易税；对于可申请出口退税的企业，政府鼓励它通过申请贸易税减免而非出口退税达到免税目的。

政府对进口商品设立如下通道。

①绿色通道。45 分钟内放行（指那些不会引起潜在风险，且不含违禁和限制物的进口商品）；

②黄色通道。1 天内放行（指那些关税代码错误或需要出示检疫证书或有谎报税额倾向的进口商品）；

③红色通道。3 天内放行（指那些需要立刻查验或存在高欺诈风险的进口商品）。

政府鼓励出口型投资项目，除未加工的贝壳和原木外，对其出口的商品或服务免征出口税，但文物出口要得到瓦努阿图国家文化中心的批准。关税从 2% 至 15% 不等。

为保护本国企业利益，瓦努阿图实行高进口税，如啤酒的进口税率达 230%、油漆 60%、果汁和冰淇淋 82%、鱼产品和家具 72%，乳酪 52%，蔬菜 48%。为降低高关税造成高成本的影响，生产商可申请减免资本货物、原材料和中间产品的进口税。税收减免事宜提交免税委员会受理初审，初审通过后，再由该委员会向财政部提出推荐，手续烦琐，费时也长。

除大米、面粉、鱼罐头和烟草产品外，其余进口无须办理许可证，个别商品禁止进口，如烟花等。

瓦努阿图的高关税是为了保持一个简单的税收体系，提高税收效率，同时弥补税收结构中因缺失所得税造成的损失，保证其世界离岸金融中心的吸引力，保护民族工商业。但是，高关税也产生了两个副作用：一是投资成本高，导致国际竞争力差；二是产生扭曲效应，即鼓励替代进口的生产，打击了出口积极性。高成本进口和进口替代品，以及所造成的高工资结构降低了出口商的赢利率和竞争力，限制了出口，阻碍了瓦努阿图经济的发展。目前，瓦努阿图政府已认识到了这些问题，正在国际社会的帮助下进行改革。

三　海关政策

1. 海关监管制度

（1）入境港管理。所有进入瓦努阿图的运输工具，包括船舶和飞机，必须直接进入入境港。除天气原因或特别许可外，没在入境港停靠的运输工具属违法停靠，将处 50 万瓦图以下罚款或 5 年以下监禁。海关署长有权逮捕上述违法行为人或扣留违法工具。每艘船舶的船长在到达瓦努阿图任何岛屿 4 海里之内，必须向上船的瓦有关官员提交一份申请，该官员则要检查申请的原件。将离开入境港或离开瓦努阿图的船舶的船长，要向港务局和海关递交离港申请。除非得到财政部部长的同意，船长不得到入境港之外的任何地方。

（2）装卸货物管理。从瓦努阿图或刚进入瓦努阿图然后直接出口的货物，只能在维拉港、卢甘维尔港或财政部部长同意的其他港口装卸。装卸时，只有在船内货物全部提出船外后，船外货物才能上船。在维拉港、卢甘维尔港或机场，必须在海关官员在场时，在正常工作时间装卸进出口货物。如出现人力不可抗拒的情况，需要在港口之外的地点装卸，须待海关服务具备后，在上午 6 点至下午 6 点由海关官员监督进行。除军舰外，海关官员可以登上并进入任何入境港的船舶，可以检查所登船舶的任何地方。

（3）仓库管理。进口到瓦努阿图的货物可以申报并存放在政府专用仓库或私人专用仓库，在出示进出口申报证明后，货物可以在仓库间转移。货物的主人为申报负责人。仓库的使用者只有在下列情况下才能免除申报责任：①支付关税后在国内消费的货物；②通过出口申报并由海关官员证实被装上船并出口的货物。在办理完存入政府仓库手续并经有关官员证实后，货物可由仓库负责官员放入政府仓库。如出现损失，仓库负责官员或瓦政府不承担任何损失或毁坏的责任。

2. 关税计征制度

各种关税和费用必须及时向海关局局长、副局长或财政部部长授权的任何其他官员交付。货物只有在交付关税后才能提货，而且必须在关税交付之日起 10 天内提货。

进口货物一般按照到岸价交付关税。以到岸价销售的货物，如买主与卖主是纯粹的商家关系，到岸价一般被视为缴纳关税的价格计算标准。不以到岸价销售的货物，其他费用将附加到发票价格上，使其达到到岸价的价格标准。对一些饮料和酒类，须交付 5% 的海关服务税。从应交关税之日起满 1 年后，不管出现任何借口，不再退还进口关税。

有些货物可以减免关税：一是经济免除类货物，包括财政部部长批准免除关税的货物、一般农业设备、养牛业设备、家禽农场设备、饲料和渔业设备；二是个人以特殊理由申请获得批准免除关税的货物；三是与非营利组织有关的物品，包括慈善品、纪念品、体育设备、制服、学校用品、为部落服务或自助而进口的货物等；四是其他类的一些货物，包括临时急需进口的货物，用于国防、卫生或福利的货物等。

3. 海关通关程序

瓦努阿图的海关通关程序很简便：第一步是进口商收到提单等有关单据后，支付 1000 瓦图，到船运代理公司查到货日期和税率，船运代理公司将在货物抵达后通知进口商；第二步是到海关购报关单并报关；第三步是到码头交码头费、集装箱费和拖柜费；第四步是凭报关单的海关回执到码头的海关仓库提货。

船长抵达瓦努阿图后的 24 小时内，在装卸货物之前，必须将船舶文件、申请原件、由他签字的译文递交并存放到海关局。任何进口到瓦努阿图的货物上岸之前，货主、进口商或其代理商都要按规定填写申报表格，向海关局详细报关，出示含以下内容的证明：货物性质、件数、唛头（运输标志）、号码和重量，商品来源、目的地和运输方法。不过，船舶在出示船舶申请原件后，也可以被授权卸货。同样，出口货物装船之前，也须按同样的申报方式报关。

第七节　投资

私人企业在瓦努阿图经济发展中也扮演着重要角色，它既增加了社会就业，为国家创汇，还增加了政府财政收入，因此政府鼓励发展私人企业。由于本国的私人企业投资不能满足经济发展的需要，瓦努阿图政府欢迎外商投资。为实现发展私人企业的承诺，政府在近几年对一些国家投资的企业实行了私有化，包括邮政局、航空局和港务局。

瓦努阿图投资促进局（The Vanuatu Investment Promotion Authority, VIPA）是瓦努阿图贸易、工业与商务部领导下的一个机构，1998 年由瓦努阿图议会《十五号法案》批准成立，其目的是快速有效地协调投资工作，创建良好的投资环境。根据《十五号法案》，在瓦努阿图境内的外国投资者必须遵守瓦努阿图法律，任何触犯法律的行为都会受到处罚。作为一个投资促进机构，投资促进委员会不断提高外商来瓦投资的积极性，并尽力满足感兴趣的投资者在信息方面的需求，帮助他们通过法定程序在瓦建立企业。

一 优先投资领域

瓦努阿图欢迎私人企业投资经济各个领域（少数涉及公共卫生和国家安全的行业除外），并将旅游业、农业、服务业和渔业列为重点优先投资领域。对这些优先投资领域，除减免关税外，政府未制定其他特殊的优惠政策。

1. 旅游业

瓦努阿图具有独特的民族文化和优美的自然环境，在过去的 25 年里，旅游业发展迅速。投资旅游业机会很多，也不需要行业执照，可以投资一些传统项目，也可以开辟新的旅游领域。

瓦努阿图旅游业的发展目标为：保护特有的文化、历史遗迹和自然环境；吸引更多的旅游者；扩大政府相关机构，保证在旅游规划、开发和市场化等方面提供高效服务；吸引更大规模投资，如建设主题公园、海豚公园、海底世界等。

瓦努阿图政府鼓励外商企业投资瓦旅游业，但以下活动仅限于瓦努阿图本国人来投资：

①年营业额低于 2000 万瓦图（约 18 万美元）的当地旅行社；

②投资额低于 5000 万瓦图（45 万美元）的当地旅游公司；

③商业文化节（如美拉尼西亚文化节、波利尼西亚文化节）；

④床位少于 50 张或房间数少于 10 间，或年营业额低于 2000 万瓦图（约 18 万美元）的旅店；

⑤年营业额低于 3000 万瓦图（约 27 万美元）的度假村；

⑥投资额低于 1000 万瓦图（约 9 万美元）或年营业额低于 2000 万瓦图（约 18 万美元）的酒店和汽车旅馆。

围绕发展旅游业，瓦政府设立了国家旅游业办公室（Vanuatu Tourism Office，VTO）和国家旅游发展办公室（National Tourism Development Office，NTDO）等机构。这些机构的职能是为投资者在旅游产品的规划、开发、培训等方面提供帮助，并负责为已获批准的旅游项目申请减免贸易税。

2. 农业

瓦努阿图属于热带和亚热带气候，可耕土地肥沃，适合开展农业、畜牧业和园艺生产，但被开发利用的土地只占可耕地的 1/3。瓦努阿图政府为了鼓励投资本国的农产品加工和出口，规定在农产品加工等领域投资，无须申请行业执照，所需厂房、机器、材料、设备、燃料等可申请减免贸易易税。

3. 服务业

瓦努阿图是"免税天堂"，对境外金融投资者具有很强的吸引力。政府欢迎和鼓励投资瓦服务业，但除了规定岛屿间的海运服务可减免贸易税外，对其他服务业的投资未制定特殊的优惠政策。

为了保护本国人的利益，瓦努阿图政府规定以下九项服务业仅限于本国的投资者：卡瓦吧、露天摊贩、手机商店、上门销售、出租车、公共汽车、私人保安、营业额低于 3000 万瓦图（约 27 万美元）的零售商店、船舶重量低于 80 吨的沿海航运等。

4. 渔业

瓦努阿图渔业资源丰富，目前渔业投资主要有远洋捕捞、垂钓、圆锥形螺壳和海参捕捞、观赏鱼贸易等。政府鼓励发展水产养殖，正在制订水产养殖发展计划。另外，在"加拿大南太平洋海洋发展计划"（Canadian South Pacific Ocean Development，CSPOD）的扶持下，"金枪鱼管理计划"也在制订中。

渔业投资项目可申请减免贸易税，免税项目包括船只和造船用原材料、燃料、机器、设备（包括船内外发动机和制冷设备）等。

5. 矿业

瓦努阿图拥有较丰富的矿产资源，包括稀有金属和锰。虽然自20世纪70年代起，已进行了大量的勘察和探测，但并无实际开采。根据1986年颁布的《矿产法》，矿产的勘察、探测和开采均需要执照或许可证。目前政府正在考虑对此法进行修订，以加强环境保护。矿产投资项目所需的厂房、机器、材料、设备和燃料也可申请减免贸易税。

6. 工业

瓦努阿图本国市场小，工业投资机会有限，但为了增加就业机会，政府为投资者提供关税优惠政策：用于生产和加工的原材料、机器设备可申请免贸易税，产品出口可免贸易税。瓦努阿图政府正对建立出口加工区进行可行性研究。

7. 林业

瓦努阿图林业资源丰富，年砍伐量为68000立方米，投资机会很大。政府鼓励建设人工林场，在桑托岛有大片可供租赁的土地。根据瓦努阿图《国家森林政策（2010～2020）》，林业部强调并鼓励在森林产业的投资，尤其鼓励投资种植经济价值高的树种，如檀香木、红木等珍贵树种，鼓励投资建立出口型森林产品基地。

瓦努阿图实施的林业政策包括：禁止原木和板材出口，尽可能使木材产品价值在本土最大化；为保护当地投资者的利益，小型锯木厂（年加工木材不超过500立方米）仅限于本国人投资经营；林业投资项目须取得由林业委员会颁发的行业执照，加工原木的执照费为每立方米100瓦图；所需的厂房、机器、材料、设备、燃料可申请减免贸易税。

二 投 资 保 证

为了更好地吸引外来投资，瓦努阿图政府对外方投资出台了一些保护措施，具体来讲，主要有以下六个方面。

（1）财产没收或征用。政府保证不会随便没收外商投资企业的财产，特殊情况下，可能会发生没收财产的情况，但必须以非歧视待遇为原则。财产的没收或征用必须符合《瓦努阿图外商投资促进法》及有关国际法

的相关原则和规定。

（2）知识产权。为保护本国的知识产权，2000 年政府通过了《版权及相关权利法》，但未正式颁布和实施。此法适用范围包括著作、演出、录音、播音和本土文化，不论其形式、表达方式、内容、质量或目的，著作权完全受到保护。

（3）国民待遇。除《外商投资促进法》外，在建立、扩大、经营和保护项目等方面，政府给予外国投资者与本国投资者同等的待遇。

（4）非商业风险。瓦加入了世界银行"多边投资保障机构"（Multilateral Investment Guarantee Agency，MIGA），该机构的职能是保护投资者免受货币转账、财产没收、战争和内乱等非商业风险。

（5）国别无差别待遇。政府对来自不同国家的投资者，在项目建设、扩大和经营等方面给予同等待遇。

（6）争端/纠纷的解决。投资者都希望有多种争端解决方式，但瓦努阿图只有法院判决一种途径，没有仲裁法。政府拟签署和批准《关于解决投资争议的华盛顿公约》① 或《承认和执行对外仲裁裁决公约》②。目前，外国投资者多通过"国际商会"（The International Chamber of Commerce，ICC）解决争端。2003 年 12 月，瓦努阿图与英国签署了关于促进和保护外国投资的协议，与其他国家（美、中、日、法、澳大利亚、新西兰、新喀里多利亚等）的相关协议也正在商谈中。

三 投资规定

瓦努阿图政府对投资行为做了规定，包括维护公共卫生和安全、环境

---

① 该公约又称《华盛顿公约》，是由国际复兴开发银行（世界银行）执行主任所共同制定的多边条约。公约于 1965 年 3 月 18 日签署，于 1966 年 10 月 14 日生效。公约旨在消除由非商业风险和缺乏应对解决投资争端的专业国际方法引起的主要障碍，避免影响私人投资的自由国际流动。公约将国际投资争端解决中心视作一个公正的国际论坛，它通过调解或仲裁程序为解决符合条件双方间的法律纠纷提供便利。只有在各方同意的基础上才会向国际投资争端解决中心寻求帮助。截至 2014 年 4 月，已经有 159 个国家签署该公约。

② 该公约又称《纽约公约》，1958 年 6 月 10 日联合国国际商事仲裁会议通过。

和建筑标准等。关于投资有两项特别规定，即对公司注册和营业执照的规定。

1. 公司注册

所有在瓦努阿图从事商业经营的公司必须根据 1986 年颁布的《公司法》进行注册，瓦努阿图财经服务委员会是负责公司注册的机构。注册费因名义股权资本的不同而异，名义股权资本为 3500 万瓦图或以下的公司注册费为 3 万瓦图，名义股权资本大于 3.5 亿瓦图的公司注册费为 25 万瓦图。

2. 营业执照

所有在瓦努阿图从事经营活动的企业必须持有营业执照。营业执照由海关与国家税务局负责管理，申请营业执照是公司注册程序的一部分，只要按期支付年费，且持有人未违反相关规定，执照即可自动续延。

企业须按年支付营业执照费，费用因企业类型和营业额不同而异。商业银行和其他金融机构须分别支付最低执照费 5253000 瓦图和 315180 瓦图，保险公司和其他专业服务机构（零增值税）须支付相当于 5% 营业额的执照费。

表 4 - 5 瓦努阿图一般企业营业执照年费标准

序号	营业额	营业执照年费
1	1000 万瓦图以下	20000 瓦图
2	1000 万 ~ 5000 万瓦图	50000 瓦图
3	5000 万至 2 亿瓦图	250000 瓦图
4	2 亿瓦图以上	1000000 瓦图

四 外商投资审批

瓦努阿图政府欢迎外商来瓦投资，但为保护本国投资者利益，须评估外商投资申请的经济可行性和投资者的资信。瓦努阿图政府规定，某些投资活动仅限于本国投资者，如小型零售商店、旅行社、岛屿间贸易、手工艺品制作、私人住宅建设、近海捕捞作业等投资活动。

1. 外商投资管理

到瓦努阿图投资,首先要填写瓦努阿图的外国投资申请书(Foreign Investment Application Certificate,FIAC)。为执行外商准入政策,所有外商投资项目均须向瓦努阿图投资促进局提出申请,该委员会将审批该项目是否属于被限制或禁止的投资行为,并评估其经济可行性和投资者的资信。如果申请材料齐全,瓦努阿图投资促进局将于收到申请资料的 15 个工作日内做出是否颁发执照的决定。

瓦努阿图的外国投资申请书因其投资目的不同,共分三类:①新投资申请书,即用于获得新投资项目的外国投资申请书;②变更投资申请书,即用于变更经营企业名称、所有权、经营范围及经营地点的申请书;③更新投资申请书,即用于更新已经存在的外国投资申请书。

2. 外商投资许可执照

外商投资许可执照有效期为 12 个月,每年须办理延期,投资者须按期缴纳年费并遵守相关规定。外资项目许可执照申请费依据投资规模而定,执照延期费为 5000 瓦图/年。

表 4 - 6　瓦努阿图外资项目许可执照申请费标准

序号	投资金额	执照申请费
1	1000 万瓦图以下	15000 瓦图
2	1000 万 ~ 5000 万瓦图	25000 瓦图
3	5000 万瓦图以上	50000 瓦图

每位外资项目许可执照持有人可获得至少两个居住证、两个工作许可证、两个营业执照和两个协商租赁土地证书,并可申请免除增值税和进口关税,前提是投资者必须遵守当地法律。

五　土地的获取

根据 1980 年的《宪法》,一切土地为瓦国人所有,外国人不能购买。但 1983 年颁布的《土地租赁法》允许投资者租赁土地,期限最长为 75

年（以经营商业为目的）或 50 年（以经营农业为目的）。租赁条件通常每五年评估一次。

由于瓦努阿图特有的历史原因，政府认识到在划分地界和确认土地所有权问题上存在一定难度，这样做妨碍投资者的投资积极性，损害投资者的权益（市中心以外地区可能存在出租转让土地使用权的二级土地租赁市场），于是政府保证以生产为目的的投资者能够依法获取土地的使用权。同时，政府还采取措施，保护瓦努阿图社会习俗中认为的土地惯常所有者的利益。

对于不存在土地租赁二级市场的地区（通常为农村地区），要获得土地应遵循以下程序。

（1）投资者确认适合的投资地点（政府可提供一些帮助）。

（2）通过土地局取得土地管理与发展委员会批准的土地交易证书，允许投资者与土地惯常所有人进行土地租赁谈判。土地局可帮助投资者确认惯常所有人的身份，若所有权不明确，则须根据 2000 年颁布的《土地仲裁法》进行裁决。

（3）征得土地惯常所有人的同意后，可由瓦努阿图土地测量局对土地进行登记、勘察，勘察完毕后，可通过土地局或土地局认可的私人代理签订租赁合同。租赁合同一旦签订，须在土地局办理登记注册。租赁合同中的"开发条款"要求，如租赁协议有效，则必须对土地进行开发。为保证对土地的合理开发，政府出台了一项新政策，即允许续签现有租赁合同，以保证 75 年的租赁期限。

租赁土地要向政府缴纳一定的费用，如注册费（数额为未改良土地资本价值的 2%）和印花税（数额为未改良土地资本价值的 5%）。

六　雇员管理

1. 当地雇员

瓦努阿图政府重视保护本国雇员的利益，1983 年分别颁布了《就业法》《工会法》《贸易纠纷法》《最低工资法》。目前正重新审议《工会法》和《贸易纠纷法》，使之与现行的国际通行惯例相一致。另外，《产业关系/劳资关系法案》在 2005 年报请议会得到批准，取代了当时实行的有关法律。

《雇员赔偿法》于 1987 年首次提请议会，2004 年 4 月获得批准，2005 年 2 月完成了综合审议，于 2006 年开始实施。《就业法》详述了政府的就业政策，包括雇佣合同、工资、工作时间、加班工资、年假、病假、安全防范措施、医疗设施、解除就业合同、解雇和遣返雇员等规定。"劳工顾问和最低工资委员会"在 2005 年内恢复运行。2012 年 12 月，瓦政府对《最低工资法》进行修改，规定私人企业雇员最低工资标准为30000 瓦图/月（约 323 美元）。①

2. 外籍员工

政府希望通过外资增加本国就业，但由于瓦努阿图本国人受教育程度普遍较低，政府允许外资企业雇用外籍员工。但是，在瓦努阿图工作的外籍员工（自己管理投资的外商投资者除外）均须取得瓦政府颁发的工作许可证，并不得从事其他仅限于瓦努阿图本国公民的职业。政府在颁发外资企业营业执照时会自动授予两个工作许可证，若需要增加，投资者可另申请。

政府对外籍员工工作许可证的颁发及期限有严格控制，并要求外资企业增加当地就业、培训当地雇员（投资者可向劳工署长申请免予培训当地雇员）。通常情况下，外籍员工工作许可证期限为 1 年，须每年办理延期；临时工作许可证最长期限为 4 个月。颁发外籍员工工作许可证要收取高额费用，收费标准如下：正常工作许可证申请费为 1 万瓦图；延期费每年 20 万瓦图；期限 1 天至 1 个月的临时工作许可证，收费为 1 万瓦图；期限 1 天至 4 个月的临时工作许可证，收费为 4 万瓦图。

为取得外籍员工工作许可证，雇主须向劳工署长提出申请，五个工作日内给予回复；在申请时，雇主须声明所需职位已在当地刊登招聘启事，且应聘的当地人员均不符合条件。在决定是否颁发许可证时，劳工署长要考虑以下因素：雇主的职业记录，所需职位是否符合瓦努阿图法律，雇主

---

① http：//en. wikipedia. org/wiki/List_ of_ minimum_ wages_ by_ country, Dctober 6, 2013.

培训当地人员的能力，外籍员工本人的资格和工作经验，申请职位是否为规定仅限于本国公民的职位。

3. 居住许可

瓦努阿图政府感谢在瓦居住的外国人为瓦努阿图经济发展所作的积极贡献。对于欲在瓦努阿图居住、管理投资且取得了许可证的投资者，政府将发给居住证。在外资企业工作的外籍员工也可申请居住证（护照有效期须 6 个月以上）；另外，退休人员也可申请居住证，条件是每个月向瓦努阿图的银行账户汇入相当于 30 万瓦图的款项。

瓦努阿图内政部移民局负责为外国投资者发放居住许可证。所有的居住许可申请都在瓦努阿图首都维拉港的移民局总部审核，但是申请者可以在位于卢甘维尔市和伊桑埃尔市的移民局外岛办公室获得居留许可的信息并提出申请。

居住许可证按年发放，延长期最长 3 年，年费为 2 万瓦图。在申请居住证时，考虑到公共医疗卫生和安全，申请者须提供医疗及无犯罪记录证明（如可能，须提供工作许可文件和投资局颁发的投资许可）。另外，为证明投资者的资信情况，申请者还须提供其银行账户细节（在瓦银行至少有 500 万瓦图存款），存入相当于遣返外籍员工往返机票款的款项，并支付 10 万瓦图申请费。通常情况下，居住许可证的持续时间与外国投资许可证的持续时间相关。但是，如果一位外国投资者在瓦投资数额较大，并具有良好信誉，也可以得到时间更长的居住许可证。

七　优惠政策

瓦努阿图不征收公司所得税。为鼓励外商企业在瓦投资，政府提供了一系列优惠政策，如减免贸易税，适用的进口商品和设备包括：用于生产或加工的进口产品；用于农业、园艺、畜牧或森林项目的进口产品；用于岛屿间航运的进口产品；用于旅游发展项目的进口产品；用于矿产勘探和开采项目的进口产品；渔业设备。

申请减免贸易税的程序是：①投资者向相关主管部门或瓦努阿图投资促进局递交申请；②主管部门签署意见并提出建议，交给海关署长；③海

关署长做出最终决策。

贸易税减免须每年申请，可延期。

用于生产、加工、矿产勘探和开采项目的进口原材料及资本货物可申请免除贸易税，对于其他项目的进口产品一般可减免不低于5%的贸易税。

目前瓦政府正重新审议投资项目税收减免的合理性和程序，使其能够得到更加公平、高效和有效的执行。

此外，瓦努阿图还为大型项目投资制定了优惠政策。大型投资项目系指2005年1月后开始运营且总资本在10亿瓦图（约合909万美元）以上的投资项目。具体优惠政策包括：免除项目初期土地和建筑物的印花税、注册费；免除为项目建设而进口的机器、设备和材料的进口关税和增值税（不包括车辆和船舶）；对于赌场项目，经营第一年（从开始经营之日起计算）可免除赌场税；项目经营的前3年对外籍员工人数无限制；旅游项目的市场开发适用《瓦努阿图旅游法》。

八 环境保护

瓦努阿图政府认识到本国自然环境的内在价值，重视对环境的保护、管理和可持续发展，于2002年制定并颁布了《环境管理和保护法》，旨在建立并实行一套综合的国家环境保护规划。

《环境管理和保护法》要求，对环境、社会或风俗造成或有可能造成重要影响的投资项目必须进行环境影响评估，具体包括：①外在影响，即是否会导致地貌或河道的变动；②社会或文化影响，即是否会改变本地人的生活或生活方式；③经济影响，即是否有持续创收能力；④环境或生态影响，即陆上活动是否对珊瑚礁造成影响。

《环境管理和保护法》还规定，从事生物勘探的投资项目要持有生物多样化顾问委员会颁发的许可证。

第五章

社会与文化

第一节　国民生活

多数瓦努阿图人都过着传统的村居生活。尽管瓦努阿图国民的总体生活水平不是很高，但是瓦努阿图人重视亲情，崇尚分享，家庭关系紧密，邻里和气，族人共享资源，人人参加决议。多代同堂的家庭制度能够确保没有村民会挨饿，所以瓦努阿图人普遍有归属感和安全感。街上见不到流浪的孩子和饥饿的乞丐。每逢重大节日，城里人会倾其所有，买来稀奇之物回岛与族人分享，感受"大家庭"的温暖。因此，在 2006 年英国新经济基金会关于全球 178 个国家及地区"幸福指数"的排名中，瓦努阿图荣登榜首，成为世界上"最幸福的国度"。①

在瓦努阿图的本土文化中，酋长一直占有较高的社会地位，但总体上看，酋长与普通人之间的差距不是很大。一般来说，个人及其家族对某一头衔的拥有通常表现在舞蹈服装、饰品及建筑等细节上的差异，经济上的不平等并不明显，因此瓦努阿图社会中的阶级分化并不明显。近年来，在受过教育的人与未受过教育的人之间、在城市就业的人和仍从事传统农业的人之间的经济差距正在扩大。但是中产阶级的人数仍然相对较少，居住在城市的人与自己的乡村仍然保持紧密的联系。

妇女主要还是局限于传统文化中的从属角色，多数婚姻中都有一个

---

① http：//news. bbc. co. uk/2/hi/science/nature/5169448. stm/2012 - 09 - 28.

"新娘价格"，即新郎支付给岳母家的彩礼。正是因为这笔彩礼，男人常把妻子当作自己的私人财产。一般来讲，妇女无权拥有土地。村庄的酋长通常会强化女性的这种从属性质。在瓦努阿图的政府机关、商业机构与宗教团体中几乎没有女性领导人。随着政府削减政府雇员，相当一部分妇女失业。针对女性的暴力，尤其是家庭暴力非常普遍，但是许多女性并没有报警，因为她们担心报警会导致自己受到进一步的侵害。她们不了解自己应有的权利，政府也没有专门机构来支持家庭暴力的受害者。

瓦努阿图的社会保障制度还很不完善，但是基本实现了免费医疗。政府的公积金系统为老年人、残疾人提供少量的补助。工人上缴工资的4%、雇员上缴工资的6%给公积金系统，55岁时开始领取退休金。

第二节　医疗卫生

良好的健康状况是人类可持续发展的关键，一个国家的医疗卫生水平是影响其长期经济发展的重要因素。近年来，瓦努阿图政府日益重视国家的医疗卫生发展。瓦努阿图政府下设卫生部，负责保障和提高国人的健康状况及国家整体医疗卫生服务水平。但是，瓦努阿图岛屿众多，各岛屿人口密度差异较大，使得政府在提供医疗卫生服务方面面临很大挑战。

2004年，瓦努阿图政府制订了《2004～2009年医疗卫生服务五年总体规划》，目标是在全国范围内普及基本医疗卫生服务，提高服务水平，改善人民健康状况。卫生部也制订并完成了《2004～2006年战略规划》，重点是加强各部门的协调管理，确保提供高效服务，使人民享有同等医疗卫生服务，改革药品供应体制，提高医院医疗水平，加强医疗信息系统建设，加强与其他国家和世界卫生组织的合作，扩大和发展公共医疗等。

瓦努阿图现有四类医疗卫生服务机构，即医院、卫生所、诊疗所和救护站，由卫生部负责管理，世界卫生组织和其他一些志愿机构也为这些医疗机构提供援助。卫生部还负责为救护站提供人员培训、药品和基本的医疗设备。

瓦努阿图的卫生系统也以南、北划分。维拉港市中心医院负责南部地区医疗卫生，同时在该医院还有英、法、澳、美等国的十几名医务人员。瓦努阿图第二大医院——北方医院位于卢甘维尔市，为卢甘维尔市和附近农村地区提供医疗服务。此外，该医院还为瓦努阿图北部邦克斯群岛等岛屿的居民提供服务。由于医院从政府得到的援助资金不足，医院的运行在很大程度上依赖澳大利亚、新西兰和中国援助。

目前瓦努阿图拥有 5 所医院（其中维拉港市中心医院规模最大，社区基本护理人员的培训多在维拉港的医院进行）、27 个卫生所、74 个诊疗所和 180 个救护站。

近年来，瓦努阿图医疗卫生水平和居民健康状况有很大改善，人口平均寿命由 1979 年的 55 岁提高到 1999 年的 68 岁（男 67 岁、女 70 岁），80% 的人口可享受基本医疗服务（城市人口 100%、农村人口 75%）。1999 年瓦努阿图人口普查报告指出，由于妇女和儿童健康状况的改善，婴儿和 5 岁以下儿童死亡率与 1967 年首次人口普查相比有显著下降，由 1967 年的 123‰降到 1995 年的 27‰。2005 年，瓦努阿图新生儿死亡率为 55.16‰；人口出生率为 24.8‰，远远高于当年的人口死亡率 8.3‰。据瓦努阿图政府 2009 年统计，2009 年瓦努阿图人口年增长率为 2.3%，女性平均预期寿命为 72 岁，男性为 69 岁，65 岁以上人口占总人口的 3.5%。2011 年瓦努阿图人口出生率为 31.1‰，从人口增长模式来看，还处于原始型，即高出生率同时又高死亡率。瓦努阿图有 12% 的人口平均寿命低于 40 岁，农村地区交通不便，病人就医困难，农村医疗卫生条件差，婴儿死亡率和产妇死亡率较高。[①]

疟疾是瓦努阿图最严重的一种疾病，其他比较严重的疾病包括麻风病、肺炎、丝虫病和性病。随着瓦努阿图的经济发展和外来文化及生活方式的影响，目前在其他国家流行的由于生活方式不健康引发的疾病，如糖尿病、心脏病、肥胖症、癌症等在瓦努阿图也呈现上升趋势。

---

① http：//apps. who. int/gho/data/view. country. 21100.

近几年，瓦努阿图人口年均增长率为2.3%，与所罗门群岛并列太平洋地区第一；15～24岁人口已占总人口的20%；总和生育率为4.1，居世界第四位；产前保健覆盖率为98.1%。[①] 虽然瓦努阿图积极参加国际人口发展会议行动计划，并于2011年制定了国家人口政策，但也存在政策执行缓慢、政策执行效果不好、政策更新不力、生殖健康政策缺失、相关数据统计质量不高等问题。

人口不断增长，对医疗服务的需求不断增加，需要政府在医疗卫生领域拨付更多预算资金，但由于瓦努阿图经济发展缓慢，政府面临巨大的财政压力。

表5-1 瓦努阿图国民卫生状况

项目	数据（2011 年）
人口总数	247000
人均国民总收入（PPP 国际美元,2011 年）	4330
男/女平均预期寿命（岁）	71/74
5 岁以下儿童死亡率（每一千活产儿）	13
15～60 岁男/女死亡率（每一千人）	166/117
人均卫生总支出（PPP 国际美元,2011 年）	191
卫生总支出占国内生产总值的百分比（%）	4.1

资料来源：http：//apps. who. int/gho/data/view. country. 21100。

第三节　教育

瓦努阿图自1980年独立后，多次就教育方面的问题进行立法。1999年通过的《瓦努阿图国家培训委员会法案》设立了瓦努阿图国家培训委员会，来保证职业技术教育的完整性和所提供课程的质量。2001年通过的《教育法案》是瓦努阿图教育方面立法的核心，该法案指出教育部必

[①] Jonas Cullwick，" Vanuatu has highest annual population growth rate in the Pacific," *Vanuatu Daily Post*，July 8，2014.

须与其他机构合作，确保能够为民众提供受教育机会，其目标是改善教育质量，增加民众获得受教育的机会，同时考虑到可利用资源并强调传统文化和信仰。同时，该法案也强调增加毕业生接受培训的机会和就业机会。2006 年修改的《宪法》规定，瓦努阿图教学语言为英语和法语。

瓦努阿图教育部位于首都维拉港，并在所属 6 个省设省级教育办公室。自 2001 年《教育法案》颁布以来，瓦努阿图教育部已经与各级学校通力合作，保证为民众提供更多、更好的受教育机会。

一　教育体系

瓦努阿图的学校分两种：公立学校与非公立学校。公立学校归省级教育办公室管理，而非公立学校则归其他通过政府认定的教育机构管理。每个学校都有自己的校务会或委员会，为校长提供管理帮助。所有学校必须设置国家规定的课程，并达到国家要求的课程建设标准。

瓦教育部由瓦努阿图国家培训委员会（the Vanuatu National Training Council，VNTC）、国家教育委员会和国家教育咨询委员会组成的咨询委员会监管。瓦努阿图国家培训委员会负责审批认可职业技术教育项目提供的课程，并支持推动政府对职业技术教育的总体规划的实施，制定并实施国家统一的培训标准框架和质量标准，以保证课程质量和职业技术培训资格的统一性；国家教育委员会负责在选拔优秀学生继续深造时，保证统一使用学校对学生的评价结果，并授予国家认可的教育文凭；国家教育咨询委员会负责监管教育政策和实践的有效性。同时，教堂和其他教育机构负责管理其所属学校。最终，教育部和各省的教育办公室为所有学校提供领导、管理、监控和评价服务。

瓦努阿图教育体制发展不充分，主要是由于英法共同托管的历史遗留问题，造成了瓦努阿图双语教育体制的推行。这种教育体制比单一语言教育体制需要更多的教育资源和经费支持，而瓦努阿图恰恰缺少这些资源和经费。因此，瓦努阿图教育体制最主要的问题是，全国大约 2/3 的儿童在完成了 6 年的小学教育后，因为初中阶段学校匮乏而被迫辍学。其他问题还包括中学师资紧缺、私立学校缺乏办学经费和资源、教师进修的资助不

足、过时的英法制小学教育等。

2015 年，瓦努阿图全国 15 岁以上人口识字率为 85.2%①。2009 年政府用于教育方面的开支占国内生产总值的 5.01%②，占政府总支出的 18.72%③。

1. 学前教育

瓦努阿图的学前教育一般在儿童 3 岁时开始，持续 3 年；学前教育机构的运行由学生家长和社区负责监管。

瓦努阿图政府意识到学前教育对儿童发展和后期学习的重要性。尽管当前一些非政府组织和社区组织积极提供学前教育，但瓦努阿图政府已计划进一步加强对这一领域的介入，如已经把设立全国性的学前教育课程和师资培训需要列为教育部首要关注的问题之一。此外，教育部越来越关注如何开发制订学前教育综合框架，计划在学前教育中，要有两年时间用当地语言进行教育。

2006 年，瓦努阿图有 700 多所学前教育机构，但入学率只有 57%，男性儿童与女性儿童入学率也略有差距（男性儿童为 58%，女性儿童为 56%）。④ 许多家庭不能送适龄儿童参加学前教育，其中一个重要原因是学前教育收费高昂。但瓦努阿图学前教育入学率总体上呈不断提高的趋势。

瓦努阿图学前教育现存的主要问题是：师资匮乏，缺少教学设备和安全设施。多数从事学前教育的教师没有接受过中学教育，也没有进行过早期儿童教育方面的培训。据瓦努阿图政府报告，2008 年学前教育师资中只有 47% 的教师具有从业资质。有些学前教育机构附属于小学，但许多教学地点是光线和通风都很差的茅草房，里面几乎没有儿童玩具和其他教学用品。近年来，瓦努阿图教育部开始着手改善学前教育机构的教学条

---

① http：//www. cia. gov/library/publications/the-world-factbook/fields/2013. htm. 2015 – 07 – 16.
② http：//data. uis. unesco. org/index. aspx？ queryid = 181&lang = en. 2015 – 07 – 16.
③ http：//data. uis. unesco. org/index. aspx？ queryid = 181&lang = en. 2015 – 07 – 16.
④ http：//www. unescobkk. org/education/resources/country – profiles/vanuatu/education – sector – overview/2013 – 05 – 14.

件，加强对教学师资的培训。①

瓦努阿图政府不为学前教育提供资金，但是瓦努阿图全国学前教育协会（Vanuatu Eli Jaelhud Asosiesen，VEJA）监管超过 500 所学前教育机构。该协会是由志愿者管理的一个非政府组织，为瓦政府、教育部提供学前教育政策咨询和师资培训。瓦教育部设有一个全国学前教育协调员，负责与瓦努阿图全国学前教育协会紧密合作，为各学前教育机构协调员提供资金支持。政府和瓦努阿图全国学前教育协会支持学前教育师资的培训，与其他一些非政府组织在全瓦六个省份的学前教育工作中进行了成功合作。②

瓦努阿图在其《2007～2016 年教育战略》中提出，要开发全国学前教育课程，开展学前教育师资培训项目，保证每个儿童都能享受学前教育。

2. 基础教育

瓦努阿图的基础教育包括小学教育、初中教育和高中教育：8 年的小学教育（6～13 岁，即 1～8 年级），2 年的初中教育（14～15 岁，即 9～10 年级）和 2 年的高中教育（16～17 岁，即 11～12 年级）。各阶段的升学由国家升学考试决定，学生分别要在 6 岁、13 岁、15 岁时参加。③ 除了几个偏远的部落地区，瓦努阿图大部分地区普及小学教育，学校的教学语言为英语或法语。

瓦努阿图目前有 440 多所小学、近 80 所中学和技术学校，其教学语言分别为英语或法语。除了政府管理的学校外，还有一些由非政府机构如教会管理的学校，但这些学校基本上还是由政府提供办学资金。学校可以自由选择英语或法语作为本校的教学语言，但都使用相同的教学大纲。

---

① http：//www.unescobkk.org/education/resources/country - profiles/vanuatu/early - childhood/ 2013 - 05 - 14.

② http：//www.unescobkk.org/education/resources/country - profiles/vanuatu/early - childhood/ 2013 - 05 - 14.

③ UNESCO 2008，*National Education Support Strategy（UNESS）2008 - 2013 for the Republic of Vanuatu*，UNESCO Office in Apia，Cluster Office for the Pacific States，May 14，2013.

（1）总体状况。

据 2003 年统计数据，瓦努阿图适龄儿童的入学率为 94%，其中约 96.2% 的入学儿童能够完成小学学业；小学的师生比为 1∶23，私立学校的入学人数占所有入学儿童人数的 3.8%；中学的师生比为 1∶16，私立学校的入学人数占所有入学人数的 20.6%。性别方面，男女学生的入学率较平衡，在初中教育中，女性学生占适龄学生的比例甚至要高于男性（女性学生占 47%，男性学生占 42%）。[①]

尽管瓦努阿图小学入学率几乎达到 100%，但各层次教育的质量和中学入学率还是不尽如人意。瓦努阿图小学毕业生的初中入学率低于 50%，其中最重要的原因是初中学校的数量少，而且从地域上看比较集中，25% 的初中学校（其入学人数占瓦努阿图初中入学人数的近 40%）位于谢法省。[②] 初中学校数量有限加上各岛之间距离较远，缺少方便的交通条件，使得小学毕业生很难进入初中学习。此外，教育资金与人才资源有限，国家和省级政府之间在教育方面缺乏交流，也是造成瓦努阿图初中入学率低的重要原因。

（2）教学质量。

尽管瓦小学适龄儿童入学率接近 100%，但教育质量一直是瓦努阿图各层次教育面临的重大问题。首先，瓦努阿图小学学生的重复学习率（即留级率）接近 14%，[③] 表明教育制度不能有效推动学生学习。导致瓦努阿图教育质量低下的另一个原因是师资力量和教育资源的缺乏，尤其在偏远地区和农村地区，多数学校水、电、通信设施和交通设施缺乏。此外，瓦努阿图学校教学大纲与社会实际严重脱节，许多学生毕业后无法找

① http://www.unescobkk.org/education/resources/education – system – profiles/vanuatu/ basic – education/2013 – 05 – 14.

② The World Bank, *Opportunities to Improve Social Services in Vanuatu*, *Summary Report*, The World Bank Human Development Sector Unit East Asia and Pacific Region Washington, D. C., USA, 2006.

③ The World Bank, *Opportunities to Improve Social Services in Vanuatu*, *Summary Report*, The World Bank Human Development Sector Unit East Asia and Pacific Region Washington, D. C., USA, 2006.

到工作；学校教学语言的多样化也在考试、教材、学生择校和师资等方面制约了瓦努阿图基础教育的发展，影响了教学质量。

（3）基础教育的管理。

瓦努阿图六个省份的省教育委员会监管政府学校的运行，但非政府学校由国家指定的相关教育机构监管，每个学校都有一个学校委员会来辅助校长管理学校。政府学校和非政府学校的资金都由政府提供，所有学校必须使用国家教学大纲，并达到国家的标准和要求。[①]

（4）基础教育发展策略。

《瓦努阿图 2007～2016 年教育战略》提出了瓦努阿图基础教育的目标：普及小学教育；加强学生在识字、语言和计算方面的能力；提供更加可行的教学大纲、教学资料和评价模式；为所有学校提供高水平的师资和相关的物资，加强教师职业培训；使所有学校的教育、管理和设施能够在较低层次上可持续运行，能够提供安全舒适的学习环境，不断改善学校服务；在以绩效为基础的管理模式下，逐步建设更有效、更负责、更透明、管理更好、权力下放的教育体制；加强国家、省、地区教育机构之间的伙伴关系，建立具有更大自治权的学校团体。[②]

3. 高等教育和职业教育

瓦努阿图的高等教育，尤其是医疗和技术方面的高等教育，基本上是通过挑选学生到斐济、澳大利亚或新西兰的高校学习的方式完成，瓦努阿图国内的高等教育在南太平洋大学（University of South Pacific）进行。南太平洋大学作为一所地区性大学，在许多太平洋国家设有分校园，包括瓦努阿图的维拉港校园。瓦努阿图学生可以在南太平洋大学注册，在自己选择的校园选修课程。

南太平洋大学在瓦努阿图的分校位于首都维拉港，主要设有四个专

[①]　The World Bank, *Opportunities to Improve Social Services in Vanuatu*, *Summary Report*, The World Bank Human Development Sector Unit East Asia and Pacific Region Washington, D. C., USA, 2006.

[②]　http://www.unescobkk.org/education/resources/education - system - profiles/vanuatu/basic - education/2013 - 05 - 15.

业：法学、太平洋地区语言学、经济学和教育学，每学期在校生人数为900～1200人。除了维拉港的中心校区之外，南太平洋大学还在桑托岛、坦纳岛和马勒库拉岛设有教学点。

同时，南太平洋大学也发挥大学服务社会的功能，为瓦努阿图提供技术和职业教育培训（Technical and Vocational Education and Training, TVET）。瓦努阿图农业学院、瓦努阿图海洋学院、瓦努阿图教育研究院、瓦努阿图理工学院等高校也提供职业技术培训，其中瓦努阿图理工学院在瓦努阿图职业技术培训项目中发挥着重要作用，并已经为维拉港当地和国家级的技术与职业教育培训作了战略规划。

瓦努阿图政府已经意识到应该加强职业技术教育培训与高等教育工作。目前，负责实施职业技术教育最重要的政府机构是瓦努阿图国家培训委员会。它负责创建国家培训体系框架，认定职业技术教育的质量标准和课程，监控培训质量，具体的操作由教育部和青年发展与培训部（Ministry of Youth Development and Training）来完成。教育部负责监管瓦努阿图所有由政府主办的正式职业技术教育；非正式的职业技术教育由国家青年发展与培训部管理，这些培训多以社区为基础来组织，或者由私营企业来组织运作，它们对于提高瓦努阿图大多数农村人口职业技术水平发挥着重要作用。瓦努阿图理工学院是职业技术教育的具体实施者，它分别通过教育部和青年发展与培训部为全国的正式和非正式教育培训制定政策和整体规划。

但是瓦努阿图的高等教育和职业技术教育存在许多问题。首先，受岛屿分散这一地理条件的限制，高等教育的全部注册人数只有相应年龄段人口的5%。其次，男女学生接受高等教育、职业技术教育的机会不均等，能够注册接受高等教育的人口，男性约占总人口的6%，女性约占总人口的3%。再次，残疾人进入高校和职业技术学校面临许多障碍。最后，对于贫困家庭的学生来说，学费和杂费则是接受高等教育和职业技术教育的另一个主要障碍。

瓦努阿图高等教育和职业技术教育不能满足瓦努阿图的企业生产和社会发展的要求，提供的教育和培训内容不能与社会需求接轨，造成许多毕

业生从学校到工作岗位的过渡非常困难，因此许多毕业生无法找到工作。尽管如此，近年来，高等教育和职业技术教育的注册人数还是呈现上升趋势。

4. 非常规教育

瓦努阿图的非常规教育项目数量繁多，但比较分散。提供非常规教育的机构包括教会、非政府组织、政府机构、私人企业和南太平洋大学等。多数项目旨在帮助女性和农村地区的人口获得劳动技能，因此，乡村培训中心（Rural Training Centres，RTC）作为瓦努阿图年轻人学习社会急需技能的场所，就成为瓦努阿图非常规教育的重要组成部分，其联盟组织为瓦努阿图农村开发与培训中心联合会（The Vanuatu Rural Development and Training Centres Association，VRDTCA）。瓦努阿图青年发展与培训部作为政府机构，负责联系各非政府培训机构。但是，没有统一的国家政策来具体组织这些非常规培训项目，多数培训项目得不到政府的资金支持，其主要资金来源是社会团体和个人的捐助。

瓦努阿图非常规教育面临的主要问题是缺少政府资助和统一管理，这导致非常规教育缺乏连贯性。不过，自 2004 年以来，瓦努阿图非政府组织协会（Vanuatu Association of Non – Government Organizations，VANGO）开始协调包括非常规教育提供机构在内的各非政府组织之间的关系，力求提高瓦努阿图非常规教育的质量。①

5. 独立后的师范教育

1980 年初，新赫布里底的师范教育从马拉坡学院分离出来，成立了新赫布里底师范学院。瓦努阿图独立之后，该校改名为瓦努阿图师范学院，其生源主要为初中毕业生。

1981 年，原法属师范学校与卡温努师范学院合并到瓦努阿图师范学院，成为瓦政府领导下的第一个同时使用法语与英语两种教学媒介语言的师范学院。该学院在 1983 年前用英法两种官方语言为学生提供时间不等

---

① http：//www.unescobkk.org/education/resources/education – system – profiles/vanuatu/non – formal – and – informal – education/2013 – 05 – 13.

的课程教学，包括教师岗前课程和在岗课程。1983 年至今，学校提供为期两年的英语和法语基础教育项目。自 20 世纪 80 年代末起，参与基础教育项目的学生都是已经完成 12 年教育的中学毕业生。

1984 年，瓦政府成立了瓦努阿图教育研究院（Vanuatu Institute of Education），并把瓦努阿图师范学院改名为瓦努阿图教师教育中心，作为瓦教育研究院的一部分。20 世纪 90 年代末，瓦努阿图师范学院重新成为独立的学校，该学院的院长和由 11 人组成的学院委员会负责学校的监督与管理。

1987 年以来，法国政府一直资助瓦努阿图培训初中教师，主要依托瓦努阿图国立技术学院和卢甘维尔的安托万公立中学（Lycée Antoine de Bougainville）开展培训工作。1995 年之后，以法语为教学媒介的教师培训工作开始转到瓦努阿图基础教育培训中心。

1991～1993 年，由瓦努阿图政府、世界银行和澳大利亚政府资助的 55 名学生接受了以英语为教学媒介的教师培训。此后的几年间，瓦努阿图政府停止了以英语为教学媒介的教师培训。2000 年，瓦努阿图政府开始实施瓦－澳中学教师培训工程（the Vanuatu－Australia Secondary Teacher Education Project，VASTEP），培训以英语为教学媒介的教师。2001 年，瓦努阿图全国的教师培训首次在本国得到保障，首批接受瓦－澳中学教师培训工程的学生开始毕业，并面向全国招收 200 名学生接受完整的教师教育，因而 2001 年也成为瓦努阿图教育史上划时代的一年。

1997 年 5 月，瓦努阿图师范学院遭受了严重火灾，法国政府和澳大利亚政府帮助瓦努阿图政府在师范学院重新建立了现代化的管理大楼和餐厅。1999 年，在欧盟的帮助下，瓦努阿图师范学院的基础设施得到进一步改善，建立了拥有计算机设备的现代化图书馆，并在当年新生入学时投入使用。欧盟－瓦努阿图教育发展工程（The European Union Vanuatu Educational Development Project，EUVEDP）还援助瓦努阿图师范学院建设了全新的科学楼和更多的教室，扩大了宿舍面积。2001 年，澳大利亚政府援建了 6 座教工宿舍楼，2002 年又建设了 2 座教工宿舍楼，这些援助

项目使得瓦努阿图师范学院的各项办学设施得到很大改善。2001 年，瓦努阿图师范学院更名为"瓦努阿图教师教育研究院"，瓦努阿图教师培训逐渐向高等教育转换，目前瓦努阿图的教师培训已经成为瓦努阿图高等教育的一个重要组成部分。

二　教育战略

瓦努阿图政府意识到教育和培训必须与经济各部门的发展紧密联系，认识到个人潜力发展和国家可持续发展之间的关系，因而制定了《瓦努阿图 2007～2016 年教育战略》，强调瓦努阿图在教育方面独立的决心，明确了教育部承担领导教育改革的责任。

《瓦努阿图 2007～2016 年教育战略》的目标包括提高技术教育和高等教育的入学率，确保教育培养出瓦努阿图建设发展所需要的人才队伍。同时该文件还致力于增加国人学习、生活和工作的机会，强调让无论是在乡村还是在城市的年轻人，都能具有为生产部门做出贡献的能力。

《瓦努阿图 2007～2016 年教育战略》要推进的内容主要涵盖 7 个方面：普及小学教育；加强中学双语教育、职业技术教育和高等教育；设立更多相关可行的课程并形成客观的评价体系；使每个学校都有合格、高效的专业教师；使所有学校的教育、管理和设施达到最低可持续标准；形成以结果为基础的管理模式下的更有效、更负责、更透明、权力下放的教育体制；加强国家、省和地区之间的合作关系并成立具有更大自治权的学校团体。

瓦努阿图在教育方面的国际合作，主要是与联合国儿童基金会（UNICEF）、澳大利亚国际开发署、日本、新西兰国际开发署和其他一些非政府组织的合作。

与联合国儿童基金会之间的合作主要在如下领域：儿童友好学校，生活技能培训，基础教育，儿童早教，包括公共意识活动和物质生产在内的保护儿童项目，小学数学、音乐和体育课志愿者活动。

与澳大利亚国际开发署之间的合作主要包括：普及瓦努阿图的基础教育，支持瓦努阿图到 2012 年逐步取消公立小学学费的计划，为瓦努阿图

学生提供澳大利亚奖学金，支持瓦努阿图政府的职业技术教育。

与日本的教育合作主要包括：派出志愿者与志愿者协调员，通过教师培训等来加强小学数学教学，为建设校舍、配备教具提供小额资助金。

与新西兰国际开发署之间的合作主要包括：为小学生提供资金和免除学费，建设校舍与储水罐，为小学提供阅读书籍与文具，开发全国统一的课程，为制定课程标准提供支持，支持瓦努阿图农村开发培训中心联合会对农村青年的职业培训，为瓦努阿图学生提供奖学金到新西兰或太平洋地区的大学进行学习。

与其他非政府组织的合作主要在如下教育领域：妇女教育、残疾人教育、学前儿童教育、社区教育、小型企业培训、生殖健康教育等。

此外，围绕支持瓦努阿图人提高知识水平和基本工作技能，世界银行也与瓦进行了一些教育合作项目。

第四节　文化艺术

一　文学

19世纪，西方传教士在瓦努阿图利用当地语言创造了正字法，并编纂了一些词典，但是瓦努阿图土著人的文学创作基本上还是口头文学，并创作了大量口口相传的神话传说。独立以后，瓦努阿图政府专门设置了一个正字法委员会，试图来规范比斯拉马语的拼写。

瓦努阿图的出版物主要是与《圣经》相关的资料、报纸和通讯等，偶尔也出版用英语或法语创作的诗歌或短篇小说，这些作品的作者主要集中在南太平洋大学。

二　雕刻

用于雕刻的原材料多取材于硬木、树蕨类植物（当地人称之为黑棕榈）和石头。严肃的雕刻品几乎全部用于各种仪式，市场上出售的通常

是实物雕刻品的小复制件。对于旅游者来说，最好的雕刻纪念品来自安姆布里姆岛北部。

雕刻品也包括杵、刀、武器、大棒、长矛和弓箭，在首都维拉港附近的美丽村和伊菲拉岛会发现很多按照传统雕刻的长矛。用于战争的大棒多年来一直延续原始的样式，这是为了纪念部落里的英雄先祖，所以当地人认为，如果改变这些武器的基本形状，就是对传统的不敬。用于宰猪的大棒和用于战争的大棒不同，宰猪的大棒样子更像是鹤嘴锄，两头都雕刻着固定风格的图案。

瓦努阿图当地人用的很多碗和碟子是用硬木雕刻而成的，形式多样，有的雕成海龟的样子，也有的雕刻成鸟或鱼的样子，用来捣碎山药和卡瓦胡椒根，或者用来盛放瓦努阿图的传统食物"拉普拉普"。有些酋长把用硬木雕刻的物品当作权力的象征，在坦纳岛每年举办的村落结盟仪式上，主办村的酋长舞蹈时手持用羽毛装饰的雕刻好的木棍。在有些岛屿上，人们使用的拐杖上没有手柄，而是用一些装饰性的小雕像来替代。

在瓦努阿图，人们经常使用的一种水上交通工具就是配有舷外支架的划桨独木舟，当地人用硬木做的这种独木舟模型也颇有艺术价值。谢泼德群岛的独木舟模型非常有名，模型上的船帆用露兜树的干叶做成。

当地人喜欢用树蕨类植物雕刻一些呈站立形状的男女雕像。这些雕像曾经在各个岛屿风靡一时，但现在只有安姆布里姆岛、马勒库拉岛和高瓦岛上还生产这种雕刻品。这些雕像多以他们的祖先为原型，一般是手臂搭在身体两侧，通常在举行等级评选仪式时摆放。树蕨雕刻品通常被染成不同的颜色，不同的颜色表明不同等级的仪式，而用于着色的颜料是从植物和捣碎的贝壳里面提取的。

三　绘画

瓦努阿图的绘画艺术多体现在沙画、人的脸部彩绘、头巾、舞蹈服饰和图腾木制梆子的图案上。在瓦努阿图常见的颜色有：白色、棕色、黑色和黄色等。白色由燃烧后的珊瑚混合着植物的液汁提取出来，棕色由陶土中提取出来，黑色则来自烟灰，黄色是从一种姜类植物中提取出来的，此外还有一种植物的茎心可以提取出紫色。直到欧洲人登陆以后，人们才学会使用蓝色。

1. 沙画

所谓沙画，就是训练有素的艺术家在露天的沙地（沙滩），撒满火山灰、陶土或泥土的地面上，用手指直接勾画出的各种图形。由于沙画露天呈现，所以很难长期保留。

沙画是瓦努阿图土著人祖祖辈辈传下来的"绝活"，较之世界其他地区的沙画艺高一筹，题材多源于一些神话传说，也有的是对现实生活景物（如海龟、独木舟、人的脸谱等）的即兴描绘。瓦努阿图沙画多发现于北部的一些岛屿，尤其是在安姆布里姆岛、彭特科斯特岛和马勒库拉岛。例如，在安姆布里姆岛上，沙画的图案就有180种。那里的土著艺术家用手指绘出的沙画，已成为著名的世界旅游景观。有些熟练的艺术家可以用手指一笔画成整幅的沙画。

在瓦努阿图中部和北部岛屿，有80多个说不同语言的部落。对这些部落而言，传统沙画不仅是一种古老的艺术表现形式，而且是不同岛屿和部落之间的人们交流沟通的工具。同时，沙画也用来记录和传播宗教礼仪和神话故事。可以说，沙画这种多功能的艺术形式的出现，有着宗教仪式、冥想和人际交流等各种综合背景。

经过长期的发展演变，沙画已经成了一种丰富且具有活力的传统绘画形式。大多数沙画有很多含义和功能，可以用作记载遗赠的财产，可以传颂仪式和神话知识，以及记录大量口头的关于本地历史、技艺和人文的各种信息，包括当地的宇宙学、系统的亲戚关系、科学现象、歌曲联唱、耕作技术、建筑和工艺设计，以及舞蹈艺术图案等。它可以讲故事，可以作为了解某些秘密群体的密码，可以作为拥有某块土地的证明；它可能是某种魔法的诅咒，也可能仅仅就是为了表达某种情绪或是冥想中的信手涂鸦。可以说，沙画已不仅仅是一种"图画"，它与歌曲、故事以及其他知识有着紧密的内在联系，并已交织成精密立体的信息网。因此，优秀的沙画艺术家们不仅要精通绘画，而且要深刻理解沙画的内涵，并能够向观众准确讲述其深层次的象征意义和原始的社会功能。

今天，瓦努阿图沙画传统仍然流行于各岛，特别是中部岛屿的众多部落之间，一些图案已被广泛用于该国发行的邮票、钱币和作为瓦努阿图国家标志的宣传品上，并且经常作为一种民间风俗展示给外来游客，或用于其他商业活动。2003 年，联合国教科文组织将瓦努阿图沙画列入了第二批"人类口头与非物质文化遗产代表作"。

2. 纹身

当第一批欧洲人登上这片土地的时候，岛上的妇女身上遍布纹身，远看过去就像穿了衣服一样。这些纹身是用当地橘子树上的针，蘸上树蕨类植物的汁液刺上去的，颜色呈深红色。纹身图案的内容有的表示当地的社会等级，有的蕴含着古老的传说故事。在埃法特岛及其周围的岛屿，纹身与其他岛屿有些不同：这里的人们只在脸部和前臂纹身，而且纹身的方式是用火烧皮肤，从而在皮肤上留下一些不同形状的疤痕。

四 音乐

瓦努阿图的传统音乐至今仍然在瓦乡村各地盛行。20 世纪 90 年代以来，作为一种产业，瓦努阿图传统音乐发展较快，并出现了几支很有特色的乐队。20 世纪在瓦努阿图还流行一种音乐，这是一种结合吉他、尤克里里（Ukelele，一种四条弦的拨弦乐器，发明于葡萄牙，盛行于夏威夷，归属在吉他乐器一族）和流行歌曲的弦乐队音乐。

此外，在城市地区流行的现代商业音乐包括雷击顿音乐（Reggaeton，一种结合了说唱音乐和加勒比风格旋律的音乐形式）和祖客音乐（Zouk music，加勒比地区音乐和西方音乐融会一体的节奏快速的一种音乐），在瓦努阿图首都维拉港的酒吧等外国游客聚集的场所多播放雷击顿音乐。

瓦努阿图最有特色、最著名的乐器是马勒库拉岛和安姆布里姆岛的木制梆子（也称木鼓）。这种梆子最初用来传递信息，也用作节日或庆祝仪式上的乐队伴奏。它用圆木雕刻而成，中间被挖空，从而能发出响声，而用面包树材雕刻成的梆子声音最好。梆子的上部雕刻成脸谱形状，马勒库拉岛的梆子脸谱通常很简单，但安姆布里姆岛的梆子脸谱非常精致，在安

姆布里姆岛北部的一些地区，雕刻公鸡样子的脸谱。早期，人们用人骨、石块或贝壳制成的扁斧来雕刻梆子，完成雕刻工序后，再用鲨鱼皮或粗糙的海草把梆子打磨光滑，然后把烧热的石头通过圆木缝隙放进去，将木材的中间烧焦变成中空，再用扁斧凿去被烤的表皮。梆子制作需要极大的耐心和技巧，制作一个长度为 2.5 米、仅有一个面具的梆子，一位熟练工大约需要 160 个小时。

在安姆布里姆岛上，木制梆子的雕刻图案多是属于某些部落家族的专利。这些部落家族之外的雕刻者若想使用该图案，必须要先向这个家族支付一定的费用。随着瓦努阿图旅游业的发展，市场对木制梆子的需求越来越大，于是，在维拉港出现了一些专门仿制木制梆子的雕刻者。这种仿制行为与瓦努阿图的传统相悖，因此安姆布里姆岛的酋长非常关注这件事情，一旦逮到仿制者，就会处以罚款。

除木制梆子这种乐器外，在瓦努阿图到处可以看到用七根小竹笛做成的排箫，称作布威巴拉巴拉（bwibalabala）。安姆布里姆岛上的人们还吹奏一种呈几何形状排列的长管，而桑托岛上的人们则吹奏一种简单的有三个孔的笛子。大海螺在许多岛上也被用作乐器，同时也是人们进行联络的一种方式。

五 传统服饰

目前，大部分瓦努阿图人都穿戴现代服饰。但有少数居住在贫穷偏远地区或丛林深处的瓦努阿图人仍按传统习惯，服饰非常简单，妇女多裸露上身，男子只穿"南巴斯"。南巴斯其实就是由当地的一种名叫露兜树的植物的树皮制成的包裹阴茎的草套。妇女们的传统外衣则是草裙，它一般由树叶、编织的垫子和植物纤维制成。在祭奠仪式上，他们都会用面具、头巾或是其他装饰品来搭配他们的衣服。

六 陶器制造

陶器制造曾经是瓦努阿图许多岛屿上非常风行的行业之一，在某些岛屿上发现的陶器甚至可以追溯到公元 500 年，但是现在只能在桑托岛西南

部的务斯（Wusi）和林都瑞（Linduri）这两个村庄中找到制陶业了。当地妇女一般将陶器坯子放在膝盖上制成碗状，自然晾晒几天后，放在炭火中烧制。在烧制的过程中，陶坯先被放在用火山岩建成的用硬木火预热的平台上面，然后迅速在上面用竹子搭建成圆形帐篷形状的窑并点燃，窑火的温度可以达到700℃。窑火熄灭后，在陶器冷却前，制陶人用在盐水中浸过的带叶的树枝轻轻抽打陶器，陶器表面就会产生一种能使之更加结实的无光泽的釉。

七　编织

瓦努阿图的编织工作主要由妇女承担，所用的材料通常是露兜树的树叶、椰子树的叶子和当地植物的茎，一些妇女也用柳条、椰子树的纤维或者其他植物的纤维来编织，编织品多为垫子、篮子和女包。瓦努阿图最著名的编织品是用露兜树叶编织的购物篮，谢泼德岛和福图纳岛上的女性因其编制精致的购物篮而闻名。

在一些受波利尼西亚文化影响较深的岛屿，如安巴岛、马伊沃岛和彭特科斯特岛北部，用露兜树叶编织的垫子传统上被当作现金使用。当地人多用这种编织的垫子来偿还惯常的债务；在婚礼、葬礼、等级仪式等场合，它多被用作礼物。在过去，当地人还经常穿这种露兜树叶编制的垫子做成的服装，但现在只是在仪式上才穿。

瓦努阿图当地人还编制捕鱼、捕鸟和捕捞贝类动物的网，也编制家具和类似巴拿马风格的草帽。

第五节　新闻出版

瓦努阿图的官方新闻机构为瓦努阿图广播电视总公司（Vanuatu Broadcasting and Television Corporation），该公司拥有瓦努阿图广播电台（Radio Vanuatu）和瓦努阿图电视台（TV Belong Vanuatu）。瓦努阿图广播电台于1966年建立，每天早、中、晚三次用比斯拉马语、英语和法语播放新闻和文艺节目，转播英国BBC、法国国际电台和澳大利亚电台的新

闻节目；电视台于 1993 年建立，每天播出 3 ~ 4 小时的节目，除少量节目自己制作外，主要播放法、英和澳的文艺节目。

瓦努阿图的主要报纸有《每日邮报》（*Daily Post*）和《独立报》（*Independent*）。《每日邮报》每周二、三、四、五、六发行，语种为英文，发行量 3000 ~ 5000 份；《独立报》2003 年创立，每周六发行，语种为英文和法文。

第六章

外　交

第一节　外交简史

瓦努阿图独立以来的外交可以分为两个阶段：利尼时代的外交和 20 世纪 90 年代以来的外交。这两个阶段的外交政策不尽相同，但从总体看，瓦努阿图一直奉行独立自主的外交政策，强调国家主权，并努力争取更多的国际援助。

一　利尼时代的外交

瓦努阿图 1980 年摆脱法国和英国统治，获得独立。该国首位民选领袖沃尔特·利尼在 1981～1991 年执政期间，瓦努阿图以其强硬的独立外交政策闻名于南太平洋地区。利尼塑造了瓦努阿图早期外交政策的风格，其基本原则是：强调国家主权；不结盟；支持去殖民化和全世界的独立运动；地区无核化。

1. 强调国家主权

瓦努阿图坚持独立外交政策的根源是其被英、法两国共同托管的独特历史，及其国家面积狭小这一事实。英、法两国共同托管地的历史，使得瓦努阿图政府在刚成立时就决定要尽一切努力，确保瓦努阿图在国际关系中的独立。沃尔特·利尼在 1985 年解释其外交政策时说："像我们这样的小国家，很容易受到外部力量的影响，尤其在我们不得不依赖于外国援助时更是如此。正是因为意识到了这一点，我们尽可能地保护我们的主权。

这也是我们一直奉行不结盟外交政策的原因所在。"①

利尼政府强调国家主权的一个重要表现就是在瓦努阿图独立后很快就加入联合国。按照国际惯例，成为联合国成员国意味着国家的独立和主权。同时，加入联合国也向世界表明瓦努阿图强调国家主权的决心。1981年9月15日，瓦努阿图被联合国正式接受为联合国成员。

2. 不结盟

20世纪80年代，瓦努阿图是唯一一个在冷战后期坚持不与西方集团结盟的南太平洋地区国家，既不支持西方，也不支持东方，并于1983年加入了不结盟运动。传统上，南太平洋地区国家都一直与西方保持亲密关系，瓦努阿图此举在邻国看来是极端的行为。但对于瓦努阿图政府而言，加入不结盟运动则是对本国主权的强调，也表达了瓦努阿图致力于建立独立自主外交政策的决心。利尼的私人秘书乔·纳图曼曾经指出："瓦努阿图加入不结盟运动，旨在表明瓦努阿图是一个独立国家，可以加入任何一个想加入的组织。"②

在利尼外交政策的指导下，1983年瓦努阿图与古巴建交，1986年与利比亚建交。利尼公开谴责美国于1986年对利比亚实施的轰炸行动，并向时任利比亚领导人奥马尔·穆阿迈尔·卡扎菲发去慰问电报。同时，巴拉克·索佩公开指责美国是支持恐怖主义的国家，瓦美关系也处于紧张状态。一直到20世纪80年代末，利尼和外交部部长塞拉·莫利萨对华盛顿进行国事访问，瓦美紧张关系才有所缓和。

3. 支持去殖民化和全世界的独立运动

对于利尼政府而言，本地区的去殖民化不仅仅是道德问题与公平问题，而且是关系瓦努阿图国家安全的重要问题。在1982年南太平洋会议的主旨演讲中，利尼指出："太平洋地区是世界上最后一块殖民主义继续盛行的地区，我们必须要消除殖民主义在太平洋地区的残余。除非我们所

---

① Ali Khaleel, Foreign Policy of Small Island States: An Evaluation of the Foreign Policies of Vanuatu and the Maldives, University of Canterburry, 1999.

② J. Natuman, "Vanuatu Sovereignty in Jeopardy," in Van Trease (ed.), *Melanesian Politics*, Suva, Fiji. University of the South Pacific, 1995, pp. 413 - 422.

有人都获得自由，否则没有人能够得到自由。"① 利尼政府认为，只要法国政府控制着新喀里多尼亚，瓦努阿图的国家安全就会受到威胁。

利尼政府的担心不无理由。"椰子战争"爆发前三天，新喀里多尼亚在没有征得瓦努阿图政府同意的情况下，派遣飞机从努美阿出发，运送叛军和武器弹药直达桑托岛。战争期间，新喀里多尼亚允许叛军的"维美让那联邦"（Vemerana Federation）号船停泊在努美阿进行补给。战争结束后，大约有387名叛军（多数为法裔居民）逃到努美阿，与被瓦努阿图驱逐出境的127名外国人（其中110人为法国人）会合，公开威胁要颠覆瓦努阿库党领导的瓦努阿图政府。

在支持去殖民化政策的指导下，瓦努阿图支持西撒哈拉、西巴布亚和东帝汶的独立。例如，允许自由巴布亚运动组织在维拉港设立办事处，当然此举也大大激怒了印度尼西亚。1990年，瓦努阿图驻联合国大使罗伯特·里若普（Robert Lierop）曾自豪地宣称："我认为，从某种意义上来讲，瓦努阿图虽然国土面积小，但是对于联合国的贡献却很大。当瓦努阿图总理在纳米比亚会见纳尔逊·曼德拉时，曼德拉很赞赏瓦努阿图，因为它是这一地区明确声明反对种族隔离政策的国家之一。"②

4. 地区无核化

1962年，法国政府决定在南太平洋地区法属波利尼西亚的穆鲁路岛（Moruroa）和方噶淘夫岛（Fangataufu）进行核试验，在南太平洋地区引起了强烈关注。尽管法国多次保证核试验的安全性，但却不能消除各国的恐慌。1975年，新赫布里底民族党发表声明，谴责任何形式的核行为，支持其他太平洋国家宣布该地区无核化。1979年，新赫布里底教会、酋长、妇女组织、政党团体等社会组织成立社会关注委员会，在新赫布里底开始掀起反核运动。沃尔特·利尼的妹妹希尔达·利尼（Hilda Lini）积极投身新赫布里底的反核运动中，并作为新赫布里底民族党代表参加了太

① Walter Lini, "Keynote Address to the Australia and the South Pacific Conference," February 18, 1982, in *Pacific Island Monthly*, April 1982, pp. 25 – 28.

② Huffer, Elise, *Grands hommes et petites îles: La politique extérieure de Fidji, de Tonga et du Vanuatu*, Paris: Orstom, 1993, pp. 272 – 282.

平洋地区无核运动大会。

瓦努阿图独立后，实现南太平洋地区无核化成为其外交政策的一个重要目标。1981 年，利尼在联合国大会上宣布，瓦努阿图将致力于倡导太平洋地区成为无核地区；同年，瓦努阿图和其他一些太平洋国家说服英联邦，共同指责法国在南太平洋地区进行的核试验。利尼政府认为，太平洋地区的核扩散是殖民主义在太平洋地区的继续，是对瓦努阿图的直接威胁。因此，瓦努阿图成为该地区最强烈反对核扩散的国家。时任瓦努阿库党总书记的巴拉克·索佩在南太平洋大学的一次演讲中说："过去，殖民者们要的是我们的劳力，所以他们绑架我们；之后他们要的是我们的土地，所以他们窃取我们的土地；现在他们想要的是我们的海洋，来倾倒他们的核废料、进行核试验、通过核潜艇。三叉戟核潜艇可能和绑架黑奴的船只远远不同，但是在我们看来，二者都是殖民舰队的船只。因此，瓦努阿图强烈反对在太平洋地区进行核殖民活动。"[①]

尽管不能说瓦努阿图和其他国际组织的努力结束了法国在该地区的核试验，但瓦努阿图和其他国际组织对南太平洋地区无核化所做出的努力，使得法国提前终止了在该地区的核试验。

在沃尔特·利尼的领导下，瓦努阿图也寻求与亚洲国家建立稳固的外交关系。到 20 世纪 80 年代末，瓦努阿图已经与中国、日本、韩国、朝鲜、泰国、马来西亚、新加坡、越南和菲律宾等国建立了正式外交关系。

为加强自己新获得的主权，平衡其与不同意识形态和不同地区阵营的关系，截至 1989 年，瓦努阿图与世界上 67 个国家建立了外交关系，并加入了 29 个国际组织。[②]

二 20 世纪 90 年代以来的外交

自 20 世纪 90 年代起，瓦努阿图基本延续了利尼时期强调国家主权和

---

① Ali Khaleel, *Foreign Policy of Small Island States*: *An Evaluation of the Foreign Policies of Vanuatu and the Maldives* , University of Canterburry, 1999.

② Vurobarvu, N. , "The Vanuatu Foreign Service: An Overview," Port Vila: Ministry of Foreign Affairs typescript, November, 1989, pp. 3, 6.

维护民族独立、反对外来干涉和大国控制、支持去殖民化和独立运动等基本外交政策，但是其外交政策也出现了一些变化，主要表现在两个方面：其一，加强与法国、美国等发达国家的关系；其二，加强与世界主要国家和国际组织的交流与合作，争取更多国际援助。

1. 加强与法国、美国等发达国家的关系

1991 年瓦努阿图大选后，讲法语的温和党联盟成为议会中的执政党，马克西姆·卡罗特·科尔曼成为该国第一位讲法语的总理，瓦努阿图政局进入了法语圈时代。在外交中，他直接推翻了很多之前一直坚持的政策，比如：支持新喀里多尼亚的卡纳克民族解放阵线，对法一贯的敌视态度，与激进政权斗争，公开反对美国，太平洋无核化等，积极开展与美国、法国的外交关系，寻求它们在国际舞台上的支持与帮助。1995 年法语系的另一位领袖瑟奇·沃霍尔当选为政府总理。沃霍尔延续了科尔曼的外交政策，但 1996 年 2 月 7 日进行的议会不信任投票迫使他辞职，马克西姆·卡洛特·科尔曼再次当选总理并成立多党联合政府，由此瓦努阿图进入了多党联合执政时代。从法语圈时代到当前的多党联合执政时代，瓦努阿图一直坚持了加强与法国、美国、澳大利亚、新西兰等发达国家关系的外交政策，以获取这些国家在国际舞台上对瓦努阿图的支持。

2. 加强与世界主要国家和国际组织的交流与合作，争取更多国际援助

瓦努阿图建国之初，国家发展在很大程度上依赖于外国援助。进入 21 世纪以后，瓦努阿图的经济开始逐步发展，但国际援助对瓦努阿图的经济发展仍然起着非常重要的作用。因此，瓦努阿图政府把加强与世界主要国家和国际组织的交流与合作，争取更多国际援助作为其外交政策的一项重要内容。

近年来，澳大利亚、法国和新西兰对瓦努阿图的发展提供了大量援助。其他很多国家，包括中国、美国、日本、加拿大、德国，以及各种多边组织，如联合国、亚洲发展银行、欧盟等也给瓦努阿图提供了大量的发展援助。除了经济方面的援助外，中国、澳大利亚、新西兰、加拿大、英国和日本等国家以及联合国、欧盟等国际组织都向瓦努阿图提供了教育、医疗方面的援助。自进入 21 世纪以来，在医疗援助方面，古巴在瓦努阿图也做了大量卓有成效的工作。

第二节　与亚洲国家的关系

一　与中国的关系

1982年3月26日，瓦努阿图与中国建交。建交以来，两国友好合作关系发展顺利。1983年2月，中国首任驻瓦大使（由驻斐济大使兼）赴瓦递交国书。1989年中国在瓦设使馆，1991年7月派常驻大使。1999年8月，瓦在北京设立名誉领事馆并派名誉领事。

进入21世纪后，瓦努阿图与中国的外交关系总体上得到了进一步发展，但也出现过小的波折。2004年11月3日，瓦总理沃霍尔事前没有与执政党领导成员和执政联盟中的其他党派、内阁成员商量，突然访问中国台湾，私自签署了所谓"建交公报"，背弃了瓦努阿图坚持了20多年的"一个中国"政策。沃霍尔的这种自作主张、背信弃义的行为在瓦努阿图国内立刻掀起了轩然大波，瓦内阁在11月10日、18日两次做出决议，撤销沃霍尔签署的所谓与中国台湾地区的"建交公报"，但沃霍尔仍然一意孤行。11月22日，沃霍尔发表声明，诡辩说宪法规定与他国建交不需要内阁会议批准就可以生效，内阁会议通过的两个决议没有法律效力。在这种情况下，沃霍尔与内阁其他成员的矛盾激化，政府出现严重危机。12月2日，瓦努阿图国会对沃霍尔提出不信任案。在当天的会议上，52名议员中有37位（16人来自沃霍尔所在的温和党联盟）一开始就直接走到代表反对沃霍尔的席位上，旗帜鲜明地表明了推翻沃霍尔的立场。就在议员们准备开始辩论、正式罢免沃霍尔的时候，议长（沃霍尔的亲信）突然宣布休会，理由是依照瓦努阿图最新的宪法修正案，反对党不得在总理上任的第一年内提出不信任案。这样，对沃霍尔的不信任案被提交给法院，进入了司法程序。12月7日，瓦努阿图最高法院首席大法官鲁纳贝克做出裁决：国会10月通过的第一年和第四年不得对总理提出不信任案的宪法修正案，还未经全民公投通过，因此国会仍有权进行不信任投票。沃霍尔仍然不死心，又向最高法院的上诉法庭提出上诉。结果上诉法院在

12 月 10 日宣布维持原判，彻底粉碎了沃霍尔的幻想。由于当天是周五，瓦国会史无前例地挑灯夜战，会议从晚上 10 时 45 分一直开到 11 日凌晨，最后做出决定：罢免沃霍尔的总理职务，由强烈反对与中国台湾建交的汉姆·利尼接任总理。

2005 年 2 月，汉姆·利尼总理来中国进行正式访问，两国签署了联合声明。同年 12 月，汉姆·利尼总理再次来华访问。瓦努阿图共和国驻京名誉领事馆于 2005 年 8 月 19 日升格为大使馆，于 2006 年 1 月 16 日正式开馆。2008 年 5 月 26 日，瓦努阿图与中国友好协会成立仪式在瓦努阿图首都维拉港举行，瓦总统夫人汉森·玛塔斯凯莱凯莱担任会长。

1. 双方高层互访

中方访问瓦努阿图的人员主要有：人大常委会副委员长彭冲（1992 年 8 月），人大常委会副委员长王汉斌（1996 年 10 月），国务委员兼国务院秘书长罗干（1993 年 7 月），外交部副部长朱启祯（1988 年 4 月），外交部副部长刘华秋（1990 年 7 月），外经贸部副部长吕学俭（1990 年），外经贸部副部长王文东（1992 年 9 月），外经贸部副部长刘山在（1997 年 5 月），农业部副部长万宝瑞（2001 年 8 月），外交部部长助理杨洁篪（1995 年 9 月），外经贸部部长助理何晓卫（2001 年 2 月），外交部部长助理周文重（2001 年 8 月），中联部副秘书长张志军（2000 年 3 月），中联部副部长刘结一（2010 年 6 月），中联部副部长于洪军（2014 年 1 月），中共中央政治局委员，上海市委书记韩正（2014 年 6 月），国家海洋局副局长陈连增（2014 年 8 月），等等。2014 年 11 月，在南太平洋各国访问的中国国家主席习近平在斐济的楠迪会见了瓦努阿图总理乔·纳图曼。

瓦方访华的人员主要有：总统索科马努（1987 年 12 月），总统蒂马卡塔（1990 年 10 月），总理沃尔特·利尼（1983 年 7 月），总理卡洛特（1993 年 3 月、1994 年 6 月），总理沃霍尔（1997 年 1 月），总理索佩（2000 年 11 月），议长奥内恩·塔希（1991 年 6 月），议长布列康（1991 年 11 月），议长马森（1994 年 8 月），副总理吉米（1999 年 8 月），副总理兼贸商部部长沃霍尔（2001 年 9 月、2002 年 4 月），外长卡尔普卡斯（1990 年 7 月），外长沃霍尔（2000 年 5 月私人访问），首席大法官迪默

科特（1994 年 4 月、1995 年 8 月），资源部部长特卢克卢克（1992 年 7 月），教育部部长巴蒂奥克（1994 年 11 月），司法部长汉姆·利尼（1997 年 8 月），农业、检疫、林业和渔业部部长波森（2001 年 10 月），外交部部长助理利奥（1999 年 1 月），政府全面改革计划部部长基尔曼（2000 年 9 月），卫生部部长卡尔普卡斯（2002 年 9 月），总统玛塔斯·凯莱凯莱（2007 年 7 月），总理爱德华·纳塔佩（2010 年 4 月 11～16 日），副总理兼贸工部长汉姆·利尼（2012 年 9 月 4～11 日），总理卡凯塞斯（2013 年 9 月），总理乔·纳图曼（2014 年 8 月），等等。2015 年 9 月 3 日，总理萨托·基尔曼应邀出席了纪念中国人民抗日战争暨世界反法西斯战争胜利 70 周年阅兵式。

2. 双边经贸关系

1982 年，瓦努阿图与中国建交以来，双边经贸关系得到了良好的发展，签署了一系列双边经济技术合作、投资、贸易等方面的协议（见表 6－1）。

表 6－1　中瓦两国签署的重要双边协议

序号	时间	协议名称
1	1990 年 2 月	《中华人民共和国政府和瓦努阿图共和国政府经济技术合作协定》
2	1992 年 9 月	《中华人民共和国政府和瓦努阿图共和国政府经济技术合作协定》
3	1993 年 7 月	《中华人民共和国政府和瓦努阿图共和国政府经济技术合作协定》
4	1994 年 1 月	《中华人民共和国政府和瓦努阿图共和国政府经济技术合作协定》
5	1997 年 1 月	《中华人民共和国政府和瓦努阿图共和国政府贸易协定》
6	1999 年 8 月	《中华人民共和国政府和瓦努阿图共和国政府经济技术合作协定》
7	2004 年 11 月	《中国赴瓦努阿图旅游计划谅解备忘录》
8	2006 年 4 月	《中华人民共和国和瓦努阿图共和国政府关于促进和保护投资的协议》
9	2006 年 4 月	《中国民用航空总局和瓦努阿图共和国民用航空局关于航空产品适航认可双边适航协议》

2010 年，中瓦双边贸易额为 2326 万美元，同比减少 52.3%。其中，中方出口 2260 万美元，同比减少 52.4%；进口 66 万美元，同比减少 51.7%。中方主要出口机电产品、汽车、成品油、服装、鞋类、纺织品、医药品、食品和轻工业品等，主要从瓦进口用于杀虫、杀菌的植物、干鱼

翅、海参和原木等。①

2014 年中瓦贸易额为 1. 871 亿美元，同比下降 51. 1%。其中，中方出口额 1. 802 亿美元，同比下降 52. 6%；进口额 690 万美元，同比增长 207. 3%。中方主要出口机电产品、船舶、汽车、成品油等，主要从瓦进口冻鱼和农产品等。②

3. 双方科技、文化等交流

1994 年 6 月，上海市与维拉港市结成友好城市；2014 年 8 月 18 日，扬州市与雷纳克市签署建立友好城市关系备忘录；2014 年 8 月 25 日，银川市与维拉港市签署《中华人民共和国宁夏回族自治区银川市和瓦努阿图共和国维拉港建立友好城市关系协议书》。

从 1996 年起，中国向瓦努阿图派遣乒乓球教练，培训当地球员；1998 年 7 月和 1999 年 12 月，中国杂技小组赴瓦努阿图访问演出；2002 年 7 月，河北杂技团访瓦演出；2005 年 8 月，中央电视台第九频道在瓦努阿图开播；2007 年 7 月，中国杂技和民俗乐团到瓦进行巡回演出；同年 9 月，中国国际广播之声在瓦努阿图开播。

为促进瓦努阿图医疗卫生事业的发展，中国政府自 20 世纪 80 年代起在瓦努阿图开展医疗卫生技术合作项目。截至 2014 年 7 月，中国已经向维拉中心医院派遣了 9 批医疗人员，向北方地区医院派遣了 15 批医疗人员，派出医生共计 220 名，并提供了大量医疗设备和药品。③ 中国援瓦医疗队员们克服了生活环境、语言等方面的各种困难，与当地医生密切合作，在瓦努阿图进行了数千例临床手术，医治了数万名病人，得到了瓦努阿图政府、医院和人民的高度赞扬。

1995 年以来，中国为来华学习的瓦努阿图留学生提供配额奖学金。自 2006 年起，中国已经连续 10 年为瓦努阿图提供政府奖学金，已有 50

---

① http：//www. china. com. cn/international/zhuanti/dwj/2012 – 08/22/content _ 26304293 _ 2. htm.

② http：//www. fmprc. gov. cn/mfa_ chn/gjhdq _ 603914/gj _ 603916/dyz _ 608952/1206 _ 609602/sbgx _ 609606/，July 16，2015.

③ http：//vu. mofcom. gov. cn/article/jmxw/201307/20130700192013. shtml.

多名学生在华攻读本科、硕士和博士学位，专业涵盖机械工程、信息技术、医学、环境科学、公共管理、传媒和企业管理等。在他们当中，不少人已学成回国。2013 年，在中国驻瓦努阿图大使谢波华和驻瓦使馆的大力支持和协助下，维拉港法语国际学校的 12 名学生和 1 位家长参加了"印象中国"夏令营。2014 年，中国政府向瓦努阿图提供 19 个奖学金名额，19 名奖学金获得者包括中国教育部政府奖学金项目获得者 15 人，商务部发展中国家硕士奖学金项目获得者 3 人和国防部医学奖学金项目获得者 1 人。2015 年，瓦努阿图有 18 人获得中国政府奖学金，涵盖旅游管理、电子信息工程、临床医学、农业和林业管理、地质信息科学、法律、海洋科学、会计、航天工程、国际经济与贸易等学科。

从 2004 年开始，中国国家汉办每年向瓦努阿图派遣中文教师，2003 年至 2007 年 6 月，中方向瓦赠送中文图书及音像制品 3278 册（套）。

2010 年 8 月 26 日，由"郑和"号远洋训练舰与"绵阳"号导弹护卫舰组成的中国海军出访及远航训练编队抵达维拉港，对瓦努阿图进行了为期 4 天的访问。这是两国自 1982 年建交以来，中国海军舰艇编队首次访问瓦努阿图。

4. 中国对瓦努阿图的援助

自 1982 年中国与瓦努阿图建交以来，中国与瓦努阿图之间保持了友好的外交关系，对瓦努阿图提供了大量的援助。

（1）援助方式。

中国对瓦努阿图的援助，主要有以下五种方式：提供优惠贷款；开展人力资源开发合作；派遣医疗队；提供紧急人道主义援助；提供一般物资援助。

①提供优惠贷款。

优惠贷款是中国政府指定的金融机构对外提供的具有政府援助性质的中、长期低息贷款。优惠利率与中国人民银行公布的基准利率之间的利息差额由中国政府进行补贴。

瓦政府和私营部门普遍缺乏开发资金，中国政府多次提供优惠贷款，促进了瓦社会经济发展，瓦政府对此表示感谢。中国驻瓦努阿图大使谢波华表示，中国政府一直在南南合作框架下为瓦发展提供力所能及的帮助，希望双方今后继续保持密切沟通，探讨更多适合瓦发展的合作项目。

自中瓦建交以来，中国政府共向瓦努阿图提供了 50 余笔援助款。在上述援助款项下，中国政府先后承担了议会大厦、美拉尼西亚先锋集团办公楼、水产品加工厂等 8 个成套项目，实施了沼气技术合作、医疗技术合作等 7 个技术合作项目。其中议会大厦项目于 1990 年 3 月开工，1991 年 12 月竣工移交，该项目现已成为瓦努阿图当地标志性建筑。瓦财政部与中国进出口银行签订的运 - 12 飞机和瓦政府电子政务两个优惠贷款项目也已顺利实施，并取得了良好的成效。

②开展人力资源开发合作。

中国和瓦努阿图的人力资源开发合作，主要体现在中国政府给瓦努阿图政府雇员和技术人员提供人力资源培训。

③派遣医疗队。

自 20 世纪 80 年代初，中国政府就应瓦方请求开始向瓦派遣医疗队，截至 2014 年 7 月已有 220 名中国医生到瓦工作。我国援瓦医疗队项目分别在维拉港和桑托岛开展了多批项目，为当地提供了及时、高效的医疗救助服务，深受瓦民众欢迎。

此外，2014 年 8 月 31 日至 9 月 6 日，中国海军"和平方舟号"的"和谐使命—2014"医疗服务队来到瓦努阿图，完成了在瓦努阿图为期 7 天的友好访问和人道主义医疗服务。

④提供紧急人道主义援助。

2011 年 3 月 11 日上午，中国政府向瓦努阿图政府提供 5 万美元紧急现汇援助交接仪式在维拉港举行。时任中国驻瓦努阿图大使程树平和瓦内政部唐斯坦·希尔顿部长分别代表双方政府在交接证书上签字。此笔现汇援款用于遭受"Vania"飓风袭击的塔非阿省灾后重建工作。

为支持瓦努阿图红十字会的工作，2011 年 9 月 16 日，中国驻瓦大使程树平向瓦红十字会会长吴黄美施递交 30 万瓦图（约合 3000 美元）

赠款。

2015 年 3 月 13 日至 14 日，瓦努阿图遭受强飓风帕姆（Pam）袭击。灾害发生后，中国政府立即向瓦努阿图政府和人民发来慰问电，对飓风造成的严重财产损失和人员伤亡表示同情和慰问。3 月 16 日，中国驻瓦努阿图使馆临时代办李翠英向瓦红十字会首席执行官雅克利娜·德鲁安·德加扬德转交了中国红十字会提供的 10 万美元人道主义紧急援助。3 月 17 日下午，中国驻瓦使馆向瓦总理纳图曼转交了中方捐赠的首批紧急救灾援助物资，包括大米、饮用水、罐头、方便面、衣服和鞋等。3 月 18 日，中国政府宣布，中方将以包机方式向瓦运送价值 3000 万元人民币的物资援助，包括灾区急需的帐篷、食品、饮用水、清洁用品和发电机等。

⑤一般物资援助。

2010 年 6 月 22 日，中国驻瓦努阿图大使程树平向瓦内政部部长卡凯塞斯转交了中国援瓦的后勤军事物资；2010 年 7 月 20 日，程树平代表中国政府向瓦外长纳图曼移交了中方援瓦车辆，用于帮助瓦政府主办第四十一届太平洋岛国论坛会议及举办独立 30 周年庆典；2011 年 9 月 15 日，程树平与瓦青年发展、训练和体育部部长莫金·史蒂文斯出席中国武术协会向瓦努阿图武术协会赠送武术训练器材交接仪式；2011 年 7 月 20 日，程树平向瓦青年体育部部长莫金·史蒂文斯递交 100 万瓦图（约合 1 万美元）赠款，资助瓦体育代表团参加 2011 年在法属新喀里多尼亚举行的南太平洋运动会；2011 年 10 月 11 日下午，程树平和瓦政府总理萨托·基尔曼分别代表双方政府签署了中瓦经济技术合作协定；2011 年 6 月 9 日，中国向美拉尼西亚先锋集团（MSG）秘书长里乌·拉乌斯罗递交 100 万瓦图赠款，资助秘书处举办美拉尼西亚先锋集团地区警务工作组会议。

（2）援助领域。

中国对瓦努阿图的援助，主要在基础设施建设、医疗卫生、文化教育和人力资源培训等领域。

①基础设施建设领域。

瓦努阿图议会大厦是中国援瓦最大项目。瓦努阿图议会大厦位于瓦努阿图首都维拉港，占地 2.3 公顷，建筑面积 5625 平方米。1990 年 3 月 20 日开工，1991 年 12 月 10 日竣工移交。议会大厦现已成为瓦标志性建筑和重要的集会场所。

中国援建的瓦努阿图国家会议中心项目目前正处于施工状态。瓦努阿图国家会议中心项目具有重大政治意义，建成后将为瓦举行重要国事活动、文化活动和举办国际会议提供现代化场所。

2013 年 12 月 31 日，中国驻瓦努阿图大使谢波华与瓦总理卡凯塞斯分别代表各自政府签署了中国政府向瓦努阿图政府提供 3.5 亿元的优惠贷款框架协议。该笔贷款将用于瓦努阿图坦纳岛和马勒库拉岛道路改建项目。该项目将有助于促进坦纳岛旅游业发展和马勒库拉岛农、牧、渔产品的外运，促进当地经济发展。

中国政府援瓦的最大工业项目是中瓦水产品加工厂项目，于 2007 年 12 月开工，2009 年 6 月竣工、移交，总投资 3500 万元，设计水产品日处理能力 25 吨，冷藏标准能力 310 吨。中瓦水产品加工厂是南太平洋地区规模最大、技术最先进的水产品加工企业，每年可加工 1.5 万吨水产品，产品除满足当地市场需求外，还可出口到欧美和亚洲地区。

此外，中国政府派出的考察组分别于 2013 年 8 月和 11 月完成对马拉坡学校扩建项目的可行性考察，对 2017 年太平洋小型运动会体育场馆建设项目的初步考察。上海建工还在探讨使用中国政府优惠贷款实施桑托岛卢甘维尔国际码头改造与扩建项目，中铁五局在探讨使用中国政府优惠贷款实施马勒库拉岛南部道路项目。中国政府、企业将与瓦努阿图政府、私营部门密切合作，继续帮助瓦努阿图基础设施的建设和升级。

②医疗卫生领域。

20 世纪 80 年代初，中国政府就应瓦方请求开始向瓦派遣医疗队。截至 2014 年 7 月，中国政府累计派遣 220 余名医生到瓦工作。2014 年 7 月 30 日，瓦努阿图举国庆祝独立 34 周年之际，总统尤路·约翰逊·阿比尔在总统府向中国援瓦维拉港医疗队队长袁一波医生颁发"瓦努阿图独立勋章"，以表彰中国援瓦医疗队及袁一波医生对瓦医疗卫生事业做出的突出贡献。

除了派遣医疗队以外，中国政府对瓦努阿图的医疗卫生援助还体现在向瓦捐赠药品及医疗设备、与瓦进行医疗技术合作等。2011 年 3 月 25 日，驻瓦努阿图使馆临时代办丛武与瓦卫生部部长唐·肯出席中国政府援瓦药品及医疗设备交接仪式，并分别代表两国政府在交接证书上签字；2014 年 3 月 11 日，中国驻瓦努阿图大使谢波华和瓦努阿图副总理兼外交、国际合作和对外贸易部部长爱德华·纳塔佩分别代表各自政府在维拉港签署了中国援瓦医疗技术合作项目换文。

2014 年 8 月 31 日至 9 月 6 日，中国海军"和平方舟"号在瓦努阿图进行了友好访问并开展了人道主义医疗服务。在瓦期间，除在船上主平台全天接诊、开展手术外，还派出医疗分队前往维拉中心医院、中华公会和美丽村进行疾病诊治和疑难重症会诊，医院船共计接待 7512 名门诊病人，完成 58 台手术，收治 26 名住院病人，开展 3382 人次 CT 及 X 光等辅助性检查，并为 33 人进行全面体检。此外，医院船还派出健康服务与文化联谊分队赴当地残疾人中心、维拉中心学校开展体检和健康宣传活动，并在瓦机动部队进行了军事战伤救治技术培训。

③文化教育领域。

中国对瓦努阿图在文化教育方面的援助，主要包括马拉坡学校扩建项目和南太平洋大学埃马路斯分校扩建项目等。

a. 马拉坡学校扩建项目。2014 年 1 月 29 日，中国驻瓦努阿图大使谢波华和瓦努阿图副总理兼外交、国际合作和对外贸易部部长爱德华·纳塔佩就中国政府帮助瓦努阿图政府实施马拉坡学校扩建项目在维拉港签署换文，瓦努阿图总理卡凯塞斯见证换文仪式。该项目包括教室、实验室、图书馆、学生宿舍等的扩建。

b. 瓦努阿图南太平洋大学埃马路斯分校扩建项目。2013 年 12 月 4 日，中国援助瓦努阿图南太平洋大学埃马路斯分校扩建项目启用仪式在瓦首都维拉港举行。中国驻瓦努阿图大使谢波华、瓦教育部部长拉夫曼、南太平洋大学常务副校长贾尼夫、各国驻瓦使节及瓦各界代表 60 多人出席。瓦教育部部长和南太平洋大学副校长在讲话中对中国政府的无私援助表示衷心的感谢，称"中国政府的援助像雨露一样，促进了瓦努阿图高等教育和知识经济的蓬勃发展","埃马路斯分校扩建项目的启用为南太平洋大学的发展掀开了新的一页"。①

c. 中国援瓦乒乓球教练技术合作项目。近20年来,中国已经连续实施了8期援瓦乒乓球技术合作项目。经过中国教练与瓦努阿图运动员多年的共同努力,乒乓球运动已成为瓦努阿图在国际体坛最具竞争力的优势项目,瓦乒乓球运动员还先后参加了2008年北京奥运会和2012年伦敦奥运会。2013年6月7日,驻瓦努阿图大使谢波华、瓦努阿图青年发展和体育部部长托尼·怀特分别代表中瓦政府换文确认了第九期中瓦乒乓球教练技术合作项目,帮助瓦乒乓球运动员在2014年青年奥运会和2017年太平洋小型运动会等重大赛事上取得好成绩,为瓦努阿图赢得更多荣誉。

d. 中国汉办派遣汉语教师项目。2004年以来,中国定期向瓦努阿图派驻中文老师,开设汉语教学,取得了良好的效果。

④人力资源培训领域。

人力资源培训援助是中国政府对瓦援助的重要组成部分。自2005年以来,瓦努阿图共200余名政府官员、技术专家参加了中国援外培训项目,这些培训班或研修班通常为期2~3周,一般在北京、上海或各省会城市举办,培训主题根据瓦努阿图具体要求设置,涉及宏观经济发展、投资促进、公共管理、气候变化、食品安全、灾害预警和救助管理、医疗卫生、农产品生产加工等众多领域。

截至2014年10月,瓦努阿图已有近400名官员和社会各界的精英人士赴中国参加了人力资源培训。仅2012年,中国就面向瓦努阿图举办了113期中短期研修班、2期部级研修班,实施了3个硕士项目,涵盖公共管理、教育、医疗、基础设施建设、能源、科技等众多领域,瓦努阿图有6位部级官员和88位部级以下官员参加了培训,其中,桑马省林业局局长托科还参加了为期一年的硕士项目。中国政府承担了来华参训学员的绝大部分费用,中国大使馆还在签证、机票等方面为参训学员提供了最大限度的便利。2013年,中国继续面向瓦努阿图举办形式多样的人力资源培

---

① http://vu.chineseembassy.org/chn/dsxx/dshd/t1105840.htm, June 15, 2014.

训项目，全年共举办 88 期中短期研修班，实施了 3 个硕士项目。

2014 年 3 月 8 日，瓦努阿图主流媒体《每日邮报》刊登驻瓦努阿图大使谢波华文章《2014：中国加强与瓦努阿图的人力资源合作》。文章指出，2013 年 11 月，汪洋副总理在第二届中国 – 太平洋岛国经济发展合作论坛开幕式上宣布了中国政府进一步支持太平洋岛国经济社会发展的七项举措，其中人力资源合作是重要举措之一。为落实这一举措，中国有关部门在 2014 年继续为瓦政府官员和技术人员举办了一系列研修班和技术培训班，内容涵盖农业、公共管理、通信、世贸规则、传媒、地质、人力资源管理、经济体制改革、城市综合规划、财政管理、海关、新能源等领域。

（3）中国对瓦努阿图援助的特点。

①坚持不附带任何政治条件。中国坚持和平共处五项原则，尊重瓦努阿图自主选择发展道路和模式的权利，相信瓦努阿图能够探索出适合本国国情的发展道路，绝不把提供援助作为干涉他国内政、谋求政治特权的手段。

②坚持帮助瓦努阿图提高自主发展能力和自我造血能力。中国在为瓦努阿图提供援助时，尽力为瓦培养本土人才和技术力量，帮助其建设基础设施，开发利用本国资源，打好发展基础，促进瓦努阿图的自我造血能力，提高当地的经济发展水平，逐步走上自力更生、独立发展的道路。

（4）瓦努阿图对中国援助的反响。

中国对瓦努阿图的援助在瓦努阿图社会引起了巨大反响。以中国援建的瓦努阿图议会大厦为例，在当地百姓看来，该大厦已经成为瓦努阿图最雄伟的标志性建筑，吸引了无数国内外游客。

瓦努阿图的政府首脑不止一次在多个场合表示，中国对瓦努阿图经济社会发展提供了无私援助，无任何附加条件，让受援国自主决定援助项目，从不干涉别国内政。对此，瓦努阿图政府和人民对中国政府和人民的支持和帮助表示感谢，中国也因此成为瓦努阿图最真诚和最可信赖的朋友。

二 与亚洲其他国家的关系

1. 与日本的关系

瓦努阿图与日本于 1981 年建交，日本驻斐济大使兼任驻瓦大使。近年来，瓦与日本的经济关系发展较快，双方在渔业、肉类、旅游业方面建立了合作关系。日本先后援建了维拉港机场扩建项目和桑托岛的水电站工程，目前正在援建投资逾 11 亿瓦图的埃法特环岛公路工程，还向瓦努阿图卫生部门捐赠医疗设备和药品。

1996 年，瓦努阿图与日本的进出口贸易总额超过与澳大利亚、新西兰的贸易额，日本成为瓦努阿图第一大贸易伙伴。

为了加强与包括瓦努阿图在内的太平洋岛国的联系，日本与太平洋国家建立了峰会机制。第一届日本与太平洋岛国峰会于 1997 年在东京举办，以后每三年在日本举行一届。日本试图通过这个峰会，以经济援助、技术援助的手段加强与各岛国的联系，抗衡中国对太平洋岛国的影响，寻求太平洋诸岛国在国际社会上对日本的支持，以实现自己的政治目的。截至 2015 年 6 月，瓦努阿图参加了举行的所有七届峰会。

日本是瓦努阿图的重要援助国之一。1996～2006 年，日本通过草根项目援助计划，共援助瓦努阿图 214.8 万美元，实施了 52 个项目；2007 年日本通过该计划向瓦提供援助 65.6 万美元。2008 年，日本政府以该项目名义向瓦努阿图技术学院提供价值 81132 美元的教学设备援助。2007 年 11 月 8 日，瓦努阿图基础设施部部长威尔森·塔利·伍狄、财政部部长西蒙·阿赛（Simeon Athy）和日本国际协力机构（Japanese International Cooperation Agency, JICA）官员就日本政府无偿援助维拉港主码头改造项目签署会谈纪要。该项目的实施进一步加深了日瓦两国的友好关系，并对促进瓦经济及社会发展发挥了重要作用。

2012 年，瓦努阿图和日本在维拉港签署了关于日本向瓦提供 49.45 亿日元（约合 6259 万美元）贷款和 13.99 亿日元（约合 1770 万美元）援款的协议。其中，贷款主要用于维拉港国际码头建设项目，这也是日本首次向瓦努阿图提供日元贷款。此前，太平洋地区共有三个国家曾从日本获得过此类贷款，它们分别为斐济、巴布亚新几内亚和萨摩亚。维拉港国际码头建设项目主要是在维拉港新建一个多功能码头和集装箱堆场，主体工程包括一个 200 米长的泊位、可容纳 487 个集装箱的堆场、仓库以及相关配套设施。援款主要用于维拉港中心医院扩建项目。维拉港中心医院扩建项目于 2012 年 11 月动工，2014 年 5 月竣工，主要包括新建门诊病房、手术室、放射室、实验室、药房等。2015 年 5 月 23 日，第七届太平洋岛国峰会在日本福岛县落下帷幕，日本宣布将在今后三年内向包括瓦努阿图在内的峰会成员国提供 550 亿日元（约合人民币 28 亿元）以上的援助。

2. 与韩国的关系

1980 年 11 月 5 日，瓦努阿图与韩国建立外交关系，两国关系的发展主要体现在经贸方面。2013 年双方贸易额为 507 万美元，其中瓦努阿图从韩国进口额为 419 万美元，向韩国的出口额为 88 万美元。截至 2013 年底，韩国在瓦努阿图总投资额为 4971 万美元。

2015 年 3 月 14 日，瓦努阿图遭飓风"帕姆"袭击后，韩国政府 3 月 16 日宣布，向瓦努阿图提供 5.65 亿韩元（约合 51 万美元）的救援资金。

3. 与巴勒斯坦的关系

瓦努阿图于 1989 年 8 月 21 日承认巴勒斯坦，1989 年 10 月 19 日两国建交。2011 年，瓦努阿图反对巴勒斯坦加入联合国教科文组织。瓦努阿图前外交部部长、国家委员会驻联合国教科文组织前任主席乔·纳图曼对于瓦在该事件中的立场表示吃惊，称这与瓦努阿图长期支持巴勒斯坦的政策互相矛盾，因此他将此问题提交给了议会。对此，总理基尔曼称：不清楚该国对于巴勒斯坦申请加入联合国教科文组织投了反对票，他会重新考虑这一决定。报道称，当时基尔曼阐明了瓦努阿图对于巴勒斯坦问题的立场，声称"瓦努阿图将继续支持巴勒斯坦人民保卫家园的权利，同时，也支持以色列独立自主和边界安全"①。

---

① "Vanuatu to Seek UN General Assembly Support for ICJ Opinion on Indonesia's Papua," *Radio New Zealand International*, June 23, 2010.

4. 与印度的关系

1983 年，不结盟运动首脑会议在印度新德里召开。其间，印度总理与瓦努阿图总理首次接触。1986 年，双方正式建立外交关系，但印度在瓦努阿图没有设立使领馆，其相关事务由印度驻堪培拉的高级专员公署负责。2000 年 8 月，印度与瓦努阿图相关事务转由印度驻莫尔斯比港高级专员公署负责。

印度是瓦努阿图的第五大出口国和第十三大进口国。2012～2013 年度瓦努阿图出口印度的商品总额为 537 万美元，2013～2014 年度为 550 万美元，占瓦努阿图当年出口总额的 1.5%；2012～2013 年度瓦努阿图从印度进口的商品总额为 267 万美元，2013～2014 年度为 350 万美元，占当年瓦努阿图进口总额的 1.3%。

近年来，印度开始逐步加强与瓦努阿图的外交关系。通过印度技术与经济合作项目（Indian Technical & Economic Cooperation，ITEC），印度政府每年为瓦努阿图提供 15 个培训名额。同时，印度政府为瓦努阿图提供了 80 万美元的援助资金，为瓦努阿图的社会发展项目提供设备与材料。2015 年 3 月，瓦努阿图遭遇强飓风"帕姆"袭击后，印度给予瓦努阿图 25 万美元的现金援助。

2014 年 11 月在苏瓦举行的第一届印度－太平洋岛国论坛上，印度总理莫迪宣布将实施一系列旨在使印度和包括瓦努阿图在内的太平洋岛国都会受惠的新项目，这些项目的内容包括：把每年给予参加论坛的 14 个太平洋岛国的社区项目援助资金由 12.5 万美元增加到 20 万美元；14 个参加论坛的太平洋岛国的公民到印度旅行实施落地签证政策；在印度设立太平洋岛国贸易办公室；等等。2015 年 8 月 21～22 日，第二届印度－太平洋岛国论坛在印度斋浦尔召开，包括瓦努阿图在内的 14 个太平洋岛国参加了该论坛。

第三节　与大洋洲主要国家的关系

瓦努阿图与澳大利亚、新西兰及其他太平洋岛国的关系密切。澳大利

亚与新西兰是瓦努阿图最大的援助国；瓦努阿图与巴布亚新几内亚、所罗门群岛和斐济同是"美拉尼西亚先锋集团"的成员，该集团秘书处现设在瓦努阿图，每年举行一次会议，协调其在地区事务上的行动。

一 与澳大利亚的关系

作为南太平洋地区最发达的国家，澳大利亚在太平洋地区实施了多项援助计划。2000 年，以澳大利亚为基础，众多对太平洋群岛经济感兴趣的工商企业成立了一个非营利性组织——澳大利亚太平洋岛屿事务委员会（Austrilian Pacific Islands Business Committee，以下简称委员会），该委员会设立了由 1 个委员会主席与 3 个副主席组成的执行委员会，人选由各成员单位在每年的例行大会上选出。委员会的宗旨是通过加强澳大利亚与太平洋地区各国之间的双边贸易与投资，达到澳大利亚在该地区经济的利益最大化，同时使该地区的各经济体也从中得到利益的最大化。委员会的成员包括各行业的大型企业和小型公司，涉及的行业有：船运、货运代理、交通运输、会计、保险、石油、食品、贸易、制造业、航空业、管理咨询、建筑、银行业、烟草、法律服务、工程与物流业等。澳大利亚与瓦努阿图关系非常密切，是瓦努阿图最主要的援助来源国和最大贸易伙伴。

澳大利亚在瓦首都维拉港设有高级事务署，瓦政府也于 2012 年 3 月在澳大利亚堪培拉设立了高级事务署。

1. 澳大利亚对瓦努阿图的援助

作为瓦努阿图最大的援助国，澳大利亚对瓦努阿图的官方开发援助自 2005 年以来基本呈增加趋势：2005 年为 27 亿瓦图，2007 年增加了 28%，2008 年又增加了 21%，达到 44 亿瓦图；2012～2013 年度，澳大利亚对瓦努阿图的援助金额达到 6140 万澳元，2013～2014 年度援助金额约为 6010 万澳元，2014～2015 年度援助预算金额约 6040 万澳元。①

---

① 澳大利亚外交贸易部："How we are helping," http：//aid. dfat. gov. au/countries/pacific/vanuatu/Pages/default. aspx.，2014 年 3 月 20 日。

澳大利亚在瓦努阿图的发展援助项目以《瓦努阿图－澳大利亚发展伙伴关系》为指导。此后，又签署了专门支持瓦努阿图政府的《2006～2015 年优先行动议程》。2009 年 5 月，澳大利亚与瓦努阿图又签署了一项新的《澳瓦发展伙伴协议》，旨在帮助瓦努阿图减少贫困，达到联合国制定的《千年发展目标》。

根据《澳瓦发展伙伴协议》，瓦澳伙伴关系的优先合作领域是教育、基础设施建设、经济掌控与卫生领域，在法律和司法领域也需要积极对话。具体说，主要包括：支持男童和女童获得更多的受教育机会和更高质量的教育，使他们获得一定的技能和知识；以联合国《千年发展目标》为目标，加强卫生服务，加快医疗卫生方面的发展；发展必要的基础设施来支持经济发展并提供服务；坚持循序改革；专注于男女机会平等，把残疾人的需要和优先权纳入在发展中。

澳大利亚对瓦努阿图的援助由澳大利亚－瓦努阿图发展合作委员会管理。除此之外，瓦努阿图还受益于澳大利亚的全球合作伙伴关系，包括多边捐赠以及澳大利亚非政府组织与一些志愿者、青年、商业组织、学术与高等教育机构的合作。

为了改善瓦努阿图的教育状况，澳大利亚政府在学校资金、课程设置、教师培训和校舍建设等方面为瓦提供援助。在卫生领域，澳大利亚对瓦努阿图的援助侧重于加强提供卫生服务，如帮助瓦更新医疗设施、培训护理人员和减少疟疾等。澳大利亚对瓦努阿图的援助中一个很重要的内容是对妇女的援助。澳政府意识到，瓦努阿图妇女在决策和经济权力领域尤其受到不公正的待遇，因此在澳大利亚援助中，支持在决策和经济权利等领域优先发展妇女的权利。

目前，澳大利亚对瓦努阿图的援助主要集中在市场开发方面。随着瓦努阿图国有企业的定期改革，澳大利亚帮助瓦努阿图逐步营造适合私人经济发展的环境，同时澳大利亚政府也参与了瓦努阿图基础建设与公共设施部《基础建设 2009～2011 年长期计划》的制定与实施。在司法方面，澳大利亚将会继续帮助瓦努阿图培训警察，提高瓦努阿图司法方面的能力。

澳大利亚还为瓦努阿图提供了大量军事援助，为其准军事机动部队提供培训以及巡逻艇，并巡航瓦努阿图海域。1983 年，瓦澳签署国防合作协议，澳大利亚派遣两名皇家海军顾问到瓦努阿图，负责为澳大利亚捐赠给瓦努阿图的太平洋巡逻艇 "RVS TUKORO" 号①提供维护和操作培训。同时，澳大利亚还为瓦努阿图机动部队提供援助和培训，并提供基础设施建设方面的援助。

澳大利亚的援助款项，主要以官方开发援助的形式进行。所谓官方开发援助，是指发达国家的中央、地方政府及其执行机构等官方机构为促进发展中国家的经济发展水平和福利水平的提高，向发展中国家或多边机构提供的赠款或总数不低于 25% 的优惠贷款。

澳大利亚 2002～2003 年度到 2012～2013 年度对瓦努阿图的官方开发援助见图 6－1。

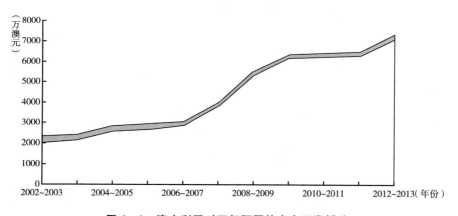

图 6－1 澳大利亚对瓦努阿图的官方开发援助

资料来源：http://www.ausaid.gov.au/countries/pacific/vanuatu/PublishingImages/ogd－lg.jpg。

澳大利亚国际开发署与其他政府部门对瓦努阿图的援助见表 6－2。

目前，澳大利亚对瓦努阿图在各个领域的援助项目见表 6－3、表 6－4、表 6－5、表 6－6。

---

① "RVS TUKORO" 号巡逻艇一直是瓦努阿图主要的海事警察船。

表 6-2 澳大利亚国际开发署与其他政府部门对瓦努阿图的援助

单位：澳元

年度	澳大利亚国际开发署	其他政府部门
2001~2002	18081700	1604500
2002~2003	20488300	3002900
2003~2004	21767100	2834300
2004~2005	26027100	2118500
2005~2006	26861100	2332600
2006~2007	28640100	2063000
2007~2008	38832300	1753500
2008~2009	53363800	1804200
2009~2010	61947400	1608400
2010~2011	59116000	2278600
2011~2012	70098000	1922000
2012~2013	70821800	211890

表 6-3 澳大利亚目前对瓦努阿图在教育方面的援助项目

项目名称	合作伙伴	援助总金额（单位:万澳元）及持续时间	项目描述
瓦努阿图教育支持项目	瓦教育部 瓦财政部 瓦总理办公室 新西兰政府	4000 2012~2016	支持瓦努阿图政府提高教育质量,提高小学入学率
澳大利亚奖学金项目	澳大利亚的大学 太平洋大学 学院及培训机构	数据不详	为瓦努阿图人在澳大利亚及本地区的大学学习提供奖学金
职业技术教育与加强培训项目（第三期）	瓦努阿图国家培训委员会 桑马省与马朗帕省培训委员会 青年发展、体育与培训部	1080 2012~2016	通过支持职业技术教育培训,帮助各省提高就业率,提高人民的收入

资料来源：澳大利亚外交贸易部："Education"，http：//aid. dfat. gov. au/countries/pacific/vanuatu/Pages/promoting - opportunities. aspx. ，2014 年 2 月 12 日。

表 6 - 4 澳大利亚目前对瓦努阿图在卫生方面的援助项目

项目名称	合作伙伴	援助总金额（单位:万澳元）及持续时间	项目描述
瓦努阿图卫生项目	瓦卫生部 世界卫生组织 全球基金 太平洋地区秘书处 世界银行 联合国儿童基金会 万斯莫尔拜格剧院等	2500 2010 ~ 2015	支持瓦努阿图卫生部有效提供卫生服务,尤其是妇女和儿童的卫生服务以及偏远地区的疟疾控制

资料来源:澳大利亚外交贸易部:"Health", http://aid. dfat. gov. au/countries/pacific/vanuatu/Pages/default. aspx. , 2014 年 2 月 12 日。

表 6 - 5 澳大利亚目前对瓦努阿图在经济发展方面的援助项目

项目名称	合作伙伴	援助总金额（单位:万澳元）及持续时间	项目描述
第二期经济增长项目	瓦财政与经济管理部 世界银行 总理办公会室 商务与旅游部 电信与无线电通信管理部门	2340 2012 ~ 2016	设立专门的咨询与公共支出管理机构,旨在提高经济增长,改善政府服务,使之成为有效的政策对话平台,支持政策制定过程中的分析与咨询过程,为政策的实施提供资源
道路开发项目	基础建设与公共设施部	3660 2013 ~ 2016	修建 350 公里的乡村公路,在瓦努阿图全国提供就业机会
维拉港城市开发项目	基础建设与公共设施部 亚洲开发银行	3100 2013 ~ 2016	在维拉港建设可持续性的、对气候变化有较强适应性的供排水和卫生设施。重建城市公路系统,解决 9 个地区的排水问题,同时改善垃圾收集及处理系统

资料来源:澳大利亚外交贸易部:"Economic Development," http://aid. dfat. gov. au/countries/pacific/vanuatu/Pages/ default. aspx. , 2014 年 2 月 12 日。

表6-6 澳大利亚目前对瓦努阿图在良政方面的援助项目

项目名称	合作伙伴	援助总金额 （单位:万澳元） 及持续时间	项目描述
瓦努阿图-澳大利亚警察项目	瓦努阿图警察部队	1400 2011～2014	支持通过更好地预防犯罪,建立良好的警民关系,建设安全的社区环境
瓦努阿图法律与司法伙伴关系	司法与社区服务部 瓦努阿图警察部队 国家法律办公室	620 2011～2015	旨在为瓦努阿图社会和社区提供可预测的、公平的法律和司法制度
万斯莫尔拜格剧院三方合作伙伴关系	万斯莫尔拜格剧院 新西兰政府	880 2010～2014	旨在帮助万斯莫尔拜格剧院的发展,提高瓦努阿图人民参与社会和经济发展的参与度。帮助维拉港和卢甘维尔地区城市及乡村居民获取服务,获取有关政府在关键决定、卫生、经济与环境等方面的信息
瓦努阿图教会合作伙伴项目(第二期)	瓦努阿图基督教委员会 瓦努阿图教会 澳大利亚教会合作伙伴	570 2009～2014	支持瓦努阿图基督教委员会与七家教堂在全国与地方层面改善管理与服务
瓦努阿图妇女中心(第六期)	瓦努阿图妇女中心	560 2012～2016	帮助有效预防针对妇女和儿童的暴力
瓦努阿图土地项目	瓦努阿图各部 瓦努阿图酋长委员会 瓦努阿图文化中心 瓦努阿图青年委员会 传统土地法庭 新西兰政府	2030 2009～2015	旨在使所有瓦努阿图人能够从公平的、可持续的土地开发中获益,同时保证其子孙后代得到土地传承权

资料来源：澳大利亚外交贸易部："Governance", http：//aid. dfat. gov. au/countries/pacific/vanuatu/Pages/ default. aspx. , 2014 年 2 月 12 日。

2. 双边经济贸易关系

澳大利亚是瓦努阿图最大贸易伙伴和进口产品来源国家。瓦从澳主要进口商品为食品、电脑设备、烟酒和建筑材料。澳从瓦主要进口商品为牛

肉、海产品、木制品等。2011～2012 年度澳大利亚出口瓦努阿图商品总额为 6330 万澳元，同期从瓦努阿图的进口商品总额为 129 万澳元。

澳大利亚还是瓦努阿图外商直接投资的最大来源国，主要投资领域为旅游业、农业、金融业和建筑业，也是瓦外国游客的最大来源国，瓦努阿图 2/3 的长期旅游者和几乎所有乘坐邮轮而来的游客为澳大利亚人。2008 年，澳大利亚宣布将瓦努阿图纳入澳首批太平洋地区季节性工人试验性计划（Pacific Seasonal Worker Pilot Scheme，PSWPS），该计划于 2012 年 7 月 1 日成为永久性的"季节性工人项目"（Seasonal Worker Program，SWP），允许太平洋地区的农业工人赴澳从事蔬菜和水果采摘等季节性工作。

二 与新西兰的关系

瓦努阿图与新西兰之间的关系可以上溯到 1849 年塞尔文大主教在瓦努阿图建立美拉尼西亚布道所。1980 年瓦努阿图独立后，新西兰迅速与瓦努阿图建立外交关系，并于 1987 年在瓦首都维拉港设立高级专员公署。2011 年 1 月，瓦努阿图驻新西兰奥克兰的名誉领事升格为总领事，标志着两国关系得到了进一步发展。双方政府高层定期互访，共同签署了一系列双边协定，旨在加强两国关系，支持瓦努阿图实现其发展目标。同时，新西兰是瓦努阿图继澳大利亚之后的最大旅游客源国。近年来，每年乘坐飞机到瓦努阿图旅行的新西兰游客约 11000 人次，同时还有大量游客乘坐邮轮到瓦努阿图旅行。

1. 双边防务关系

1981 年，新西兰与瓦努阿图就防务合作问题签署了交换函件。1986 年，在"新西兰相互援助项目"的框架下，两国建立了防务关系，位于巴布亚新几内亚首都莫尔斯比港的新西兰国防联络处（The New Zealand Defence Attaché）也被瓦努阿图认可。新西兰皇家空军代表瓦努阿图定期在其专属经济区例行巡逻，同时新西兰国防部队为瓦努阿图提供灾难应急准备与响应帮助。2011 年，新西兰皇家海军的"坎特伯雷"号舰艇和新西兰国防部队成员组成的先遣队在桑托岛实施了一系列建设工程和医疗扩展服务。

瓦努阿图是"新西兰相互援助项目"的成员国之一。"新西兰相互援助项目"启动之初是为了给汤加、新加坡和马来西亚提供军事训练帮助，后来该项目把援助范围扩大到包括菲律宾、泰国、文莱、巴布亚新几内亚、萨摩亚、库克群岛、所罗门群岛、瓦努阿图和纽埃。新西兰相互援助项目的目标是：通过与在地区安全方面有共同利益的国家保持和加强防务领域的合作支持新西兰的外交政策；提高合作国家军队的自主能力；使新西兰军队有机会在热带环境中取得进行军事活动和训练的经验；使合作国家的安全武装力量能够访问新西兰，并与新西兰军队一起训练。

每年的第四季度制订"新西兰相互援助项目"的年度计划。届时每个参与国家提交各自的需求，经过一系列的会议与磋商后确定最终的活动方案。在决定相互援助项目时要考虑众多因素：首先，援助内容必须符合每个援助项目成员国的需要和要求，同时又不应当与第三国形成竞争或取代第三国的援助；其次，援助重点是帮助受援国军人或军队团体提高职业技能，而不是为受援国提供军事设备。

2. 新西兰对瓦努阿图的援助

新西兰对瓦努阿图的援助主要集中在以下几个方面：通过发展旅游业、加强基础设施建设和私有企业发展来发展瓦努阿图经济；提高瓦努阿图基本教育质量；为瓦努阿图学生提供奖学金；等等。同时，新西兰还为瓦努阿图国内的社会团体和组织在改善基本服务方面提供支持，尤其强调对瓦农村地区的支持。

2011～2012 年度，新西兰对瓦努阿图的援助金额为 2000 万新元，其中 16% 用于经济发展领域，47% 用于教育领域，31% 用于提高政府的治理能力（即良政），6% 用于小型工程与医疗领域。[①] 用于援助的主要项目包括 1 项国内航运工程，1 项传统土地仲裁法庭和瓦努阿图矫正服务建设工程。在教育方面，新西兰主要与澳大利亚、联合国教科文组织及瓦努阿图政府一道，致力于提高瓦儿童入学率，提高基础教育的质量。

---

① 新西兰外交贸易部：《2011～2012 年度对外援助分配》，http：//www.aid.govt.nz/about
– aid – programme/aid – statistics/aid – allocations –20112012，2013 年 8 月 25 日。

瓦努阿图也直接受益于新西兰的地区援助项目。2011～2012年度，新西兰对瓦努阿图的地区援助资金约为885万新元。这些援助项目包括经济援助，与新西兰政府机构及非政府机构的合作，以及对南太平洋大学、太平洋共同体、太平洋区域环境署和太平洋渔业机构论坛的资助等。

同时，新西兰还为千年挑战公司提供了约1000万美元的资金，帮助瓦努阿图在埃法特岛和桑托岛上建设了两条主要道路，使得埃法特岛上的交通流量增加了98%，旅行时间减少了50%；桑托岛上的交通流量增加了42%，旅行时间减少了75%，大大降低了交通费用。随着这两条道路的开通，沿途出现了新的旅游公司，沿着埃法特岛的环路至少开张了13家新商店。此外，167位瓦努阿图工人通过参与两条道路的建设，学习到了建筑技能。

3. "季节性工人项目"

自2006年10月起，新西兰的园艺业和种植业对没有受过技能培训或半熟练的瓦努阿图工人提供了临时工作机会。2008～2009年度，共有2342名瓦努阿图季节性工人受雇于新西兰的园艺业与种植业；2009～2010年度，瓦努阿图在新西兰的季节性工人的数量为2137人；2012～2013年度约有2800人。[①] 该项目加强了瓦新两国之间的联系，同时又给瓦努阿图季节性工人的家庭和社区带来了外汇，使季节性工人获得工作经验，学得工作技能。据估计，这些季节性工人带来的外汇有60%～70%涌入了瓦努阿图农村地区。[②]

4. 双方高层互访

随着新西兰与瓦努阿图关系的不断深化，两国之间高层的互访也比较频繁。近年来新西兰对瓦努阿图的高层访问主要包括：2007年3月，新西兰外交部部长温斯顿·皮特斯参加了在瓦努阿图举办的太平洋岛国论坛外长会议，随行人员包括新西兰太平洋岛屿事务部部长陆阿马努瓦奥·温尼·拉邦（Luamanuvao Winnie Laban）等；2007年8月，新西兰贸易与

①　http：//www.mfat.govt.nz/Countries/Pacific/Vanuatu.php.
②　http：//www.mfat.govt.nz/Countries/Pacific/Vanuatu.php.

国防部部长菲尔·戈夫（Phil Goff）到达维拉港参加太平洋岛国论坛贸易部长会议；2010 年 7 月，新西兰外交部部长穆瑞·麦卡利（Murray McCully）访问瓦努阿图；2010 年 8 月，新西兰总理约翰·基（John Key）与外交部部长穆瑞·麦卡利率领高级代表团访问瓦努阿图，参加由瓦努阿图主办的太平洋岛屿论坛；2011 年 2 月，新西兰外交部部长穆瑞·麦卡利访问瓦努阿图，参加斐济问题部长级联络组会议；2011 年 6 月，新西兰外交部部长穆瑞·麦卡利率领由商界代表、非政府机构、季节性工人雇主、政府官员和媒体组成的大型代表团访问瓦努阿图。

瓦方对新西兰的高层访问主要包括：2007 年 5 月 19～26 日，瓦努阿图外交部部长萨托·基尔曼访问新西兰；2007 年 10 月，瓦努阿图首席法官访问新西兰的惠灵顿，考察法院的设计与建筑等；2008 年 2 月 17～20 日，瓦努阿图总理汉姆·利尼访问新西兰；2009 年 10 月 29 日至 11 月 1 日，瓦努阿图财政部部长塞拉·莫里萨参加完在萨摩亚首都阿皮亚举行的太平洋岛屿论坛财长会议后，与新西兰财政部部长彼得·唐尼进行会谈；2009 年 11 月 21～25 日，瓦努阿图总理爱德华·纳塔佩在前往特立尼达和多巴哥参加英联邦政府首脑会议途中，对新西兰进行了访问。

三 与斐济的关系

瓦努阿图与斐济的关系一直比较紧张。1982 年，斐济与新喀里多尼亚签署协议，互相承认对方的海洋边界，即斐济承认法国拥有对马修岛（the Matthew Island）与亨特岛（the Hunter Island）的主权。瓦努阿图要求斐济承认瓦对两岛的主权，并指出如果斐济拒绝承认瓦对两岛的主权，将会对本地区的和平、团结和稳定造成严重伤害，但斐济并未取消与新喀里多尼亚签署的协定。

2005 年 3 月 11 日，瓦努阿图出台禁令，限制从斐济进口饼干，此举是为了保护本国的饼干生产企业，垄断桑托岛的商店。这是年度内第二次禁令。6 月 13 日，斐济政府报复性地威胁说将会对瓦努阿图实施全面禁运。

2012 年，瓦努阿图反对美拉尼西亚先锋集团给予印度尼西亚观察员

身份，因为瓦努阿图认为，斐济军政府领导人乔萨亚·沃伦盖·姆拜尼马拉马（Josaia Voreqe Bainimarama）不是民选的领导人，而是军事独裁者，不能代表斐济，所以不能接受斐济给予印度尼西亚观察员身份。① 此举引起了斐济的强烈反应，导致两国之间关系再度紧张。

第四节　与欧洲主要国家的关系

一　与英国的关系

英、法原为瓦努阿图的共管宗主国，瓦努阿图是英联邦成员。瓦努阿图独立之初，瓦与英国的关系比较紧张。1981 年，瓦努阿图要求英国与法国对 1980 年桑托岛上的分裂主义运动造成的损失进行赔偿，但法国和英国均推迟答复。瓦努阿图进一步提出了赔偿的要求，导致瓦与两国之间的外交关系一度紧张。

近几年来，瓦英关系发生变化，英开始减少对瓦努阿图的援助，目前只向教育领域提供援助。2005 年英国关闭了其在瓦努阿图的专员公署；目前瓦努阿图在英国没有专员公署或官方办公室。

伦敦有一个英国"瓦努阿图之友"组织（The British Friends of Vanuatu），该组织成立于 1986 年，成立之初的目的是帮助消除英国与新独立的瓦努阿图之间的隔阂。这是一个独立的非营利机构，资金完全来源于会员费，会员参加年度大会和其他活动都需要自己付费，组织的主要花费是每季度出版和发行一期有关瓦努阿图政治和经济发展的内部通讯。在 1986～2004 年由理查德·多曼（Richard Dorman）担任该组织主席期间，该组织出版的内部通讯被许多学者和研究人员认为是关于瓦努阿图独立以来的历史的最可信的记录。

英国"瓦努阿图之友"组织旨在促进英国与瓦努阿图之间的关系，

① "Vanuatu's stand on West Papuan issue at crossroads," http：//westpapua. net/blog/2012/11/vanuatus - stand - on - west - papuan - issue - at - crossroads. html/，November 15，2012.

根据《英国瓦努阿图之友组织章程》，该组织主要担负以下七方面的工作。一是通过如下方式减少瓦努阿图的贫穷，提高其教育水平：支持社区的学前教育学校，保证儿童受到良好的小学教育；提供奖学金，保证贫困儿童完成基础教育；捐助书籍、图书馆材料与设备，支持和改善学校与社区图书馆的发展；支持其他与教育相关的项目。二是鼓励英国人了解并理解瓦努阿图的问题、事务与兴趣点。三是为到英国学习或培训的瓦努阿图人提供实用的帮助，并支持其与英国社会接触。四是使本组织的成员了解瓦努阿图的发展及其事务，传播成员可能感兴趣的相关信息。五是以合适和务实的方式帮助英国与瓦努阿图社会团体和个人增进交流。六是为希望到瓦努阿图工作或生活的英国人提供有关瓦努阿图社会的必要指导和简单介绍。七是保持瓦努阿图与英国及爱尔兰联合王国太平洋岛屿协会的联系，支持其作为协会成员单位开展的活动。

在共同关注的问题方面，该组织与英国外交和联邦事务部及英国国际开发署之间保持联系。同时，该组织与英国海外志愿服务队①、英国与爱尔兰太平洋岛屿协会等在瓦努阿图设立机构的慈善团体保持紧密联系。2005 年 12 月，英国"瓦努阿图之友"组织设立了"英国瓦努阿图之友组织慈善基金"，用于与瓦努阿图教育和减少贫困有关的所有慈善活动。在与英国税务当局讨论后，该基金会获得"礼物援助地位"（Gift Aid Status）。② 英国"瓦努阿图之友"组织积极参与英国与瓦努阿图之间的多领域合作，尤其在教育领域的交流合作。该组织为瓦努阿图提供中学教育奖学金，与英国国内外有类似想法的组织建立各种联系，并经常组织各种会议和活动。

1999 年 9 月，英国"瓦努阿图之友"组织的年度大会赞同把瓦努阿图的教育作为该组织关注核心的建议，并确定主要在以下四个方面对瓦努

---

① 一个派遣技术人员到发展中国家工作的英国组织。

② "礼物援助地位"是英国政府对非营利组织的一项特别优待政策。在英国买东西都有额外费用被附加在总金额里，但是如果某机构或个人向某个慈善组织捐款，就可以选择礼物援助，那么该慈善机构获得此笔捐款将不必缴纳类似于税款的费用，这等于说是你的捐款增值了。

阿图实施教育资助：为瓦努阿图贫困家庭支付学费；为瓦努阿图学校图书馆捐书；为到英国学习的瓦努阿图学校校长提供赞助；帮助和招待到英国学习的瓦努阿图学生。

在英国"瓦努阿图之友"组织的帮助下，一些瓦努阿图的大学毕业生拿到志奋领奖学金（Chevening Scholarship），并被选拔到英国进行研究生阶段的学习。该项奖学金由英国国际开发署和英国外交和联邦事务部提供，由英国议会监管。英国"瓦努阿图之友"组织与英国议会及英国专员公署紧密合作，确保获得奖学金的瓦努阿图学生能够获得最大利益，如为这些学生提供接机、安排入学等系列服务。但是，英国在 2005 年撤销了位于维拉港的英国专员公署，随之也取消了瓦努阿图人获得这项奖学金的资格。

2013 年 3 月 11 日，英女王伊丽莎白二世签署了英联邦首份阐述其核心价值观的文件——《英联邦宪章》，总结阐释了 54 个联邦成员在民主、人权、法治、国际和平与安全、可持续发展等 16 个方面的核心价值观和共同原则，它旨在维护联邦成员间的紧密联系、维持英国在联邦的影响力。2012 年 12 月，54 个英联邦国家政府首脑签字通过《英联邦宪章》，作为英联邦成员的瓦努阿图也签署了《英联邦宪章》。

二 与法国的关系

法国与瓦努阿图之间的外交关系一直不稳定。20 世纪 80 年代，两国之间的关系经历了多次危机。从 1990 年开始，两国的关系有所缓和，法国开始为瓦努阿图提供援助，两国在经贸和文化方面都有一些友好交往。目前，法国和瓦努阿图都是法语国家国际组织成员。法国在瓦努阿图设有使馆，是瓦的主要援助国之一。

瓦努阿图独立前夕，作为瓦努阿图的宗主国之一的法国对瓦努阿图的独立持反对态度，甚至鼓励和纵容发生在桑托岛的分裂主义运动，导致新独立的瓦努阿图政府对法国严重不满。1980～1991 年，瓦努阿图的领导人沃尔特·利尼实施了坚定的独立外交政策，两国围绕新喀里多尼亚问题、法国核试验问题、马修岛与亨特岛问题、桑托岛上的分裂主义运动、赔偿问题、法干涉瓦内政问题等产生系列外交纠纷。其间，由于瓦努阿图的政治派别与他们所讲的官方语言有紧密联系，所以许多法语系的瓦努阿图人也对利尼等讲英语的人领导的政府产生不满。

1. 新喀里多尼亚问题

20 世纪 80 年代，利尼上任后，倡导美拉尼西亚社会主义概念，拒绝与西方国家结盟，采取的首要外交政策就是公开支持仍处于法国殖民统治下的新喀里多尼亚的独立运动——卡纳克社会主义民族解放阵线（Kanak Socialist National Liberation Front）。① 利尼把土著的新喀里多尼亚人描述为瓦努阿图人的"美拉尼西亚兄弟"，并强调为了美拉尼西亚的团结，新喀里多尼亚人应当自己决定本国的政治未来。

1981 年 2 月，瓦努阿库党秘书长巴拉克·索佩接受卡纳克社会主义民族解放阵线的邀请，在其年度大会发表演讲。索佩从维拉港的法国使馆获得签证，但随后被法国当局取消签证。法方声称，以索佩的身份在支持独立的会议上发表演讲，将会对法国内政形成干扰。因此，索佩在努美阿机场被扣留。瓦努阿图对此做出回应，驱逐法国驻瓦努阿图大使；随之法国减少了对瓦努阿图的援助。但到该年的 10 月，两国关系正常化。1984 年，法国再次反对瓦努阿图对卡纳克社会主义民族解放阵线的支持，导致瓦努阿图再次驱逐法国大使。1986 年，瓦努阿图发起运动，支持将新喀里多尼亚重新列入联合国非自治领土名单。对此，法国政府对瓦努阿图采取了经济制裁。1987 年，瓦努阿图明确反对新喀里多尼亚群岛开展针对其政治地位的公投，并向法国大使馆提出表示反对的请愿书。

2. 核试验问题

20 世纪 80 年代，瓦努阿图持续指责法国在法属波利尼西亚进行的核试验。1985 年 7 月，"彩虹勇士"（Rainbow Warrior）号②前往南太平洋穆

---

① 1984 年建立，由卡纳克解放党、喀里多尼亚社会主义党、喀里多尼亚联盟、全国独立联盟、美拉尼西亚进步联盟等组成。当时成员有 1 万多人，主要为卡纳克族人，主张新喀里多尼亚独立。

② "彩虹勇士"号原名"威廉姆·哈代爵士"号，是一艘拖网渔船，1955 年建成下水，绿色和平组织以 4 万英镑的价格买下这艘船并进行了改造。1979 年"彩虹勇士"号首航，在冰岛附近海域执行反对捕鲸的航行。此后，"彩虹勇士"号多次出航，从事环境保护运动。

鲁路岛，抗议法国拟在该区域进行的核试验。7月10日，船舶停靠在新西兰奥克兰港内时，遭到法国特工安放的炸弹袭击而沉没，一名随船摄影师殉职。瓦努阿图总理利尼公开指责法国犯下了"恐怖主义罪行"①。

由于这一事件，法国总统密特朗向绿色和平组织正式道歉，法国政府支付了700万美元的赔偿金。事件之后，绿色和平组织提出"彩虹不会被炸沉"的口号，另外找了一艘船替代被炸沉的"彩虹勇士"号，利尼政府官员到维拉港迎接该船。瓦努阿图政府官员查尔斯·然拉（Charles Rara）登上新的"彩虹勇士号"船，并到达穆鲁路岛，见证反对法国核试验之旅。

3. 马修岛与亨特岛问题

马修岛与亨特岛问题是引起瓦努阿图与法国（新喀里多尼亚）之间海上边界争端的原因。1976年之前，马修岛和亨特岛一直是新赫布里底领土的一部分，但后来法国将其并入新喀里多尼亚。瓦努阿图独立后，利尼领导的瓦努阿图政府反对法国对两岛的主权。1993年，利尼到达亨特岛，并在岛上竖起瓦努阿图的国旗，但遭到了法国巡逻舰的阻止。

4. 赔偿要求

1981年，瓦努阿图要求英国与法国对1980年桑托岛上的分裂主义运动造成的损失进行赔偿，但法国和英国均推迟答复。瓦努阿图进一步提出了赔偿的要求，导致瓦与两国之间的外交关系紧张。

5. 指责法国干涉瓦努阿图内政

1987年，瓦努阿图政府指责法国在当年的大选中为法语系的反对党——温和党联盟提供资金援助。由于瓦方没能提供法国资金支持温和党联盟的证据，法国拒绝承认，但利尼第三次把法国驻瓦努阿图大使驱逐出境。法国对此做出回应，把对瓦努阿图的援助从1.77亿瓦图减少为190万瓦图。随之瓦努阿图将法国所有外交人员驱逐出境。

---

① Huffer, Elise, *Grands hommes et petites îles: La politique extérieure de Fidji, de Tonga et du Vanuatu*, Paris: Orstom, 1993, pp. 272-282.

1988 年，瓦努阿图与法国关系逐渐正常化。1988 年，瓦努阿图总统阿提·乔治·索科马努要求政府逐步与法国关系正常化，并把法国定义为瓦努阿图的朋友。利尼首先取消了对来瓦努阿图旅行的法国人的签证要求，随后写信给法国时任总统密特朗和总理米歇尔·罗卡尔，祝贺他们分别当选法国总统和总理，并表达了愿意改善与法国的双边关系的意愿。利尼强调，法国中断对瓦努阿图的经济援助给其教育和卫生领域带来了可怕的后果，表示法国将增加对瓦努阿图的援助。

但是，同年利尼对新喀里多尼亚的《马蒂尼翁协议》（The Matignon Agreements of 1988）① 提出了批评。此后，利尼在讲话中公开宣布瓦政府将不再谈及新喀里多尼亚问题。1988 年 10 月，瓦努阿图外交部部长唐纳德·卡尔普卡斯在联合国大会发言，出人意料地赞赏了法国，称"法国在参与新喀里多尼亚的对话中显示出智慧、理性与勇气"。② 但是，1989 年 6 月，瓦努阿图国有电台"瓦努阿图电台"指责法国宪兵谋杀了新喀里多尼亚民族主义运动领导人让－玛丽·吉巴欧（Jean－Marie Tjibaou），该事件导致法国完全终止对瓦努阿图的援助。同年 9 月，法国时任总理米歇尔·罗卡尔在访问斐济苏瓦时，完全忽视了瓦努阿图的存在。

后来罗卡尔与瓦努阿图外交部部长卡尔普卡斯会面，讨论重新恢复外交关系和援助的问题。罗卡尔要求利尼就法国的地位问题写出书面陈述。利尼写了书面声明，说他同意法国在新喀里多尼亚的政策。1989 年，卡尔普卡斯对法国进行国事访问，成为瓦努阿图第一位访问法国的外交部部长。访问期间，他重述了瓦努阿图对《马蒂尼翁协议》的支持，缓解了法国对瓦努阿图讲法语人口的偏见，双方关系开始逐渐缓和。

1991 年，瓦努阿图大选，利尼落败，讲法语并支持法国的温和党联盟当政，马克西姆·卡洛特·科尔曼成为新总理，瓦努阿图新政府使法瓦之间关系逐渐正常化。新总理上任后，改变了瓦努阿图对新喀里多尼亚卡

---

① 1988 年卡纳克人与法国签署的一项协议，决定 10 年后在新喀里多尼亚举行公民投票决定是否独立。

② http：//en. wikipedia. org/wiki/France－Vanuatu_ relations，April 25，2013.

纳克民族解放阵线的支持态度，也改变了对法国的敌对态度。1998 年 6 月，法国太平洋发展基金无偿赠款 5.6 亿瓦图，用于瓦机场扩建工程，并出资 2.04 亿瓦图，用于马勒库拉岛和坦纳岛的供电项目。2006 年 6 月，法国举行法国 – 太平洋岛国发展合作峰会，与瓦努阿图政府签署协议，决定 2006～2010 年向瓦提供总额为 1600 万欧元的援助。

2008 年 3 月，法国外交部部长贝尔纳·库什内宣称，法瓦关系达到历史最好的水平。同年，法国成为对瓦努阿图的第二大援助国。2008 年以来，两国一直保持着密切的外交关系。

第五节　与美洲主要国家的关系

一　与美国的关系

第二次世界大战期间，瓦努阿图的最大岛屿——桑托岛作为美军在太平洋上的最大军事基地，为美军在太平洋战场的胜利做出了很大贡献。战争期间，美军在该岛修建了飞机场和道路，极大地改善了桑托岛上的交通。

瓦努阿图于 1980 年 7 月 30 日宣布独立之后，美国马上就承认了瓦的主权国家地位。1986 年 9 月 30 日，美瓦签署协议，建立外交关系。

1987 年 1 月，瓦努阿图时任总理沃尔特·利尼和外交部部长塞拉·莫里萨访问美国。原计划利尼要与美总统罗纳德·里根（Ronald Reagan）会晤，但利尼到达美国后因为脑出血，会晤被迫取消，改由瓦努阿图外交部部长莫里萨与美国国务卿乔治·舒尔茨（George Shultz）进行会晤。双方就美国关心的瓦努阿图与苏联的外交关系进行会谈，并寻求建立美瓦双边友好关系。舒尔茨声称此次会谈是"友好的"，莫里萨也赞扬了舒尔茨对太平洋事务的远见卓识。① 同年 4 月，瓦努阿图授权美国可以和苏联一

---

① Huffer, Elise, *Grands hommes et petites îles*：*La politique extérieure de Fidji, de Tonga et du Vanuatu*, Paris：Orstom, 1993.

样，在瓦专属经济区进行捕捞活动。5月，美国驻联合国大使弗农·A.沃尔特斯（Vernon A. Walters）对瓦努阿图进行了正式访问。

1987年4月10日，美国驻巴布亚新几内亚大使埃弗雷特·E.比尔曼（Everett E. Bierman）向瓦努阿图政府递交国书，双方建立大使级外交关系。但美国并没有在瓦首都设立大使馆，美驻巴布亚新几内亚同时也是驻瓦努阿图大使和驻所罗门群岛大使，使馆设在巴布亚新几内亚首都莫尔斯比港。瓦努阿图在美国也没有设大使馆，但在纽约的联合国总部设有常驻代表团。

1977～1987年，瓦努阿图从美国国际开发署得到的援助不到300万美元，其中包括帮助当地种植园管理转型的项目经费。1994年，由于财政紧缩政策，美国政府关闭了位于斐济首都苏瓦的美国国际开发署（United States Agency for International Development，USAID）南太平洋地区办公室。但美国军方保留了与瓦努阿图方面的联系，并对瓦实施了一些临时性的援助项目，还资助瓦警察和机动部队赴美进行专业培训。但是，美国对瓦努阿图在教育、经济等方面进行了援助，这些援助主要通过美国和平队和千年挑战公司来完成。

1. 美国和平队

美国和平队是根据1961年3月1日美国政府《10924号行政命令》（Executive Order 10924）成立的一家志愿服务组织。同年，美国国会通过《和平队法案》。

1989年，美瓦签署协议，美国派遣和平队入驻瓦努阿图，帮助瓦发展教育事业，并在瓦首都维拉港设有办事处。

美国和平队在瓦努阿图的工作主要包括：帮助瓦努阿图人增加受教育的机会，提高教育质量；帮助社区和机构开发和利用自然资源；帮助瓦努阿图人生产和营销本土产品；等等。

美国和平队在瓦努阿图的项目包括社区卫生项目和教育项目两类。2005～2008年社区卫生项目在谢法省进行，并取得了巨大成功，从而得到了瓦努阿图卫生部的全力支持；2009年9月，社区卫生项目扩展到了彭纳马省，2011年扩大到马朗帕省。美国和平队教育项目支持瓦努阿图教育部提高基础教育质量的政策，帮助教师提高教学技能，改善教学方法。支持的方式主要是把志愿者派到小学或中学，提供教师培训和计算机教育服务，帮助瓦中小学开设信息技术课程，满足学校和教育部门对信息技术的需要。和平队在瓦努阿图很受欢迎，瓦副总统汉姆·利尼在 2009年说："真诚感谢和平队的志愿者们在改善瓦努阿图农村人民的生活方面做出的巨大贡献。"[1]

2007 年，美国和平队在瓦志愿者人数达到了 105 人，2008 年 3 月时约有志愿者 93 人，截至 2013 年 7 月和平队在瓦志愿者约有 80 人。

2. 美国千年挑战公司

2002 年，美国总统布什呼吁建立"一种崭新的全球发展模式"，将发达国家增加援助与发展中国家增强责任相结合。为此，美国政府决定出资10 亿美元成立"千年挑战基金"，用于援助"治国公正、为民投入、鼓励自由经济"的部分发展中国家。[2]

2004 年，美国成立了千年挑战公司，负责实施该计划。根据上述原则，国际组织从 75 个最不发达国家中挑选出 16 个国家作为援助对象。瓦努阿图是 16 个受援国之一，也是太平洋地区的唯一受惠者。2006 年 3 月2 日，瓦美两国就美对瓦援助签署了一揽子协议，美方承诺在 2006 ~ 2010年的五年间向瓦提供约 6569 万美元的无偿援助，主要用于瓦基础设施建设，确定了 11 个援助项目，包括道路、港口、机场建设和提供机械设备、人员培训等。

《美 – 瓦千年挑战一揽子协议》的重点是在瓦人口最多的两个岛屿——埃法特岛和桑托岛上重修二战期间由美军修筑成的两条主要公路——埃法特岛环路和桑托岛东海岸路。这两条公路全长 149.7 公里，已经成为埃法特岛和桑托岛上经济发展和社会活动的重要通道。据估计，约有 3.9 万人可以从美千年挑战公司对瓦投资中获益。瓦努阿图人为了表达对美国投资的谢意，把埃法特岛环路命名为"生命之路"（Road of Life），把桑托岛

---

① http：//vanuatu. peacecorps. gov/history – peacecorps – vanuatu. php，July 30，2013.

② http：//vu. mofcom. gov. cn/aarticle/ztdy/200601/20060101286364. html，March 20，2013.

东海岸路命名为"友善公路"（Goodwill Highway）。这两条路的修建，对于瓦努阿图的经济活动起到了重要的作用，使得居民大大减少了在路上花费的时间，减少了他们从事商业活动的成本。

瓦努阿图政府重视《美－瓦千年挑战一揽子协议》所带来的成果。为了保证投资的可持续性，在协议实行的第一年，瓦努阿图政府在道路维护方面的预算增加到500万美元。2011年，瓦政府对道路维护的预算达到550万美元。

此外，2011年10月，美国在巴布亚新几内亚首都莫尔斯比港设立了美国国际开发署太平洋岛屿地区办公室（USAID Pacific Islands Regional Office）。2011～2016年，瓦努阿图作为该组织在太平洋地区的主要关注国之一，将得到2500万美元的资金援助。这些资金用于帮助瓦社会应对新的气候变化、开展基础设施建设、改善卫生系统、进行农业开发和经济建设。

2012年8月，美国国务卿希拉里克林顿率领50多名随行人员到达库克群岛，出席在那里举行的太平洋岛国论坛，并表示美国将加强与太平洋岛国的联系，履行对亚太地区的安全承诺，加强与这一地区的安全合作，打击非法捕鱼、贩卖人口等活动。她还宣布，美国将对太平洋地区追加3200多万美元的投资，用于该地区的经济发展、应对气候变化和海洋生物多样性的保护。瓦努阿图作为太平洋岛国论坛的重要一员，其与美国的外交关系也必将受到美国在该地区外交政策的影响。

二　与古巴的关系

1980年瓦努阿图独立后不久，就与古巴建立了联系。1983年，两国正式建交。1984年，古巴的一个外交使节代表团访问瓦努阿图。许多研究者认为，古巴的这次访问，对于亚洲开发银行和联合国亚太经济与社会理事会（ESCAP）此后不久在维拉港开设办事处起到了促进作用，并"在一定程度上促进了瓦努阿图与西方资本主义阵营的融合"。[①]

---

① Huffer, Elise, *Grands hommes et petites îles: La politique extérieure de Fidji, de Tonga et du Vanuatu*, Paris: Orstom, 1993.

瓦努阿图是美拉尼西亚社会主义的诞生地，其独立之父沃尔特·利尼倡导把社会主义、基督教和传统的美拉尼西亚价值观融合起来，这使得瓦努阿图与古巴在意识形态方面有相似之处。瓦努阿图外交部部长塞拉·莫里萨 1983 年声明，瓦努阿图加入不结盟运动的目的是保持中立，因此"瓦努阿图和瓦努阿库党不依附任何意识形态"。[①] 1991 年利尼下台后，他的继任者马克西姆·卡洛特·科尔曼采取了不同的外交政策，减弱了与古巴、利比亚和苏联等与西方资本主义对峙国家的交往。

21 世纪初，随着古巴不断加强与太平洋地区的交流，瓦努阿图与古巴的关系又开始加强。古巴为瓦努阿图提供医疗援助，派遣医护人员，为在古巴的瓦努阿图留学生提供奖学金。2008 年 9 月，瓦努阿图政府派代表参加了在古巴首都哈瓦那召开的首届古巴 – 太平洋岛国部长级会议，会议的主题是加强古巴和太平洋岛国的合作关系，特别是加强应对气候变化方面的合作。2008 年至今，瓦努阿图与古巴仍然保持了比较密切的外交关系。

第六节　与国际组织的关系

一　与欧盟的关系

瓦努阿图与欧盟关系密切，1984 年欧盟在瓦首都维拉港设立欧盟驻瓦努阿图代办处。

1981 年，瓦努阿图加入非加太国家集团（非洲、加勒比和太平洋国家集团，the ACP Group），该集团是 1975 年通过《乔治敦协定》成立的，其主要目标是在其成员国中推进可持续发展，消除贫困，并且促进其成员国在世界经济中进一步一体化。非加太国家集团和欧盟间进行对话与合作的重要机制是《洛美协定》。《洛美协定》也是迄今为止最重要的南北合

---

① Huffer, Elise, *Grands hommes et petites îles : La politique extérieure de Fidji, de Tonga et du Vanuatu*, Paris : Orstom, 1993.

作协定，自 1975 年以来共执行了四期，欧盟一直通过该协定向非加太国家集团成员提供资金、技术援助和贸易优惠等。2000 年 2 月，非加太国家集团和欧盟就第五期《洛美协定》达成协议，并于同年 6 月在科托努正式签署，称为《科托努协定》（*The Cotonou Agreement*），《洛美协定》就此宣告结束。经欧盟 15 国和非加太国家集团除古巴外的 76 国政府的正式批准，《科托努协定》自 2003 年 4 月 1 日起正式生效。

从非加太国家集团第一期《洛美协定》到第四期《洛美协定》，直到现在的《科托努协定》，都为瓦努阿图提供了开发援助和技术支持，有力地促进了该国的基础设施建设、农业和旅游业等的发展。根据《洛美协定》的有关规定，1975～2000 年，瓦努阿图共接受欧盟 8400 万美元的援助，其中 91% 用于渔业、农业、教育和基础设施建设等项目。欧盟每年向瓦努阿图提供 1 亿瓦图（约 90 万美元）财政援助，逐年审查逐年发放，条件是瓦必须依国际标准管理财政。瓦努阿图系欧盟在太平洋岛国中唯一的政府财政受援国。

按照第一期到第三期《洛美协定》，欧盟对瓦努阿图的援助主要用于资助农村地区的开发项目，同时也资助文化性的合作项目，建立实施文化与历史遗迹的考察，挖掘保存瓦努阿图丰富的文化与考古遗产。第四期《洛美协定》规定，资助重心转移到基础设施建设方面，包括在瓦努阿图的 6 个岛上建设或升级主干道，改善 46 所小学的办学条件。欧盟第八批经济开发基金用于资助瓦乡村初级中学增加学生数量、提高教学质量，并为瓦努阿图师范学院建立一所图书馆。

第九批经济开发基金（2002～2007 年）为瓦努阿图提供了 1530 万欧元的资金，资助的重点是通过教育和培训支持项目开发人力资源，主要目的是增加接受中学教育与职业教育的学生数量，以满足日益增长的人才市场的需求。该项目包括建设与修复初级中学，新建一所旅游学校，延伸小学教育（其中七年级、八年级专为辍学者开设独立生活技能教育），为农民及农民合作社开设乡村旅游职业培训、在职培训和工作技能培训等。

第十批经济开发基金（2008～2013 年）为瓦努阿图提供了 2320 万欧

元的资金,特别关注瓦努阿图经济增长与创造就业机会(包括人力资源开发)。同时,瓦努阿图也将资金用于公共财政改革,把政府的财政与政策,尤其是实施社会服务等方面,更好地联系在一起。根据第十批经济开发基金的条款,欧盟也为瓦努阿图的非国有产业和当地开发部门提供拨款,用于提高偏远地区不太容易得到公共服务的国民的公民意识、性别平等意识、政治意识以及文化活动的数量和质量等。

瓦努阿图与欧盟在国际事务方面保持了良好的政治对话。在世界气候变化问题上,欧盟积极参与,瓦努阿图也在太平洋地区扮演了重要角色。欧盟为瓦努阿图政府特别划拨一笔款项,用于加强瓦国内主要产业对气候变化的适应能力并减少灾害风险,其中包括实施在利用可循环能源方面的具体措施。

近年来,欧洲投资银行通过欧盟驻瓦努阿图代表团,也积极参与该国的经济活动,为瓦努阿图提供了两笔补贴贷款:一笔用于在瓦首都维拉港建设第一家风力发电厂,建成后的开机容量能够满足维拉港 30% 的用电量;另一笔补贴贷款用来扩大瓦移动电话服务。

2006 年 5 月 3 日,瓦努阿图和欧盟举行庆祝活动,纪念欧洲人发现瓦努阿图 400 周年。2008 年 10 月,瓦努阿图财政部部长莫利萨访问欧盟总部。

2013 年 12 月 31 日,欧盟关闭了在瓦努阿图的代办处。从 2014 年 1 月 1 日起,欧盟对瓦努阿图的事务由欧盟驻巴布亚新几内亚办事处管理,对瓦努阿图的援助由欧盟驻所罗门群岛办事处管理。[①]

二 与其他国际组织的关系

1979 年以来,瓦努阿图一直是法语国家国际组织的成员。1980 年和 1981 年,瓦努阿图又分别加入英联邦和联合国,并相继加入了联合国亚洲及太平洋经济社会委员会和多个非地区性的专门组织,如联合国粮食及农业组织、世界银行、联合国教科文组织、联合国工业发展组织、世界卫

---

① http://eeas.europa.eu/delegations/vanuatu/index_ en.htm, July 15, 2014.

生组织等。同时，瓦努阿图也是亚洲开发银行、非加太国家集团、七十七国集团、太平洋岛国论坛、小岛屿国家联盟等组织的成员。瓦努阿图是世界卫生组织的观察员国家，还是太平洋地区唯一一个加入不结盟运动的国家。

瓦努阿图在太平洋地区事务中发挥了积极作用，是太平洋岛国论坛、南太平洋应用地理科学委员会、南太平洋旅游组织、太平洋环境组织和太平洋共同体秘书处的正式成员，在太平洋地区保持强劲的区域影响力。瓦努阿图还是促进太平洋地区金枪鱼资源保护和管理的《瑙鲁协定》的八个签署国之一，这些国家的金枪鱼产量占世界金枪鱼产量的25%～30%，约占西方和中亚地区金枪鱼产量的60%。瓦努阿图发起了地区无核化运动，于1995年签署了《拉罗汤加协定》（即《南太平洋无核区条约》）。

1999年6月召开的南太平洋论坛上，瓦努阿图支持会议提出的成立太平洋自由贸易区的建议。南太平洋论坛成立了太平洋地区卡瓦委员会，以保护该地区种植和使用卡瓦的权利，抵制中美洲卡瓦种植园。瓦努阿图与经济合作与发展组织成员国之间建立了外交关系，同时也与中国、古巴、越南和利比亚之间建立了外交关系。

在环境保护方面，瓦努阿图签署了《生物多样性公约》《濒危野生动植物种国际贸易公约》《伦敦公约》《京都议定书》《蒙特利尔公约》《国际防止船舶造成污染公约》，参加了联合国关于海洋法、气候变化和去沙漠化等主题的各种会议。

目前，瓦努阿图还是国际复兴开发银行、国际民航组织、国际红十字会与红新月会联合会、国际开发协会、国际金融公司、国际货币基金组织、国际海事组织、国际奥林匹克委员会、国际电信联盟、国际邮政联盟和世界气象组织等的成员或参与者。同时，瓦努阿图还是国际通信卫星组织的非签署国用户和世界贸易组织成员。但它和大洋洲其他许多国家一样，还不是国际刑警组织和国际海道测量组织的成员。

大事纪年

1606 年　　5 月 3 日，西班牙探险队在葡萄牙人佩德罗·费尔南迪斯·切罗斯领导下，从秘鲁来到瓦努阿图群岛中的第一个岛屿——圣埃斯皮里图岛，并将之命名为"圣埃斯皮里图的澳大利亚大陆"。

1766 年　　法国探险队在贵族路易·安东尼·保甘恩维尔率领下重新发现瓦努阿图群岛，并将它们分别命名为"大基克拉迪群岛"，即马伊沃岛、彭特科斯特岛、马勒库拉岛、马洛岛和安巴岛。

1774 年　　7 月 16 日，英国人詹姆斯·库克带领的探险队发现"圣埃斯皮里图的澳大利亚大陆"，并在之后的几个星期在群岛探险，把这些岛屿命名为新赫布里底群岛，该名称一直沿用到其独立。同时，他发现彭特科斯特岛和安姆布里姆岛是两个各自独立的岛屿，在安姆布里姆岛上发现有两座活火山，但错误地把帕玛岛和洛佩维岛当作一个岛屿。库克船长是第一个登上埃皮岛和南部埃法特岛、艾洛芒奥岛和坦纳岛的欧洲人。

1826 年　　爱尔兰商人和探险家彼得·迪伦为了寻找四十年前在此失踪的法国探险家拉·彼鲁兹（La Perouse）的遗骨，登上了埃罗芒奥岛。他虽然没有在岛上发现失踪的法国人踪迹，但发现该岛上生长着许多中国人珍视的檀香木。于是，引发了新赫布里底檀香木贸易高潮。

1839 年　　　11 月 30 日，伦敦教会的传教士约翰·威廉姆斯和詹姆斯·哈里斯在埃罗芒奥岛的迪伦海湾被食人族杀害并吃掉。他们遇害前不久，欧洲船员曾经杀死过 5 个当地土著居民。

1847 年　　　澳大利亚银行家本杰明·博伊德招纳 65 名坦纳岛岛民到他位于新南威尔士墨累河沿岸的农场放牧。

1853 年　　　9 月 24 日，法国上将 Febvrier Despointes 发表声明，宣称包括新赫布里底在内的新喀里多尼亚隶属法国新殖民地的托管地。

1863 年　　　檀香木贸易先驱者罗伯特·汤斯（Robert Towns）船长解雇了他的德国籍工人，招募了包括新赫布里底在内的南太平洋岛屿的契约工人到他位于昆士兰的棉花种植园工作。从此南太平洋岛屿岛民成为 19 世纪殖民地热带农业的主要生产力量。

1878 年　　　法国和英国不顾种植园主和传教士的反对，宣布新赫布里底为中立托管地。种植园主希望法国占领新赫布里底，而传教士则希望英国占领新赫布里底。

1882 年　　　具有英国－爱尔兰血统的法国人约翰·希金森（John Higginson）创立了喀里多尼亚新赫布里底公司，很快就获得了瓦努阿图 20% 的耕地。

1883 年　　　7 月，维多利亚女王的议会要求英国吞并新圭亚那和新圭亚那与斐济之间的群岛。昆士兰的首相托马斯·麦基尔雷司（Thomas McIlwraith）反对吞并新赫布里底，并认为这是传教士们为了抵制殖民地甘蔗种植园对南太平洋各岛屿契约工人贸易计划而采取的初步措施。该提议同样没有得到澳大利亚其他殖民地的支持。维多利亚女王的自由党领袖乔治·希金博特姆（George Higginbotham）对 2000 多名赞同吞并新赫布里底的人发表了演讲，强调从太平洋流放地逃跑的重刑犯将对澳大利亚造成威胁。

1885 年	3 月，英国政府中当时的反对党——保守党就政府关于反对吞并新赫布里底的建议制造了骚乱，声称法国可能会自由掌控新赫布里底。英国首相威廉·格莱斯顿被迫在没有征得澳大利亚殖民地同意的情况下，表示不能向法国让步。
1885 年	12 月，法国与德国达成协议，德国放弃在新赫布里底的所有要求，法国尊重德国商人在新赫布里底群岛的权利。
1887 年	1 月，新喀里多尼亚名誉主教弗雷泽（Monsignor Fraysse）派出的四名天主教玛利亚教会牧师在新赫布里底成立了第一个罗马天主教传教区。 11 月 16 日，英国和法国签署协议，确定建立合作委员会，保护在新赫布里底的英国公民和法国公民。委员会由该地区的两名法国海军军官和两名英国海军军官轮流主持。
1888 年	澳大利亚联合船务航运公司（The Australian United Steam Navigation Company）在新赫布里底和悉尼之间开始货运、客运和邮政服务。新威尔士政府和英国为之提供补贴。
1889 年	为鼓励澳大利亚公民在新赫布里底各岛的贸易与定居，澳大利亚新赫布里底公司（The Australasian New Hebrides Company）成立。该公司由维多利亚女王的支持者组成，成员包括英国前首相詹姆斯·瑟维思、殖民地议会的四名成员及商人詹姆斯·彭斯（James Burns）和罗伯特·菲利普（Robert Philp）。
1894 年	安姆布里姆岛上的火山爆发，导致 10 人死亡，火山的飞溅物击中 6 人，4 人被火山岩浆淹没。
1895 年	海运委员会否决了建立仲裁法院来解决民事纠纷的提议（1887 年的巴黎会议没有处理到该问题）。法国和英国的移民有权通过各自国家法官主持的法庭解决纠纷，但未成立特别法庭来审理英法两国移民共同的纠纷或与土著

居民相关的纠纷。

1897 年　9 月 30 日，彭斯·菲利普公司接管了破产的澳大利亚新赫布里底公司。

1900 年　9 月 1 日，彭斯·菲利普公司和新南威尔士政府签署了一项十年协议，负责运送悉尼和新赫布里底之间的邮件。游客只需付 25 英镑即可搭载该酒店级的邮船从悉尼到新赫布里底进行为期 7 周的旅行。

1901 年　9 月 17 日，澳大利亚总督约翰·霍普（John Hope）批准了《太平洋岛屿劳工法案》（The Pacific Island Laborers Act），禁止瓦努阿图劳工进入澳大利亚，要求已进入澳大利亚的瓦努阿图劳工五年内必须离开。

1903 年　3 月 20 日，新喀里多尼亚邮政当局开始在"太平洋"号战舰上设置邮政代理站，用来处理新赫布里底港口与努美阿之间的邮政业务。

1906 年　3 月 24 日，新喀里多尼亚邮政当局在维拉港设立代理处。
　　　　10 月 20 日，英国与法国确立共同托管新赫布里底，同时成立联合行政管理机构，并成立英法联合法院。法院成员包括英国法官和法国法官，并由西班牙国王任命一个中立法官主持法院，但法国居民和英国居民仍然只服从自己国家当局的管理。

1907 年　3 月 22 日，法国规定新赫布里底的法国专员应当服从新喀里多尼亚总督的管理。

1913 年　12 月 6 日，安姆布里姆岛上的火山爆发和地震导致至少 21 人死亡，上千人无家可归。

1914 年　8 月 5 日，英法双方签署新的协定，要求双方负责各自的管理费用，托管地政府机构所产生的费用由当地的税收来支付。
　　　　英镑和法郎成为新赫布里底共同托管地的法定贸易货币，澳大利亚货币也广泛流通。

1923 年　　桑托岛裸体宗教崇拜的 6 位领导者因为谋杀 1 名英国种植园主而被处死。

1932 年　　由于世界经济危机，新赫布里底共同托管地的主要出口商品大幅下降。椰干的出口与 1926 年相比下降了 16%，可可下降 11%，棉花下降 87%，咖啡下降 22%。总体出口贸易收入仅占 1926 年出口贸易收入的 19%。

1933 年　　亨利·萨奥图（Henri Sautot）被任命为新赫布里底法国专员。

1935 年　　澳大利亚镑成为新赫布里底共同托管地的法定贸易货币。

1938 年　　尽管当年的椰干出口量创了历史纪录（出口量 11448 吨，是 1926 年的 1.36 倍），但新赫布里底共同托管地的经济增长缓慢，出口总收入为 120211 英镑，是 1932 年出口收入的 1.53 倍，但仅是 1926 年出口收入的 31%，棉花出口量仅有 27 吨。

1939 年　　新赫布里底共同托管地的人口中大约有 40000 名美拉尼西亚人、687 名法国人、218 名英国人和 1050 名越南人。

1940 年　　4 月，约翰·弗洛姆运动开始在坦纳岛兴起。

　　　　　6 月 24 日，法国专员亨利·萨奥图在维拉港召开有 400 名法国人参加的会议，支持戴高乐的自由法国运动。

　　　　　7 月 20 日，法国专员亨利·萨奥图在维拉港再次召开会议。本次参加会议的 600 人中仅有 3 人拒绝支持"自由法国运动"。

　　　　　7 月 22 日，亨利·萨奥图发电报给戴高乐将军，宣布新赫布里底一致支持"自由法国运动"，并声称如果新喀里多尼亚总督不支持自由法国运动，他将不再遵从总督的领导。

　　　　　9 月，亨利·萨奥图离开维拉港赴努美阿，主持戴高乐主义者接管新喀里多尼亚的仪式。

1941 年　　5 月，坦纳岛上的约翰·弗洛姆运动的教众在当地贸易站掀起消费热潮，花光自己所有的欧洲货币，并准备使用上面印有椰子的约翰·弗洛姆货币。有人甚至把自己的积蓄抛入大海，认为如果岛上没有了欧洲货币，白人商人将不得不离开。

5月11日，坦纳岛上一位有影响的酋长加入约翰·弗洛姆运动，号召取消教会学校。随后坦纳岛上没有人参加长老会教区的周日宗教礼拜。

5月18日，英国在坦纳岛的代理人来到格林角（Green Point）寻找仅剩几名妇女和儿童的布道院。他从维拉港叫来警察，逮捕了声称自己是约翰·弗洛姆的本地居民玛尼黑威（Manihivi），揭发他是骗子，把他在树上捆了1天，处以罚金100英镑，并命令5个酋长签署声明宣布脱离约翰·弗洛姆运动。玛尼黑威后来被判入狱3年，被放逐到坦纳岛外5年，其他9名追随者被判入狱1年。

1942 年	3月18日，美军登陆新赫布里底。
1943 年	8月，美国海军战斗机214中队在加入所罗门群岛的战役前，在桑托岛的海龟湾进行了为期1个月的训练。
1943 年	两人因模仿约翰·弗洛姆而被共同托管地当局处死。约翰·弗洛姆运动继续壮大。传教士试图重新在坦纳岛上开办学校，但当地2500名人口中仅有50名儿童上传教士学校。舞蹈和饮用卡瓦仍然存在，村子里的房屋则任其破落。
1947 年	12月，在新赫布里底共同托管地当局拒绝购买美军二战遗留的装备后，美国军队把大部分预备防御日军进攻的装备投入大海。位于桑托岛卢甘维尔附近的一个主要抛弃点改名为百万美元角。
1948 年	4月，约翰·弗洛姆教的领导人尼奥莱格·阿卡（Neolaig Aka）被关入疯人院，他的妻子被拘留在维拉港，但坦纳岛北部的当地居民仍然向她表示敬意。

1957 年　　　新赫布里底共同托管地成立咨询理事会，土著人开始获
　　　　　　得有限的参政权。
　　　　　　2 月 15 日，坦纳岛举行首届约翰·弗洛姆运动庆典。

1963 年　　　桑托岛掀起了纳戈里亚梅尔政治运动，要求土地回归当
　　　　　　地人手中，回归传统的生活方式。

1971 年　　　由于新赫布里底 36% 的土地落入外国教会、种植园主和
　　　　　　商人手中，纳戈里亚梅尔政治运动的领导人向联合国提
　　　　　　出申诉，要求停止把土地卖给非土著人口。
　　　　　　新赫布里底第一个政党——新赫布里底民族党在操英语
　　　　　　的社团支持下成立，该党派的领袖沃尔特·利尼牧师于
　　　　　　1974 年公开宣布该党追求独立的决心。

1973 年　　　5 月，新赫布里底的长老会联合大会要求加快自治和独立
　　　　　　的进程。
　　　　　　12 月，新赫布里底独立运动成立。

1974 年　　　2 月，新赫布里底通讯联盟成立。
　　　　　　英国女王伊丽莎白二世访问新赫布里底。

1975 年　　　1 月，法国政府的奥利维尔·斯蒂尔纳（Olivier Stirn）和
　　　　　　英国政府的琼·莱斯托（Joan Lestor）访问了新赫布里
　　　　　　底。
　　　　　　8 月，桑托岛和维拉港举行了市政选举。
　　　　　　11 月，新赫布里底共同托管地举行第一次议会选举。新
　　　　　　赫布里底民族党在选举中获得多数席位，但由于法国方
　　　　　　面的不支持，新赫布里底民族党并没有获得多少权力。
　　　　　　12 月 10 日，新赫布里底议会大会被推迟。
　　　　　　12 月 27 日，吉米·史蒂文森宣布纳戈里亚梅尔运动独
　　　　　　立，脱离新赫布里底群岛。

1976 年　　　1 月，太平洋教会大会指责英法两国对新赫布里底的控
　　　　　　制，竭力主张新赫布里底独立。
　　　　　　2 月，纳戈里亚梅尔运动的领导人詹姆斯·格雷（James

Garae）和提摩西·纳法孔（Timothy Nafakon）访问联合
国，寻求联合国支持脱离新赫布里底的纳戈里亚梅尔运
动。

3月27日，新赫布里底民族党举行示威游行，支持拒绝
在议会中额外增加酋长席位的请愿书，要求在4月20日
前召开议会大会。

10月，英、法两国部长级会议重申，新赫布里底对未来
前途拥有自决的权利。

11月，新赫布里底酋长委员会进行选举。

1977年　沃尔特·利尼把新赫布里底民族党改名为瓦努阿库党，
并称祖国为"瓦努阿图"，抵制参加议会选举，宣布要成
立人民临时政府来替代共同托管地政府。

新赫布里底人民代表和英国、法国政府达成协议，同意
新赫布里底在进行公民投票和大选后于1980年独立。

1978年　新赫布里底全国代表大会提出自治政府条例。

1979年　瓦努阿库党赢得了议会选举，沃尔特·利尼被任命为首
位总理。

1980年　6月，纳戈里亚梅尔运动的领导人吉米·史蒂文森宣布桑
托岛独立，重新命名该岛为维美让那共和国。"椰子战
争"爆发，澳大利亚人支持的巴布亚新几内亚军队镇压
了这次暴动。

7月30日，新赫布里底获得独立，改名为瓦努阿图共和
国，成为英联邦成员。沃尔特·利尼当选总理。

7月，在澳大利亚和巴布亚新几内亚支持下，建立瓦努阿
图机动部队。

1981年　瓦努阿图驱逐法国驻瓦大使，加入不结盟运动、联合国
大会、南太平洋论坛等国际组织。

1982年　瓦努阿图宣称对马修群岛与亨特群岛的主权。外交上开
始与中国接触。

1983 年　瓦努阿图和古巴建立正式外交关系，并邀请古巴农业顾问 1984 年访瓦。瓦努阿图在南太平洋论坛上游说其他国家发布公报，支持新喀里多尼亚的民族自决。成立独立的外交与贸易部。

瓦努阿库党赢得议会选举，沃尔特·利尼连任总理。

1984 年　瓦努阿图与越南进行外交接触，宣布支持新喀里多尼亚的独立要求。

1986 年　瓦努阿图与利比亚建立外交关系。

6 月 30 日，瓦努阿图与苏联建立外交关系。

7 月，瓦努阿图与巴布亚新几内亚和所罗门群岛谈判，组成美拉尼西亚先锋集团。

9 月 30 日，瓦努阿图与美国建立外交关系。

1987 年　瓦努阿图再次驱逐法国驻瓦大使。为了换取苏联的经济援助，与苏联签署协议，允许苏联渔船可以在瓦专属经济区捕鱼，但由于两国在价格方面存在分歧，该协议第二年便失效，未再续约。

瓦努阿库党赢得议会选举，沃尔特·利尼连任总统。

1988 年　12 月，总统阿提·乔治·索科马努通过强制解散国家议会的方式，试图遣散利尼政府，并任命巴拉克·索佩为政府总理。

法语系代表巴拉克·索佩及其追随者被逐出议会，索佩组织成立美拉尼西亚进步党。时任总统索科马努解散议会，驱逐利尼，任命索佩为临时总理。澳大利亚、新西兰和巴布亚新几内亚承认由警察支持的利尼政府，因此利尼政府以叛国罪的罪名逮捕了索佩和索科马努。

瓦努阿图派出本国第一个外交使团到达联合国和美国。总理利尼请求澳大利亚和新西兰提供军事装备和外交支持，以平息国内的骚乱和政治难题。

1989 年　中国在瓦努阿图设立大使馆。

索佩和索科马努的判决被撤销，但他们的一些追随者背叛了他们，投奔瓦努阿库党。

沃尔特·利尼重新上台。

瓦努阿图与巴勒斯坦解放组织建立外交关系。

1990 年　利尼对英国宪法制度是否适合瓦国提出质疑，建议在宪法中引入传统的成分。

瓦努阿图承办第二十一届南太平洋论坛。

1991 年　12 月，由马克西姆·卡洛特·科尔曼领导的温和党联盟在大选中获得多数席位，与利尼领导的瓦努阿图民族联合党一起成立了联合政府。

1995 年　7 月 7 日，世界卫生组织接受瓦努阿图加入该组织的申请书。

11 月，瑟奇·沃霍尔当选为政府总理。

1996 年　2 月 7 日，议会不信任投票迫使沃霍尔辞职。马克西姆·卡洛特·科尔曼当选总理，并成立多党联合政府，议会任命卡尔普卡斯为副总理。

9 月 30 日，瓦努阿图议会通过对总理马克西姆·卡洛特·科尔曼投不信任票的决议，瓦努阿库党与温和党联盟联合组阁，温和党联盟主席沃霍尔重新当选为总理，瓦努阿库党主席爱德华·纳塔佩任议长。

10 月，沃霍尔和总统让·马利·雷耶被一伙准军事武装分子劫持。

因金枪鱼与鲸鱼问题，瓦努阿图被美国列入禁运名单，同时被列入禁运名单的还有哥伦比亚、哥斯达黎加、意大利、日本、墨西哥、巴拿马、委内瑞拉等国。

1997 年　沃霍尔因"向外国人出卖瓦努阿图护照"，被最高法院劝说辞职。

1998 年　桑托岛承办"美拉尼西亚杯"足球赛。

1999 年　瓦努阿图在中国设立领事馆。

11 月 25 日，瓦努阿图议会第二次全体会议开幕，反对党领袖莫尔金·史蒂文斯等提出对卡尔普卡斯政府的不信任案。

巴拉克·索佩当选为政府总理，美拉尼西亚进步党、民族联合党、温和党联盟、共和党和约翰·弗洛姆运动五个党派组成联合政府。

1999 年　11 月 27 日，彭特科斯特岛上发生 7.1 级地震，引起的海啸使得 8 人丧生，2 人失踪，数千人无家可归。地震震源中心位于首都维拉港北 54 英里处。

2001 年　4 月，巴拉克·索佩在议会的一场不信任投票中被撤职，爱德华·纳塔佩当选为瓦努阿图新任总理。

2002 年　5 月，瓦努阿图议会选举后，瓦努阿库党和温和党联盟组成联合政府。爱德华·纳塔佩任总理，温和党联盟主席沃霍尔任副总理。

2003 年　8 月 14 日，包括瓦努阿图在内的十六国太平洋岛屿论坛针对鼓励旅游业发展，决定建立一个地区性的航空市场。

11 月 19 日，纳塔佩总理改组政府，不再与温和党联盟联合执政，改为与民族联合党、绿党、人民进步党和共和党共同组成新政府。

2004 年　5 月 10 日，以沃霍尔为首的反对党酝酿提出对政府的不信任案，代总统阿比乌特在纳塔佩总理支持下解散议会。

7 月，瓦新一届议会选举沃霍尔为总理，沃霍尔随后组成多党联合政府。

8 月，卡尔科特·玛塔斯·凯莱凯莱当选为总统。

11 月 10 日，瓦努阿图与中国台湾建立所谓的"外交关系"，在瓦努阿图国内掀起了轩然大波。

12 月 2 日，瓦努阿图国会对沃霍尔提出不信任案。

12 月 7 日，瓦努阿图最高法院首席大法官鲁纳贝克做出裁决：国会 10 月通过的第一年和第四年不得对总理提出不信任案的宪法修正案，还未经全民公投通过，因此国会仍有权进行不信任投票。

12 月 10 日，议会宣布罢免沃霍尔的总理职务，由强烈反对与中国台湾建交的汉姆·利尼接任总理。

2005 年　英国关闭了位于维拉港的英国高级公署。

8 月 19 日，瓦努阿图共和国驻中国名誉领事馆升格为大使馆。

11 月 27 日，瓦努阿图安巴岛火山爆发使蒸气、气体和火山灰被喷射至 1500 米的空中。

2006 年　1 月 16 日，瓦努阿图驻中国大使馆正式开馆。

7 月 11 日，英国新经济学基金会的调查显示，瓦努阿图是世界上幸福指数最高的国家。

2008 年　5 月，太平洋岛屿诸国实施一系列措施来防止过度捕鱼。包括瓦努阿图在内的 17 个西太平洋和中太平洋渔业委员会的成员国中有 8 个国家同意签署协议。12 月，其余 9 个国家也加入该协议，同意自 2009 年 1 月 1 日起将在太平洋海域的 2000 万平方英里的海面上实施该协议。

2010 年　10 月 2 日，瓦努阿图总理爱德华·纳塔佩遭遇议会不信任投票离职，由副总理萨托·基尔曼接任总理一职。

2011 年　瓦努阿图加入世界贸易组织。

4 月 24 日，总理萨托·基尔曼内阁立足未稳，便以 25：26 的微弱劣势被不信任案推翻，由于最大反对党领袖纳塔佩未能提出合适的总理人选，议会选举沃霍尔重新担任总理。

5 月 13 日，瓦努阿图上诉法院裁定沃霍尔当选总理无效，因为他获得的票数比法定票数少 1 票。基尔曼重新回到总理岗位，执政地位得到确认。

2012 年　4 月 27 日，总理萨托·基尔曼的私人秘书克拉伦斯·马拉在陪同他去以色列进行国事访问的途中，因涉嫌国际税务骗局，在澳大利亚被捕。

5 月 10 日，澳大利亚驻瓦努阿图的 12 名警察被驱逐出瓦努阿图。瓦努阿图《每日邮报》等媒体报道，瓦努阿图驱逐澳大利亚警察与澳方扣留瓦努阿图总理私人秘书相关。

8 月 24 日，瓦努阿图加入世界卫生组织。

10 月，瓦努阿图进行第十次大选。

11 月，瓦努阿图议会选举萨托·基尔曼为总理。

2013 年　2 月 14 日，瓦努阿图同意让被驱逐的澳大利亚联邦警察重新回到瓦，帮助瓦警察部队训练。

3 月，反对党在议会推动对基尔曼政府不信任案，基尔曼被迫辞职，绿党主席莫阿纳·卡凯塞斯当选为新一任总理。

2014 年　5 月 15 日，瓦努阿图议会晚间投票表决，反对派针对总理卡凯塞斯提出了不信任案并获通过，结束了卡凯塞斯政府约 13 个月的执政，选举乔·纳图曼为新任总理。

9 月 22 日，经过激烈角逐和选举机构 8 轮投票，鲍德温·朗斯代尔当选瓦努阿图新任总统。朗斯代尔来自瓦努阿图北部省份托尔巴，并于 22 日当天宣誓就职。

2015 年 3 月 13 日下午至 14 日中午，五级飓风帕姆登陆瓦努阿图，由北至南席卷全国，中心风力达每小时 270 公里，飓风中心在首都维拉港附近地区持续近 5 个小时，超过九成房屋被毁，财产和人员损失巨大，大量平民居无定所。瓦努阿图宣布国家进入紧急状态。

6 月 11 日，瓦努阿图议会通过针对总理乔·纳图曼的不信任案，纳图曼被迫辞职。萨托·基尔曼当选新一任总理。

参考文献

"Cuban Physicians to Aid 81 Nations," *Prensa Latina*, March 29, 2008.

"A Memory of the Coconut War: Rebel Leader Jimmy Stevens Freed," *The Economist*, August 31, 1991.

Borders, William, "British Answering New Hebrides Call; Company of Marines Being Sent'to Provide Stability' French Antiriot Police Arrive Threat to Independence One Killed on 2d Island 55 French Riot Police Land," *The New York Times*, June 12, 1980.

"Cuban Foreign Minister Opens Cuba – Pacific Islands Meeting," *Cuban News Agency*, September 16, 2008.

Elmslie, R. G., "The Colonial Career of James Patrick Murray", *Australian and New Zealand Journal of Surgery*, Volume 49, Issue 1, 1979.

Geerald, Horne, *The White Pacific: U. S. Imperialism and Black Slavery in the South Seas after the Civil War*, Honolulu: University of Hawaii Press, 2006.

Graeme Dobell, "Alexander Downer announces moves toward a new foreign policy (Transcript)," June 26, 2003, http://www.abc.net.au/pm/content/2003/s889152.htm, September 17, 2009.

Huffer, Elise, *Grands hommes et petites îles: La politique extérieure de Fidji, de Tonga et du Vanuatu*, Paris: Orstom, 1993.

Kalkot Metas Kele – Kele etc., *New Hebrides, the Road to Independence*, South Pacific Social Sciences Association & Institute of Pacific Studies, Fiji Times & Herald Ltd., 1977.

Kaufman, Michael T. Kichael T. , "Walter Lini, 57, Clergyman Who Led Nation of Vanuatu," *The New York Times*, February 23, 1999.

Khaleel Ali, *Foreign Policy of Small Island States: An Evaluation of the Foreign Policies of Vanuatu and the Maldives*, University of Canterburry, 1999.

Lindstrom, Lamont, *The American Occupation of the New Hebrides*, MacMillan Brown Centre for Pacific Studies, University of Canterbury, 1996.

Maude, H. E. , *Slavers in Paradise*, Fiji: Institute of Pacific Studies, 1981.

Miles, William F. S. , *Bridging Mental Boundaries in a Postcolonial Microcosm: Identity and Development in Vanuatu*, Honolulu: University of Hawaii Press, 1998.

Natuman. J. , "Vanuatu Sovereignty in Jeopardy", in Van Trease (ed.), *Melanesian Politics: Vanuatu*, Suva, Fiji. University of the South Pacific. 1995.

"New Hebrides Asks for Aid in Revolt; Plea Might Go to U. N. ", *The New York Times*, June 8, 1980, http: //select. nytimes. com/gst/abstract. html? res = FA0D10F73A5A12728DDDA10894DE405B8084F1D3, September 18, 2009.

"New Hebrides Rebel Urges Peace; Willing to Fight British and French One British Officer Injured. " *The New York Times*, June 9, 1980.

Nossiter, Bernard D. , "Vanuatu, New Pacific Nation, Moving Toward Seat at U. N. ," *The New York Times*, July 9, 1981, http: //www. nytimes. com/1981/07/09/world/vanuatu - new - pacific - nation - moving - toward - seat - at - un. html, September 18, 2009.

"Pacific and Cuba meet to discuss co - operation," *Radio New Zealand International*. September 17, 2008, http: //www. rnzi. com/pages/news. php? op = read&id = 42045. 2009 - 06 - 20.

"Pacific Islands in Election Battle", *The New York Times*, November 1, 1983.

Peck, John G. & Robert J. Gregory, A Brief Overview of the Old New Hebrides, *Anthropologist*, 2005, 7 (4): 269 - 282.

Plant, Chris. *New Hebrides: the Road to Independence*, Institute of Pacific Studies: University of the South Pacific, 1977.

PRC Embassy in Vanuatu , "*China – Vanuatu Relations*," June 20, 2008.

Resture, Jane , The Story of Blackbirding in the South Seas – Part 2 / http: //www. janesoceania. com/oceania _ blackbirding1/index. htm/2013 – 05 – 06.

Shears, Richard. , *The Coconut War: The Crisis on Espiritu Santo.* Cassel: North Ryde, NSW, 1980.

"Small Island States and Global Challenges," *Cuban News Agency*, September 30, 2008.

"South Pacific Rebel Seized," *The New York Times*, via REUTERS. September 14, 1982.

Stewart, Andrew, *Of Cargoes, Colonies and Kings: Diplomatic and Administrative Service from Africa to the Pacific.* 2001, London : I. B. Tauris, pp. 214 – 224.

The French Ministry of Foreign Affairs, Current relations between France and Vanuatu, http: //www. diplomatie. gouv. fr/fr/pays – zones – geo _ 833/ vanuatu _ 580/index. html 2013 – 07 – 20.

Treaster, Joseph B. "U. S. Land Developer Aids New Hebrides Dissidents," *The New York Times*, June 7, 1980, http: //select. nytimes. com/gst/ abstract. html? res = F00B10F8395F12728DDDAE0894DE405B8084F1D3. 2009 – 09 – 18.

Vurobarvu, N. , "*The Vanuatu Foreign Service: an overview*," Port Vila; Ministry of Foreign Affairs typescript, approved by Cabinet and released November 1989, pp. 3, 6.

Lini, Walter, *Beyond Pandemonium: from the New Hebrides to Vanuatu*, Asia Pacific Books, 1980.

Lini, Walter, "Keynote Address to the Australia and the South Pacific

Conference," 18 February, 1982, in *Pacific Island Monthly*, April 1982.

《跨越三千年与三十年——瓦努阿图酋长》，中华人民共和国驻瓦努阿图大使馆，http：//vu. chineseembassy. org/chn/ljwlat/gk/t723749. htm，2012 年 12 月 21 日。

《瓦努阿图政治概况》，中华人民共和国驻瓦努阿图大使馆，http：//vu. chineseembassy. org/chn/ljwlat/zz/，2014 年 1 月 11 日。

索　引

新版《列国志》总书目

亚洲

阿富汗
阿拉伯联合酋长国
阿曼
阿塞拜疆
巴基斯坦
巴勒斯坦
巴林
不丹
朝鲜
东帝汶
菲律宾
格鲁吉亚
哈萨克斯坦
韩国
吉尔吉斯斯坦
柬埔寨
卡塔尔
科威特
老挝
黎巴嫩
马尔代夫

马来西亚
蒙古国
孟加拉国
缅甸
尼泊尔
日本
沙特阿拉伯
斯里兰卡
塔吉克斯坦
泰国
土耳其
土库曼斯坦
文莱
乌兹别克斯坦
新加坡
叙利亚
亚美尼亚
也门
伊拉克
伊朗
以色列
印度
印度尼西亚
约旦
越南

非洲

阿尔及利亚
埃及
埃塞俄比亚
安哥拉
贝宁
博茨瓦纳
布基纳法索
布隆迪
赤道几内亚
多哥
厄立特里亚
佛得角
冈比亚
刚果
刚果民主共和国
吉布提
几内亚
几内亚比绍
加纳
加蓬
津巴布韦
喀麦隆
科摩罗
科特迪瓦
肯尼亚
莱索托
利比里亚
利比亚
卢旺达

马达加斯加
马拉维
马里
毛里求斯
毛里塔尼亚
摩洛哥
莫桑比克
纳米比亚
南非
南苏丹
尼日尔
尼日利亚
塞拉利昂
塞内加尔
塞舌尔
圣多美和普林西比
斯威士兰
苏丹
索马里
坦桑尼亚
突尼斯
乌干达
赞比亚
乍得
中非

欧洲

阿尔巴尼亚
爱尔兰
爱沙尼亚
安道尔

奥地利

白俄罗斯

保加利亚

北马其顿

比利时

冰岛

波兰

波斯尼亚和黑塞哥维那

丹麦

德国

俄罗斯

法国

梵蒂冈

芬兰

荷兰

黑山

捷克

克罗地亚

拉脱维亚

立陶宛

列支敦士登

卢森堡

罗马尼亚

马耳他

摩尔多瓦

摩纳哥

挪威

葡萄牙

瑞典

瑞士

塞尔维亚

塞浦路斯

圣马力诺

斯洛伐克

斯洛文尼亚

乌克兰

西班牙

希腊

匈牙利

意大利

英国

美洲

阿根廷

安提瓜和巴布达

巴巴多斯

巴哈马

巴拉圭

巴拿马

巴西

秘鲁

玻利维亚

伯利兹

多米尼加

多米尼克

厄瓜多尔

哥伦比亚

哥斯达黎加

格林纳达

古巴

圭亚那

海地

洪都拉斯

加拿大

美国

墨西哥

尼加拉瓜

萨尔瓦多

圣基茨和尼维斯

圣卢西亚

圣文森特和格林纳丁斯

苏里南

特立尼达和多巴哥

危地马拉

委内瑞拉

乌拉圭

牙买加

智利

大洋洲

澳大利亚

巴布亚新几内亚

斐济

基里巴斯

库克群岛

马绍尔群岛

密克罗尼西亚

瑙鲁

纽埃

帕劳

萨摩亚

所罗门群岛

汤加

图瓦卢

瓦努阿图

新西兰

国别区域与全球治理数据平台

www.crggcn.com

　　"国别区域与全球治理数据平台"（Countries，Regions and Global Governance，CRGG）是社会科学文献出版社重点打造的学术型数字产品，对接国别区域这一重点新兴学科，围绕国别研究、区域研究、国际组织、全球智库等领域，全方位整合基础信息、一手资料、科研成果，文献量达30 余万篇。该产品已建设成为国别区域与全球治理数据资源与研究成果整合发布平台，可提供包括资源获取、科研技术服务、成果发布与传播等在内的多层次、全方位的学术服务。

　　从国别区域和全球治理研究角度出发，"国别区域与全球治理数据平台"下设国别研究数据库、区域研究数据库、国际组织数据库、全球智库数据库、学术专题数据库和学术资讯数据库 6 大数据库。在资源类型方面，除专题图书、智库报告和学术论文外，平台还包括数据图表、档案文件和学术资讯。在文献检索方面，平台支持全文检索、高级检索，并可按照相关度和出版时间进行排序。

　　"国别区域与全球治理数据平台"应用广泛。针对高校及国别区域科研机构，平台可提供专业的知识服务，通过丰富的研究参考资料和学术服务推动国别区域研究的学科建设与发展，提升智库学术科研及政策建言能力；针对政府及外事机构，平台可提供资政参考，为相关国际事务决策提供理论依据与资讯支持，切实服务国家对外战略。

数据库体验卡服务指南

※100 元数据库体验卡，可在"国别区域与全球治理数据平台"充值和使用

充值卡使用说明：
第 1 步　刮开附赠充值卡的涂层；
第 2 步　登录国别区域与全球治理数据平台（www.crggcn.com），注册账号；
第 3 步　登录并进入"会员中心"→"在线充值"→"充值卡充值"，充值成功后即可使用。

声明

最终解释权归社会科学文献出版社所有

客服 QQ：671079496
客服邮箱：crgg@ssap.cn

欢迎登录社会科学文献出版社官网（www.ssap.com.cn）和国别区域与全球治理数据平台（www.crggcn.com）了解更多信息

图书在版编目（CIP）数据

瓦努阿图/韩玉平编著.—北京：社会科学文献出版社，
2016.1（2022.3重印）
（列国志：新版）
ISBN 978 – 7 – 5097 – 7926 – 2

Ⅰ.①瓦…　Ⅱ.①韩…　Ⅲ.①瓦努阿图共和国 – 概况
Ⅳ.①K966.3

中国版本图书馆 CIP 数据核字（2015）第 192465 号

·列国志（新版）·

瓦努阿图（Vanuatu）

编　　著／韩玉平

出 版 人／王利民
项目统筹／张晓莉
责任编辑／郭白歌　周志宽
责任印制／王京美

出　　版／社会科学文献出版社·国别区域分社（010）59367078
　　　　　　地址：北京市北三环中路甲 29 号院华龙大厦　邮编：100029
　　　　　　网址：www. ssap. com. cn
发　　行／社会科学文献出版社（010）59367028
印　　装／唐山玺诚印务有限公司

规　　格／开　本：787mm × 1092mm　1/16
　　　　　　印　张：16　插　页：0.75　字　数：235 千字
版　　次／2016 年 1 月第 1 版　2022 年 3 月第 3 次印刷
书　　号／ISBN 978 – 7 – 5097 – 7926 – 2
定　　价／59.00 元

读者服务电话：4008918866